降雨和地震下红层软岩加筋路堤工作机理及计算方法

蒋建清 罗世林 杜勇立 / 著

西南交通大学出版社
·成都·

内容简介

本书以红层软岩路堤为研究对象，通过现场试验、室内试验、理论分析和数值模拟等方法，对降雨和地震下红层软岩加筋路堤工作机理及计算方法进行了深入研究。主要内容包括自循环式人工降雨模拟试验，红层软岩路堤边坡降雨入渗特性及计算方法，红层软岩力学特性降雨入渗劣化机制及计算模型，红层软岩路堤填料推剪力学特性及计算方法，红层软岩加筋土力学特性及宏细观加固机理分析，红层软岩加筋路堤长期性能、抗震性能、地震稳定性分析方法、地震响应计算方法和绿色建造方法等。本书可供岩土工程、道路与铁道工程等专业的研究生、科研人员及相关工程技术人员参考。

图书在版编目（CIP）数据

降雨和地震下红层软岩加筋路堤工作机理及计算方法 / 蒋建清，罗世林，杜勇立著. -- 成都：西南交通大学出版社，2025. 7. -- ISBN 978-7-5774-0494-3

Ⅰ．U416.1

中国国家版本馆 CIP 数据核字第 2025DS9916 号

Jiangyu he Dizhen Xia Hongceng Ruanyan Jiajin Ludi Gongzuo Jili ji Jisuan Fangfa

降雨和地震下红层软岩加筋路堤工作机理及计算方法

蒋建清　罗世林　杜勇立　著

策划编辑	王　旻
责任编辑	何明飞
责任校对	蔡　蕾
封面设计	GT 工作室
出版发行	西南交通大学出版社 （四川省成都市金牛区二环路北一段 111 号 西南交通大学创新大厦 21 楼）
营销部电话	028-87600564　028-87600533
邮政编码	610031
网　　址	https://www.xnjdcbs.com
印　　刷	成都蜀雅印务有限公司
成品尺寸	185 mm×240 mm
印　　张	16.75
字　　数	327 千
版　　次	2025 年 7 月第 1 版
印　　次	2025 年 7 月第 1 次
书　　号	ISBN 978-7-5774-0494-3
定　　价	68.00 元

图书如有印装质量问题　本社负责退换
版权所有　盗版必究　举报电话：028-87600562

前言
PREFACE

红层主要是指侏罗纪到新近纪的陆相红色岩系。广泛分布的红层软岩在我国红层地区的路堤工程中被大量应用。红层软岩路堤在复杂环境下开裂、不均匀沉降等病害给高速行车舒适性和安全性造成了极不利的影响。但是，关于降雨和地震等复杂自然灾害环境下红层软岩路堤加筋加固方面的研究较为缺乏。为此，本书结合高速公路红层软岩加筋路堤工程实践，通过现场试验、室内试验、理论分析和数值分析等方法，围绕红层软岩加筋路堤在降雨和地震下的工作机理及计算方法进行了深入研究，为我国广大红层地区修建安全可靠的路基工程、节省工程投资、保护生态环境提供科学指导。本研究取得了如下主要成果：

（1）揭示红层软岩路堤填料降雨入渗特性、劣化机制与加筋机理：通过自研装置和多尺度（岩块-土石混合体填料、模型试验-路堤现场试验段、宏观-细观演变机制）研究，揭示了降雨入渗下红层岩块劣化机制、边坡入渗特性、加筋填料强度变形演变及宏细观加固机理，建立了降雨入渗下红层岩块强度劣化预测模型、路填料强度计算方法和边坡入渗解析方法。

（2）阐明复杂环境下红层软岩加筋路堤长期力学行为及影响因素：针对经历降雨—入渗—干燥、交通荷载等复杂环境作用的红层软岩加筋路堤，开展了长期现场监测与三维数值模拟，揭示了复杂环境下加筋路堤的长期力学性状（筋材变形、潜在破裂面、土压力、墙面变形等）及其受地基土参数和填料压实度变化的影响机制。

（3）提出红层软岩加筋路堤抗震设计方法：结合抗震模型试验与数值分析，揭示了地震下红层软岩加筋路堤动力响应规律（加速度/位移时程、破坏模式）及影响因素，提出了红层软岩加筋路堤抗震位移控制标准、地震加速度系数取值方法和合理加筋间距。

（4）建立红层软岩加筋路堤地震内部稳定性计算方法：基于不同形状的简化破裂面，针对不同模量筋材，提出了地震下内部稳定性计算的水平条分法方法，推导了筋材拉力与长度计算公式，并分析了填土内摩擦角、地震加速度系数的影响。

（5）提出红层软岩加筋路堤地震反应简化分析方法：考虑加筋对路堤抗侧刚度的影响和筋-土相互作用，将路堤简化为弹簧-阻尼-摩擦片连接的多质点体系。基于达朗贝尔原理，推导水平地震作用下加筋路堤多质点体系的动力方程，利用状态空间描述和 SIMULINK 仿真建立动力方程的求解模型，求解得到加筋路堤地震反应，为红层软岩加筋路堤地震反应提供简化预估方法。

（6）形成红层软岩加筋路堤绿色建造指南：结合工程实践，提出了红层软岩加筋路堤基本构造原理、建造流程及关键工序（加筋格宾标准构件组装、分层现场拼装、面墙格宾网箱石料填充、路堤填料填筑）的施工技术与质量控制技术。

本书的出版得到了国家自然科学基金项目（51308198）的资助；感谢公路工程自然灾害风险普查大数据智慧应用湖南省重点实验室、土木工程智慧防灾减灾湖南省科普基地在课题研究过程中所给予的大力支持；感谢中南大学杨果林教授的悉心指导。

限于作者的水平，本书难免存在疏漏之处，恳请读者批评指正。

作 者

2024 年 12 月

目录

第1章 绪 论 ... 001
- 1.1 研究背景 ... 001
- 1.2 国内外研究现状与进展 ... 003
- 1.3 本书主要研究内容与创新 ... 016
- 参考文献 ... 017

第2章 自循环式人工降雨模拟试验 ... 035
- 2.1 引言 ... 035
- 2.2 自循环式人工降雨模拟装置 ... 036
- 2.3 自循环式人工降雨特性率定 ... 038
- 2.4 本章小结 ... 043
- 参考文献 ... 044

第3章 红层软岩路堤边坡降雨入渗特性及计算方法 ... 045
- 3.1 引言 ... 045
- 3.2 红层软岩路堤边坡降雨入渗解析计算方法 ... 047
- 3.3 红层软岩路堤边坡降雨入渗试验和数值模拟 ... 057
- 3.4 红层软岩路堤边坡降雨入渗计算结果与讨论 ... 061
- 3.5 本章小结 ... 073
- 参考文献 ... 074

第4章 红层软岩力学特性降雨入渗劣化机制及计算模型 ... 082
- 4.1 引言 ... 082
- 4.2 红层软岩降雨入渗与单轴压缩试验 ... 083
- 4.3 红层软岩降雨入渗劣化特征及计算模型 ... 086
- 4.4 本章小结 ... 094
- 参考文献 ... 095

第5章 红层软岩路堤填料推剪力学特性及计算方法 ... 098
- 5.1 引言 ... 098
- 5.2 红层软岩路堤填料现场推剪试验 ... 099
- 5.3 红层软岩路堤填料推剪力学特性及计算分析 ... 102

5.4 本章小结 118
参考文献 119

第6章 红层软岩加筋土力学特性及宏细观加固机理分析 120
6.1 红层软岩加筋土力学特性三轴试验及宏观加固机理 120
6.2 红层软岩加筋土力学特性离散元模拟及细观加固机理 141
6.3 本章小结 175
参考文献 177

第7章 复杂环境下红层软岩加筋路堤长期性能及数值分析 181
7.1 引言 181
7.2 格宾加筋红层软岩路堤长期性能监测试验 182
7.3 格宾加筋红层软岩路堤现场试验段数值模拟 190
7.4 红层软岩加筋路堤力学性能影响机制 197
7.5 本章小结 201
参考文献 203

第8章 红层软岩加筋路堤抗震性能及数值分析 204
8.1 引言 204
8.2 格宾加筋红层软岩路堤抗震模型试验 205
8.3 地震作用下格宾加筋红层软岩路堤挡墙性能数值分析 206
8.4 本章小结 227
参考文献 228

第9章 红层软岩加筋路堤地震稳定性及地震响应计算方法 230
9.1 红层软岩加筋路堤地震稳定性水平条分计算法 230
9.2 红层软岩加筋路堤基于SIMULINK地震反应分析方法 238
9.3 本章小结 247
参考文献 248

第10章 红层软岩加筋路堤绿色建造方法 250
10.1 引言 250
10.2 生态格宾加筋土结构基本构造原理 251
10.3 生态格宾加筋红层软岩路堤建造技术 252
10.4 本章小结 260
参考文献 260

第1章

绪 论

1.1 研究背景

红层主要是指侏罗纪到新近纪的陆相红色岩系，岩性为泥岩、砂岩、泥质砂岩、砂质泥岩、粉砂岩等，俗称红层软岩（或红砂岩、红层泥岩等）。除台湾地区外，我国其他省市均有红层分布，总面积约 826 389 km^2，约占全国陆地总面积的 8.61%，但分布不均。其中，南方红层约占全国红层总面积的 60%，以西南、中南地区红层分布较广。例如，西南地区（不含西藏）红层分布总面积约 447 090 km^2，约占西南地区总面积的 39.7%；湖南红层面积约占全省总面积的 20.5%；北方约占 40%，以甘肃以及蒙宁晋陕交界处红层分布相对较多。

红层在我国各地区有着如此广泛的分布，那么红层必然是土木工程建设中不可避免的一类岩土体，如交通运输部西部红层工程成套设计技术、中南地区潭耒高速公路红砂岩路基修筑、西南地区遂渝铁路、达成铁路扩建改造工程和云南安楚高速公路等都是近期红层工程建设中的典型代表。工程实践表明[1-3]，区域性分布的红层软岩土已经对既有公路、铁路的路基和边坡以及隧道等工程产生了不同程度的不良影响。例如，对湖南省境内的耒宜高速、潭耒高速公路和临长高速公路路堤红层软岩土石混合体应用情况和在营运期间路面破损状况进行统计（见表 1-1）[4]，发现红层软岩填筑路基路段存在较多的路面结构破坏病害，典型的路面结构破损主要表现为路面出现纵向及交叉裂缝、坑凹、起拱、波浪和路面横向裂缝等，给行车舒适性和安全性造成了极不利的影响。拟建和在建的公路、铁路工程也必将会遇到类似的工程地质问题，尤其红层软岩填方路堤不均匀沉降及开裂病害一直是普遍和突出的问题。随着我国高速公路的兴建，红层地区红层软岩填料利用及其路堤处治、路堤结构型式等工程问题，已日益成为工程界人士重点关注的问题。因此，研究红层软岩路堤可靠的处治技术与路堤结构型式显得非常的迫切和重要，必须寻求安全、经济、合理的方法，对红层路堤进行有效的加固增强处理。

表 1-1 湖南高速公路路堤红层软岩填料应用情况及其病害[4]

高速公路名称	典型病害位置里程	典型病害形态	病害所在里程的路基填料
耒宜高速公路	K465+800~K466+200	路面出现明显沉陷	红层软岩
	K504+200~500	路面出现纵向裂纹	红层软岩
	K525+200~300	路面破损主要为纵向裂纹	红层软岩
潭耒高速公路	K263+640~575	路线右幅路面出现严重的裂缝,断板、翻浆冒泥等病害	红层软岩
	K286~K287	路线右幅混凝土面板出现开裂、断板、翻浆冒泥等病害	红层软岩
	K319+525	右幅路面不平整且有明显的裂缝,超车道出现波浪形沉降	红层软岩
	K341+850	左右幅均产生了较大的沉降,右幅路面不平整且有明显的裂缝	红层软岩
	K381+980	左幅超车道有波浪形沉降,行车道出现明显裂纹	红层软岩
	K386+500~680	右幅行车道出现明显裂纹,硬路肩板向边坡方向有位移,导致行车道与硬路肩之间的接缝变宽	红层软岩
临长高速公路	K103+800	金河大桥桥台出现桥头跳车,路面与桥面的接合部出现横向裂缝,缝宽1 cm左右,车过肩振动感	红层软岩
	K121~K122	路面主要沿行车道出现长达2 km左右的纵向裂纹,裂纹不连续,局部呈发散状,且出现翻浆	红层软岩
	K142+800	路面沉陷长达40~50 m,最深处有12~14 cm	红层软岩

工程实践证明[5-12],运用加筋土技术处理路堤边坡,能使路堤受力趋于均匀,明显改善路堤内部的应力分布,同时由于筋材与土体的摩擦咬合等加强作用,可以明显减少边坡的裂隙;加筋可以增加边坡的稳定性和路堤整体性,使填方边坡适当变陡,

减少土方、节约占地、降低工程造价和利于环境保护。因此，本书结合红层软岩高速公路路堤工程实践，通过现场试验、室内试验、理论分析和数值分析等方法，开展降雨和地震等复杂自然灾害环境下红层软岩加筋路堤的工作机理及计算方法究，力求探索自循环式人工降雨模拟装置研制及降雨特性率定，红层软岩路堤边坡降雨入渗特性及计算方法，降雨入渗红层软岩强度和变形的劣化特性及计算模型，红层软岩路堤填料大型推剪特性试验及计算方法，红层软岩加筋土力学特性及宏微观加固机理分析，红层软岩加筋路堤长期性能、抗震性能及地震响应计算方法和绿色建造方法等关键问题，研究成果将对我国广大红层地区修建安全可靠的高速公路、节省工程投资、保护生态环境具有重要的指导意义，并为其提供技术储备、打好技术基础，具有重要的理论和现实工程意义，具有广阔的工程应用前景。

1.2 国内外研究现状与进展

1.2.1 加筋土技术发展历程简述

加筋土技术的发展从概念提出到全球范围的广泛应用，经历了一个漫长的过程。古代先人在生活实践中，逐步形成了关于加筋材料的一些雏形。远在新石器时期时代，人们就在土中加入茅草等材料用以建造居所、在河岸或路堤填筑材料中加入草绳、柳条等进行加固[13]，但此阶段成果并未发展到理论高度[14]。

直到 20 世纪 60 年代，法国工程师亨利（Henri Vidal）在模型试验中发现，当土中掺入有机纤维材料后强度明显提高[15]，并于 1963 年公布了其研究成果，提出了土的加筋方法和设计理论，西德《地下建设》杂志（1979 年）更是将其誉为"继钢筋混凝土之后又一造福于人类的复合材料"[16]。这可认为是加筋土技术发展近现代阶段的开端。此后，该技术引起了世界各国学术界、工程界的广泛关注，并开始了加筋土机理、材料等多方面的理论、试验与工程应用研究。例如，法国的桥梁道路中心、美国加州大学、日本国铁和建设省等的研究最为活跃，在筋带的拉力、墙背土压力的分布和计算，以及破裂面的形态等方面都给出了相应结论。法、美、英、日、德等国家先后制订了有关加筋土工程的规程、条例和手册等。

二十世纪七八十年代，新生的现代加筋技术不仅在加筋土挡土结构的基本形状、完善设计计算理论等方面有了进一步发展，而且许多国家在拓展填料、筋材的应用范围方面也取得了一些比较系统的成果。美国联邦公路管理局提供研究基金，以加州大学米彻尔（Mitchell）教授为首，与英、法学者合作的研究项目"加筋土坡和路堤"于

1987年完成了研究报告，这为加筋土技术的应用提供了一个比较系统的参考。其间，西马克（Simac）[17]等人开展的土工合成材料稳定路堤、处理软土地基方面的研究也取得了重要成果。而且，美、英、法合作的离心机试验，针对不同的筋材、面板强度、地基土的压缩性以及不同的超载和填料等因素，开展了加筋土挡土结构内部稳定性研究，为加筋土研究提供了新的思路。

20世纪90年代至今，加筋土的研究工作主要集中在如下几个方面：完善设计计算理论，并研究与其他加固技术的联合技术[18-26]；将加筋土看作匀质"复合材料"，采用弹塑性理论和有限元等数值方法进行分析研究[27-34]；外载荷在加筋体内的扩散及其对加筋土体内部稳定的影响、加筋地基承载力计算等[35-38]；研究加筋土体变形计算方法及加筋带的寿命[39-41]；加筋土数值模拟技术的研究[42-54]。其中，一些新的计算机模拟技术（如离散元等）在加筋土结构分析中的运用，将对更深入认识加筋机理产生质变性推动作用；新型加筋材料与结构型式的研究与应用[55-58]，由于新材料、新工艺的出现和研究，新型加筋结构和新材料的运用和理论研究是将来加筋土技术发展的一个重要方向。

加筋土技术在我国的发展相对较晚，直到20世纪70年代中期，现代加筋土技术才引入我国，并于1979年在云南田坝煤矿建成了我国第一座加筋土挡墙，该挡墙的建造引起了土木工程界强烈反响，工程界和学术界都在思考如何结合我国国情合理地应用加筋土技术。我国加筋土技术起步较晚但发展很快，20世纪80年代，共修建了各类加筋土工程300多座。同时，针对现代加筋技术在理论研究、室内试验研究、现场测试试验、设计计算方法以及加筋机理分析等方面都取得了不少成果，加筋材料品种的多样化、标准化和规范化，使加筋土技术的应用范围不断扩大。目前，我国已将加筋土技术广泛应用于公路工程的路堤、桥台、引道工程，水运工程的内河港口码头、护岸、库场支挡建筑物、航道整治工程，铁路工程的路基、路堤、桥台工程，水利工程中的防护堤、水工挡土墙工程，环境工程中的碴场、垃圾填埋场、尾矿坝工程，其他方面如储煤仓、城市小区、建筑地基、机场和军事工程等。使用地域从东到西、从南到北遍布全国[59]，取得了显著的经济效益、社会效益。

经过近30年的研究和应用，我国在总结实践经验、试验研究和理论研究以及参考国外相关成果的基础上，颁布了加筋土结构设计和土工材料应用的相关规范。自1991年交通部颁布《公路加筋土工程设计规范》（JTJ 015—91）[60]、《公路加筋土工程施工技术规范》[61]（JTJ 035—91）等行业标准以来，国家及相关部委也分别制订并颁布了相应的标准、规范。1999年初，国家正式颁布了《公路土工合成材料应用技术规范》[62]（GB 50290—98）和《公路土工合成材料试验规程》[63]；原铁道部在《铁路路基支挡结构物设计规范》中加入了加筋土工程的有关条文和内容，并颁布了《铁路工程土工合成材料应用技术规范》[64]（TB 10118—99）；原交通部制订和颁布了《水运工程土工织物应用技术规程》[65]（JTJ/T 239—98）；原水利部制订和颁布了《水利水电工程土工合成材料应用技术规程》[66]（SL/T 225—98）和《土工合成材料测试规程》；长沙铁道学院加筋土课题组主编的《湖南省加筋土支挡结构设计及施工规程》也于1992年颁布施行。这些不同行业关于加筋土技术应用的规范成果，对我国加筋土技术的推广和应用起到了强有力的推动作用，但毫无疑问，在新的建设需求和面临的新课题下，加筋土技术的发展仍然有诸多问题需要探讨和解决。

1.2.2 加筋土试验研究进展

在试验研究方面，根据试验方法和条件的不同，主要可分为几个方面：三轴试验、室内模型试验、原位试验。

1. 三轴试验研究进展

在三轴试验中，假定试样为均匀连续介质，通过施加围压和轴压来模拟土中一点的应力状态和所经历的路径，以研究加筋土体的变形和强度特征。一般来说，加筋体填料优先选择有一定级配的砾类土和砂类土，因此，国内外研究人员对加筋砂土展开了大量的研究[67-73]。

Haeri等人[74]探讨了土工织物加筋干砂三轴试样的应力-应变和剪胀特性；Fermaoui等对加筋砂土进行三轴压缩试验，得出了加筋土破坏时最大、最小主应力关系曲线；Gray[75]等对砂土加筋进行三轴试验研究，推导出拉应力沿剪切面分布公式，得出纤维面积比、初始方向以及弹性模量是影响加筋土强度的因素；Broms[76]和McGown[77]等用三轴试验对加筋砂土的应力-应变和强度特性进行了研究，认为加筋土强度的提高，其基本原理存在于筋-土之间的互相摩阻联结中；Rajagopal等人[78]和Bathurst等人[79]用三轴仪研究了土工格室加筋砂的强度和刚度。

吴景海[80]进行了加筋砂的三轴试验研究，认为土工合成材料加筋砂具有准黏聚力，它仍符合莫尔-库仑（Mohr-Coulomb）抗剪强度理论，并对土工合成材料的选型问题进行了有益的探讨；王吉力[81]通过三轴试验，利用加筋效益系数和极限平衡原理，着重探讨两种织造型土工织物铺设层数对加筋砂强度增长的影响及作用机理；杜运兴[82]通过固结不排水三轴试验、采用碳纤维增强塑料（CFRP）作为加筋材料，研究了加筋后中砂的承载能力；张孟喜[83]提出了立体加筋土的概念，并设计了采用轴对称布置的单层立体加筋砂土的试验方案，进行了48组镀锌铁皮和橡胶板两种筋材的单层立体加筋砂土的室内三轴试验，探讨了不同立体加筋方式、不同围压作用下应力-

应变及强度变化规律；陈群等人[84]通过两种加筋土样的三轴试验，对不同围压、不同加筋层数土样的应力-应变曲线、强度特性进行了研究；雷胜友等人[85]通过三轴试验研究发现非柔性材料加筋后土体的黏聚力和内摩擦角均增大许多；郑荣基[86]、陈存礼等人[87]、邹新华等人[88]、舒子亨等人[89]、保华富等人[90]、杨锡武等人[91]、廖红建等人[92]，也通过三轴试验对加筋土进行了试验研究，得到了一些有益的结论。

随着加筋土技术的不断推广，砾类土和砂类土以外的多种填料也被应用到加筋结构中。Ingold[93]对多孔塑料加筋的饱和黏性加筋土进行了不排水剪试验；Ashis等人[94]通过不固结不排水三轴试验研究了加筋塘泥的剪切强度反应；韩志型等人[95]对土工格栅加筋黏土进行了固结不排水三轴压缩试验以研究加筋黏土的力学特性；谢婉丽等人[96]用三轴试验方法研究了土工合成材料加筋黄土的应力-应变及强度特性，得到了加筋土的强度指标与对应素土的强度指标间关系；魏红卫等人[97]通过固结排水和不固结不排水条件下的三轴剪切试验，研究了加筋对黏性土体强度和应力应变关系的影响以及不同排水条件下的加筋效果；谢婉丽等人[98]为了研究加筋土的抗震性能，在GDS高级动态三轴测试系统上对不同加筋层数的试样进行了不同围压和不同动应力作用下的动三轴试验；董营营等人[99]通过大三轴试验探讨含水量的改变对加筋土复合强度的影响程度；赵莹莹[100]考虑了纤维材料的尺寸效应，采用常规三轴仪研究了纤维土在不固结、不排水条件下的强度特性和补强机理；赵川等人[101]在大型三轴仪上进行了素碎石土和加筋碎石土的三轴排水剪切试验，探讨了加筋碎石土的强度及变形特性。

可以看出，三轴试验仍是目前研究加筋土强度和变形特性、力学机理的一个主要手段，但是随着填料和加筋材料的多样化，三轴试验技术和设备还需新的突破和进展，特别是如何在三轴试验中如何获得和模拟加筋粗粒土的细观力学特性、测量加筋非饱和土的力学参数、测量筋材应力、针对加筋粗粒土的大三轴试验技术等方面的问题。

2. 室内模型试验研究进展

目前，室内模型试验主要包括室内离心模型试验、静（动）力模型试验和振动台试验等几种。

离心模型试验的原理是根据相似理论，借助离心机产生离心加速度来模拟重力场，使得模型具有与原型相似的边界条件和受力状态[102]。自从Schofield[103]应用离心模型技术进行加筋土支挡结构的试验后，离心模型试验在关于加筋土结构的室内试验中得到了大量运用。Taniguchi等人[104]、Zhang等人[105]先后用离心模型试验研究了软基上高填方加筋路堤的加筋机理。Mand等人[106]用离心模型试验探讨了不同类型的加筋材料对软基上路堤的稳定性影响。Sharma等人[107-109]用离心模型试验研究深厚软土土工织物加筋路堤，并用新型测力计获得筋材拉力。Porbaha等人[110]通过离心试验研究了直立土工织物加筋挡墙的 24 组缩尺模型的变形特性。张师德等人[111]在包裹式挡墙的离心模型试验中，发现包裹面内的实测土压力值大于主动土压力，土压力最大值位于墙高中部，当墙顶有均布超载时，侧压力系数接近 1.0。邹静蓉等人[112]对土工格室加筋边坡变形和破坏力学机理进行了离心模型试验研究，通过摄影照相记录边坡破坏全过程，发现土工格室加筋边坡破坏过程可划分为变形、开裂、局部剪切塑性变形和破坏四个阶段。张嘎等人[113]在清华大学离心机上进行了自重加载条件下离心模型试验，采用离心场图像采集和非接触位移测量系统，测量了加载过程中土坡的位移场及其发展变化过程，对比了素土坡与土工织物加筋土坡的破坏模式和变形发展过程。俞松波等人[114]选用高密度聚乙烯制成的三维土工网夹层作为模型土工格栅，进行一组软土地基上加筋路堤的离心模型试验，通过浇注的环氧树脂带应变测试与图像分析相结合的方法，研究路堤填筑过程中加筋材料拉应力的发展与分布，对环氧树脂分别进行了连续加载和分级加载标定试验，并提出了相应的线弹性模型和广义开尔文模型。总的看来，离心模型试验能较好地模拟土体自重应力场及其与自重有关的变形过程，成为揭示加筋边坡和挡墙变形破坏机理的有力工具，得到了较为广泛的应用。

模型试验是按一定的几何、物理尺寸，依据一定的相似关系模拟结构原型而获得其相关的力学特性、变形机制等，特别是观测和分析筋材上的拉力、破裂面位置、墙面侧位移等情况。模型试验直观、简便，可进行多工况对比分析，这是现场试验段难以实现的。但制作试验模型周期较长、需要投入较多的人力、物力、模型几何尺寸和边界条件的控制技术仍不是很理想，而且由于测试手段的限制，很难得到模型内部物质运动规律。

静力模型试验方面：周世良等人[115]、莫介臻等人[116]对台阶式加筋土挡墙的潜在破裂面进行了大尺度模型试验研究；张孟喜等人[117]在提出条带式带齿加筋的基础上，进行了一系列条带式带齿加筋砂土挡墙的室内模型试验，测试了墙面板水平位移、齿筋侧向土压力，并利用高倍数码摄像机拍摄了加载过程中挡墙侧面土体的变形特征以及渐进破坏过程，研究了这种加筋形式挡墙的承载力和工作机理，提出了破裂面的具体形式；李仲发等人[118]测试了室内挡墙模型从施工到正常使用期间加筋体内筋带拉力、土压力分布、墙面变形以及地基应力等；孙兴虎[119]利用相似物理模型试验，开展了加筋板和土工格栅协调拓宽路基不均匀沉降变形破坏机理研究；杜运兴等人[120]采用模型试验研究预应力加筋路堤的静力学性能；高江平等人[121]观测了加筋土挡墙模型试验中破裂面的情况；Bathurst 等人[122]进行了足尺挡墙模型的试验并对其做了数值模拟；丁钧巍等人[123]建立了多级台阶式格栅加筋墙室内模型，并测试格栅加筋土挡墙面板后的土压力、加筋体后土压力、加筋土各分层土压力及地基应力等；许岩等人[124]通过模型试验，研究了填料含水量和压实度对土工格栅加筋膨胀土挡墙承载力和变形的影响；杨庆等人[125]通过室内小比尺模型试验，模拟了两种边坡坡比、两种格栅以及

3种加筋层数共计10种边坡结构在坡顶荷载作用下边坡和土工格栅的变形规律。上述室内模型试验，大部分均是以土工格栅加筋土挡墙为对象进行研究，毫无疑问，这些研究成果有力地推动了加筋土技术的发展。然而，目前应用到工程实体的加筋材料远不止土工格栅，为了满足工程建设及相关规程制定等的需要，仍需开展不同类型筋材加筋土结构室内模型试验。

加筋土结构动力模型试验方面的研究相对较少，杨果林等人[126]对加筋土挡墙的动力特性进行了常规模型试验研究。然而，要更好地认识加筋土结构的抗震性能，振动台模型试验将是不错的选择，由于试验条件的限制，国内通过振动台试验研究加筋土结构动力性能的报道还不多见。吴伟等人[127]利用大型振动台分别进行了层状土与边坡模型的振动台对比实验、素土与铺设加筋材料的振动台对比实验。但国外在这方面开展的试验研究就成熟得多，例如，Richardson和Lee[128]为了研究地震作用下筋材的行为，开展了一系列加筋挡墙小模型振动台试验；EL-EMAM等人[129]在加拿大通过振动台观察了一系列缩尺加筋挡墙的地震反应，并用FLAC^{2D}程序对其试验进行了模拟。上述振动台试验基本上是模拟加筋结构水平向地震响应，但是，要更全面地模拟地震作用，将来应该更多地开展加筋结构多维地震振动台试验，以及各种新型加筋结构振动台试验和筋土动力相互作用原理模拟。

3. 加筋土结构原位试验进展

原位试验又称为现场足尺试验，尽管不太经济，但能够反映加筋工程的实际情况，有助于对加筋土挡墙的性状及加筋机理有更深刻、更接近实际的认识。

Christopher在现场足尺试验中，发现当筋材与面板间为刚性连接时，面板上的侧压力接近主动土压力，为柔性连接时，则小于主动土压力[130]；Collin等人[131]在现场观测了加筋土结构的地震反应；Tatsuoka等人[132]观测了铁路路堤加筋土挡墙的长期性能；王祥等人[133]对铁路路堤式加筋土挡墙的墙面板水平土压力、墙后土体垂直土压力及加筋材料变形进行了现场原位试验；张发春[134]通过对3个不同土工格栅加筋土高挡墙的现场试验，研究土工格栅加筋土高挡墙的墙底压力、筋材变形及破裂面；杨广庆等人[135]进行了包括加筋土墙体基底应力、墙背侧向土压力、拉筋拉力和墙面水平变形等内容的现场试验；包俊惠等人[136]结合某变电站基础工程，对膨胀土加筋挡土墙开展了一系列的现场试验研究；张永清等人[137]通过现场修筑不同方案的试验路段和沉降跟踪观测，研究了土工格栅铺设层数对填挖交界路基差异沉降的影响；胡幼常等人[138]用粉质红砂土修筑了一段双向土工格栅加筋试验路堤，现场测定了试验路基的回弹模量，研究了加筋层间距对回弹模量的影响规律；邓国华等人[139]利用现场试验研究了膨胀土加筋挡土墙稳定性的影响因素。现场试验与观测资料直接反应了加筋结构的真实力学行为，因此，有限的现场试验资料对于加筋土技术的研究和发展就显得弥足珍贵。现有现场试验对象基本上都是针对土工格栅加筋土结构，对各种类型加筋土结构现场试验资料仍需积极积累，特别是关于新型加筋材料、特殊填料及超高加筋土挡墙的现场测试数据仍非常欠缺。

1.2.3　加筋土结构计算方法进展

目前，加筋土结构的稳定性计算方法仍以极限平衡法最为普遍，极限平衡法是一种保守而安全的设计方法。极限平衡法种类繁多，如直线滑动楔形体破坏分析法，假定结构潜在滑动面为直线，土坡破坏以楔形体形式下滑；折线滑动楔体破坏分析法，假定结构潜在滑动面是由两条直线组成的折线；圆弧滑动法（主要有瑞典条分法和毕肖普条分法），假定结构潜在滑动面为圆弧，把加筋材的作用假设为作用在滑动土体上的水平力或切向外力，瑞典圆弧法由于完全没有考虑条间作用，以此计算所得结果偏保守，而简化毕肖普法考虑了条间垂直力的作用，理论上更科学合理，且可以适用于任意形状的滑动面；有研究人员也对铺设加筋材料后地基的稳定计算方法做了进一步研究；对数螺旋线滑动法，假定滑裂面为对数螺旋线。

法国的 Gourc[140]基于传统极限平衡法，引入了筋-土的应变相容关系，提出了位移法。这一方法考虑加筋材料变形特性，结合筋材受拉和筋-土界面摩擦的本构关系（理想弹塑性），从求解每层筋材局部平衡来确定筋材的布置，但这种方法在本质上仍是极限平衡法。此外，我国的刘祖德等人应用弹性理论对极限平衡法进行了改进，对加筋土挡墙及加筋土坡的设计方法改进也具有重要参考意义。可见，基于位移概念的加筋土结构设计方法，无论是理论研究还是其应用实践经验等方面，均还不甚成熟。

后来，有些设计与研究人员开始采用极限状态法（包括承载能力极限状态和正常使用极限状态），考虑建筑物的使用寿命和筋-土应变相容性，对材料特性指标、土力学指标和作用力等采用分项系数以代替单一的安全系数，从而实现加筋土结构可靠度计算与分析。汪承志等人[141]将可靠度分析中的蒙特卡罗法运用于土工格栅边坡抗滑稳定性计算，计算中以土的抗剪强度指标为基本随机变量；邓正和等人[142]考虑岩土不确定性因素的影响，以土体内摩擦角和重度为基本随机变量，并运用 VB 语言编制了加筋土挡土墙全墙倾覆稳定性的可靠度分析程序；涂帆等人[143]分析 3 对土性参数的互相关性，即土的黏聚力和内摩擦角、填土与筋材的摩擦系数和填土内摩擦角、填土与地基的摩擦系数和填土内摩擦角之间的互相关性对加筋土挡墙不同破坏模式可靠指标的影响。极限状态可靠度计算方法较大地改进了极限平衡法，但目前尚未被普遍使用，是一种有很好发展前景的计算方法。

与极限平衡法和极限状态法相比,数值计算方法(如有限元法)可以提供受荷土体的应力场和位移场,在计算中考虑土体的非线性、蠕变、施工程序和荷载的变化,因而,可模拟加筋土结构从施工开始到运行期间土体性质变化的全过程。由于近期对土与加筋材料本构关系研究的日益深入,有限元法的应用发展很快,尤其是对于比较重要的或者对变形有严格要求的结构物,常常采用有限元法进行核算,有限单元分析为加筋土技术在重大结构中的应用提供了理论支持。

有限元方法分析加筋土结构目前常采用三种模式:一是采用复合材料的观点和方法,通过一定的力学公式,根据土与筋材各自的参数,将加筋土转化为一种等价的均质材料,采用均质材料有限元方法求解,其计算模型有弹性、弹性非线性、弹塑性及流变模型等;二是将土、筋条、面板分开来考虑,将加筋土视为由多种材料组成的结构(组合结构),筋带采用线弹性杆单元,面板采用梁单元,结构中不同材料之间引入接触面单元,土体本构关系采用非线性弹性或弹塑性模型,土体破坏准则常采用莫尔-库仑准则;三是等效附加应力法。尽管有限元法有很多优点,但由于加筋体的本构关系研究还不完善,单独依靠这种方法在设计中应用尚不多见。因此,目前对于一般工程主要是以极限平衡原理为基础,结合加筋土工程的具体边界条件建立的半理论半经验实用分析方法进行设计;对于比较复杂或特殊的工程则用有限元分析等数值模拟方法进行结构性能预测,同时应用观测和模型试验作为比较。

对于地震作用下加筋土结构稳定性分析与地震反应分析,主要有以下几种方法:

(1)拟静力法(pseudo-dynamic):假定加筋土挡土墙内存在一个滑动破裂面,破裂面把整个挡墙分为两个刚体,墙体承受均匀的与地面运动相同的加速度,忽略加筋土挡墙本身的振动特性,笼统地采用一个不变的地震加速度系数进行分析。现阶段国内外的加筋土结构规范抗震设计部分基本都采用了此方法。Pierre 和 Michel[144]从他们所做的试验和理论分析得出,可以通过在加筋土挡土墙滑动区施加一个惯性力 E_1 来设计动载作用下的加筋土挡墙;日本甘田昌平提出了破裂面随地震震级的增大而后推移,滑动破裂角变小,加筋材的有效锚固长度变短,并假定侧向土压力计算系数采用静态土压力系数,得出日本规范采用的经验公式[145];有的学者认为,地震作用下加筋土挡墙侧向土压力计算可采用重力式挡墙计算土压力的方法,计算时用 $\gamma_d = \gamma/\cos\eta$、$\delta_d = \delta + \eta$、$\varphi_d = \varphi - \eta$ 取代非地震作用下重力式挡墙侧向土压力计算公式中的 γ、δ 和 φ[146];同时,Ling 等人[147, 148]基于拟静力极限分析理论提出了土工合成材料加筋结构的抗震设计程序;Kramer 等人[149]开展了加筋土结构地震性能评估和设计方法研究;Huang 等人[150]基于拟静力理论提出以无黏性土为填料的加筋挡墙的地震位移计算方法;Michalowski 等人[151]提出了加筋边坡的地震稳定性设计方法;Shahgholi 等人提出和发展了水平条分法进行加筋土结构地震稳定性分析[152-154]。可见，研究人员将拟静力法运用于加筋土结构的设计方面做了大量的工作，但这些方法均将地震荷载等效为水平和竖直方向的静力荷载作用于结构上，不能体现地震波复杂的频谱本质以及波在结构物中传播的时程特性，因而存在一定的局限性。

（2）伪动力方法：鉴于拟静力法分析加筋土结构的局限，Choudhury[155, 156]、Nimbalkar[157]提出了加筋土结构地震反应分析的伪动力方法（pseudo-dynamic）。然而，伪动力方法将地震加速度时程简化为水平和竖向传播的正弦波，这与真实的地震加速度仍有较大差异，但这无疑促使加筋土结构抗震设计方法有了革新的机会。

（3）数值模拟方法：鉴于加筋土结构抗震模型试验通常受到试验经费、试验设备等方面不足的限制，数值模拟方法通常成为研究人员分析加筋土结构动力响应的替代手段。目前，一般利用动力有限元和动力有限差分程序进行分析，需要先离散化土体，把土体分割成在有限个结点处连接的离散单元体，再对每个单元体用有限个参数描述它的力学特性，这些单元体力学特性的总和为连续土体的力学特性，由此建立各种物理量的平衡关系，继而建立单元体和连续体的动力基本方程，从而求得相关结果。动力有限元和动力有限差分方法可以实现土与结构动力相互作用关系。同时，土体的动力性质可以得到更切合实际的考虑，土体的非均匀性和非线性行为均能够适当地包括在分析中。

Cai 和 Bathurst 通过动力有限元方法研究了小型模块面板土工格栅加筋土挡墙在人工地震波作用下的响应，发现地震作用对加筋土挡墙永久位移、筋材受力、面板相对错动等有重要影响[158]。Bathurst 和 Hatami[159]利用 FLAC 程序研究了不同设计参数对刚性面板土工格栅加筋土挡墙动力反应的影响。Helwany、Budhu 等人[160]利用 DYNA^{3D} 程序仿真了模块式加筋土挡墙抗震特性振动台试验，表明数值分析方法可以较好地模拟加筋结构的复杂动力力学行为。Zarnani 和 Bathurst[161]针对填土嵌入土工泡沫刚性挡墙建立了 FLAC 数值模型，并用此模型进行了地震响应模拟，与振动台试验结果吻合良好。刘华北[162]应用动力弹塑性有限元方法，研究了各种设计参数对土工格栅加筋土挡墙动力响应的影响。Adib[163]、Plumelle[164]、Ho 等人[165]、袁捷等人[166]、谢婉丽[167]、蒋建清等人[168]也通过有限元或有限差分软件研究了加筋土结构在地震荷载作用下的力学响应，获得了一些定性认识。

但值得注意的是，加筋土结构动力数值时程分析计算量大、耗时较多，特别是涉及三维分析计算时对计算机性能要求更高。而且，动力计算结果明显依赖于加筋土体动力弹塑性本构模型、筋-土相互作用动力模型的可靠性，但这些方面的研究目前还有所欠缺。

1.2.4 红层软岩路堤填料应用与研究

随着红层软岩地区土木工程（特别是高速公路、铁路、大坝等）大量地兴建，如湖南省境内的耒宜、衡大、邵怀、怀新和潭衡等高速公路路堤都较多地应用了红层软岩填料，关于红层软岩填料的合理利用问题也就显得格外重要。

国内研究人员对红层软岩填料路用性能进行了一定的探索和研究。刘多文等人[169]对分布在湘耒高速公路沿线的红层软岩展开研究，认为只要施工妥当，Ⅰ、Ⅱ类红层软岩经过预崩解处理后完全可以用作高速公路路基填料；董泽福等人[170]研究湖南区域的红层软岩路用工程性质，认为碎屑岩常因黏土矿物的混入往往强度不高，一般不能作为石料，黏土岩由于含有一定量的砂、粉砂粒及Fe^{3+}离子岩石的亲水性减弱，水稳定性增强，黏土岩的液限、塑性指数、自由膨胀率、CBR值均满足路基施工技术规范的要求；朱貌贤等[171]对风干的红层软岩填料进行了CBR试验、耐崩解试验、压缩试验和剪切试验，认为在实际工程应用时要注意水对红层软岩填料软化的影响；张剑[172]认为红层有其独特的性能，其工程特性受含水量的影响较大，作为路基填料，必须解决好压实遍数、粒径、厚度、压实机具、含水量等问题；陈晓斌等人[173]利用大型三轴流变试验仪器研究了红层软岩路堤填料的流变工程性质；还有一些研究人员完成了红层母岩的物理和力学性质的试验[174-178]。可见，红层软岩填料应用于公路路堤等工程的填筑时，应特别注意其部分不良物理、力学特性对工程的影响。

红层软岩填料通常表现为一定强度且粒径较大的岩石颗粒与粒径较小的土颗粒的集合体。这种集合体的粒径分布较难控制，从而用风化红层软岩填筑的路堤、大坝等结构物的内部结构比较复杂，由于含有不同大小、不同数量和不同分布形式的岩块石颗粒而与一般土体的性质有较大差异，为了突出其物质组成和结构特性，这种填筑材料可归类为"土石混合体"。

关于土石混合体的研究在2000年以前鲜有报道，2000年后随着土石混合体概念的提出以及这一概念逐渐被工程界认同[179]，针对土石混合体地质成因、分布特征、几何结构特点及其力学特性等多个方面的研究取得了一定的进展。Vallejo[180]探讨了石填大坝、冰碛物、残积土中大颗粒的存在特征。Vallejo[181]测试了土石混合体模拟料的固结和稳定特性。Vallejo和Mawby[182]通过直剪试验分析了粗粒料-黏土混合体边坡的稳定性，并发现剪切强度依赖于混合体中大颗粒与黏土的相对比例。Xu等人[183]通过现场试验发现土石混合体的力学特性受临界颗粒尺寸的影响。Altman等人[184]通过同步加速辐射源X光计算机断层微观成像技术评价土石混合体的吸附特性。Lanaro等人[185]基于三维激光扫描技术发展了一种混合体骨料尺寸、形状和粗糙度新的定性分析方法。Xu等人[186]引入基于有限元方法的数字图像处理技术研究土石混合体，并对其内部块体分布的结构特征进行统计分析研究。Springman 等人[187]结合现场试验和室内试验研究降雨对阿尔卑斯山冰碛土边坡浅层滑动的影响。Yue 等人[188]提出了基于有限元分析方法的数字图像处理技术用于岩土材料二维力学分析，并考虑了材料的不均匀性和微观结构。武明[189]对 4 组土石混合填料试件分别在大型和中型三轴剪切仪上进行了抗剪强度试验。韩世莲等人[190]获得了碎石土的无侧限抗压强度。李世海等人[191, 192]针对土石混合体结构特征，提出了三维离散元块体-颗粒模型用于模拟土石混合体。也有部分研究人员对不同土石混合体进行了野外试验[193-196]。

上述研究对土石混合体的工程应用有深远影响，但由于土石混合体组成物质种类繁多，对土石混合体特殊个案的力学特性研究仍然是工程界与学术界的研究热点。但是，关于红层软岩土石混合填料这类型土石混合体的力学特性和强度参数的研究报道（特别是现场试验研究）至今都很少，这势必影响这类岩土介质在红层地区公路工程、铁路工程以及大坝等工程中的大范围应用。

丁梧秀等人[197]以浙江龙游石窟群围岩的抗风化加固为研究背景，对红砂岩试件进行了多种化学材料处理方案的室内试验；喻泽红等人[198]采用直剪试验研究了不同压实度红层软岩风化土的强度和变形特性；Zhao 等人[199]在室内崩解试验和大气条件模拟的红层软岩渐进崩解试验中，对崩解过程碎屑物的颗粒级别质量变化进行了跟踪，采用分形方法对颗粒级别的质量变化进行了处理，发现红层软岩膨胀崩解过程是一个分数维不断变化的过程；Chen 等人[200]通过系列室内大三轴流变试验研究了红层软岩填料流变特性；卿三惠[201]针对红层软岩地区高速铁路软基路堤进行了沉降控制研究；为了解三向应力状态下周期荷载作用时红层软岩的疲劳变形特性，章清叙等人[202]利用 RMT 岩石力学多功能试验机，对红砂岩试件进行不同围压时静态应力-应变全过程试验。这些工作给红层软岩填料加固处理技术研究提供了一定的参考，但由于红层软岩填料的性质比较复杂，对其加强处理的研究仍是十分重要的工作。对红层软岩填料进行新型加筋处治及其降雨和地震等复杂自然灾害环境下的工作机理及计算方法等方面的问题，国内外研究甚少。因此，为了更加可靠地应用红层软岩填料于土木工程建设，对这些问题的研究就显得尤为重要和迫切。

1.2.5　土体细观力学行为研究进展

岩土是一种含有孔隙、裂隙、节理和沉积层理等天然缺陷的材料，土体内部结构可视为一个由单粒、团粒或凝块等骨架单元共同形成的空间结构体系，其最主要的特点是土体内部结构的不连续性和三相性，这使得土的变形和强度等力学性质与其他连续介质材料相比有很大差别。土的颗粒形状确定了力的传递性能和土的变形性质，颗粒的接触连接方式确定了土的结构强度,颗粒的排列方式确定了土的稳定性。目前,岩土工程领域的研究主要是从宏观角度探求土体力学特性,其实,对于土体这种特殊的不连续介质,宏观现象的本质需要从微观机理上解释,这才是各种复杂岩土工程问题研究的关键切入点,这应该是目前岩土工程所面临的最艰难的课题之一。

Cundall 和 Strack 创立并发展起来的离散单元法,给以内部结构离散性为重要特征的岩土细观力学行为研究提供了很好的数值分析工具,它可以较全面地给出从微观变化到宏观响应的各种信息,并能够有效地通过各种细观参数对宏观现象的影响进行深入探讨,是从本质上揭示岩土工程宏观现象的有力手段。

离散单元法自 Cundall P A 教授提出以来发展迅速,应用领域越来越广泛。1978年,Maini T 和 Cundall P A 等改进了原来的刚性离散元模型,考虑了岩块自身的变形,提出了可变形块体模型的通用程序 UDEC(Univerasl Discrete Element Code),并将其推广至模拟岩块破碎和爆炸的运动过程。同一时期,Cundall P A 和 Strack O D L 开发出一维圆形块体的 Ball 程序,用于研究颗粒流介质的力学行为。20 世纪 90 年代以来,离散单元法在国外得到足够的重视,并且得到了迅猛发展。这一时期,各种离散单元法商用软件相继出现。其中,美国 ITASCA 公司开发的基于规则形状块体单元的 UDEC 和 3DEC,以及基于圆盘形和球形离散单元的 PFC^{2D} 和 PFC^{3D} 颗粒流分析软件影响很大。

日本、德国、法国、俄罗斯、以色列等国均有不少学者研究和应用离散单元法。目前,离散单元法已经应用于岩土工程、土壤力学、物料流动等多个领域:Belheine 等人[203]采用加入旋转抗力的三维球体离散单元模型模拟了 Labenne 砂的细观力学特性;Potyondy 等人[204]提出了一种岩石的黏结离散单元模型,并采用二维和三维离散程序模拟了岩石试样的细观力学特性;Holt 等人[205]利用 PFC^{3D} 程序模拟了岩石力学特性,与并试验室结果进行比较;Wang 等人[206]采用二维离散元程序 PFC^{2D} 研究了含节理岩石边坡的稳定性;Kulatilake 等人[207]也通过 PFC^{2D} 程序研究了含节理岩石单轴压缩试验,并着重分析了节理几何参数变化对岩石压缩强度的影响;Shamy 等人[208]将非饱和土离散为固体球形颗粒和流体桥的流固耦合细观体系,通过此模型分析和讨论了影响非饱和土力学特性的一些因素;Jeyisanker 等人[209]提出了一种特殊离散单元模型模拟粗粒土中水的瞬态和稳态渗流;Hadjigeorgiou 等人[210]提出了用颗粒流离散单元分析岩石竖向开挖的稳定性;Fakhimi[211]提出了一种颗粒流离散单元与有限元耦合模型,用以分析岩土材料细观力学特性;Marketos 等人[212]基于三维颗粒流平台 PFC^{3D} 模拟了砂岩破碎和压缩剪切带;Schopfer 等人[213]利用三维离散单元法研究了土体内部孔隙率和裂隙密度对黏性粗粒土的弹性、强度和摩擦角等力学行为的影响;Cheung 等人[214]通过二维和三维颗粒流分析平台 PFC^{2D} 和 PFC^{3D} 研究了柔性边界对实验结果影响；Bagherzadeh-Khalkhali 等人[215]结合离散元（DEM）与有限元（FEM），构造了一种基于应力可破碎标准的尖角形二维颗粒模型，用以模拟颗粒破碎对结构细观和宏观力学特性的影响；Zeghal 等人[216]提出了一种连续-离散耦合流体模型用以分析饱和粗粒土及其加固土体的振动液化行为。

可见，国外研究者们在应用离散元方法分析岩土体细观力学行为方面做了大量的开创性工作。然而，直到 20 世纪 80 年代王泳嘉引入 Cundall 的离散元法进行岩石力学和颗粒系统的模拟，我国岩土工程研究者才开始将离散单元法应用于岩土体细观力学特性研究。虽然其在我国的起步较晚，但发展非常迅速。东北大学的王泳嘉教授和淮南矿业学院的剑万禧教授于 1986 年在第一届全国岩石力学数值计算及模型试验讨论会上，首次向我国岩土工程界介绍了离散单元法的基本原理和应用实例。自此，离散单元法得到了国内工程界的高度重视，特别是颗粒流离散方法凭借其独特的优势被多次应用到岩土细观力学特性研究当中：周健等人[217, 218]应用颗粒流理论模拟了砂土和黏土平面应变试验的应力应变曲线；刘文白等人[219]用颗粒流数值模拟分析了扩展基础的上拔荷载与位移关系；周健等人[220]通过颗粒流数值模型试验，对砂土和黏性土的室内平面应变试验及其剪切带形成和发展进行了数值模拟；周健等人[221]引入不同的颗粒接触连接本构模型，通过颗粒流数值模型试验，从细观力学角度对土的工程力学特性作了初步的研究；周健等[222]利用离散单元法中的二维颗粒流方法，通过对双轴数值试样施加循环等幅应变且控制加荷过程中试样体积（面积）不变的方法，模拟了循环加荷条件下饱和砂土的液化特性；史旦达等人[223]针对纯圆颗粒模拟的缺陷，利用颗粒流计算程序的团颗粒方法开发了形状近似实际角粒砂的角粒团颗粒，研究了颗粒形状变化对数值试样液化特性的影响及其细观机理；罗勇等人[224, 225]通过引入颗粒流理论和开发颗粒流数模拟技术，通过大量的数值模拟试验将颗粒的微观结构参数和其组成的材料的宏观力学性能进行匹配，建立微观的结构参数与宏观力学响应联系起来，使其对土体工程力学特性和传递规律过程有更深入的了解和发现；周健等人[226]基于散体介质理论，利用 PFC^{2D} 内置 FISH 语言定义的流固之间的作用力方程和压力梯度方程，求解不可压缩流体中两相介质的连续方程和 Navier-Stoke 方程，并尝试用该理论模拟不同水压下渗流引起砂土特性变化的全过程；周健等人[227]对不同密实度砂土中的群桩进行室内模型试验，分析了桩土的一些宏观特性，并为进一步进行颗粒流细观模拟提供了必要的参数和宏观依据。

所有这些研究成果均显示出颗粒流离散元模拟具有广阔的工程应用前景。但是，颗粒离散单元方法在加筋土细观力学特性方面的应用还比较欠缺：王孝存[228]利用二维颗粒流离散元程序 PFC^{2D} 对水平和竖向加筋砂土地基的承载力和变形破坏性状进行了较为深入的研究；张孟喜等人[229]结合已完成的加筋土三轴试验，采用基于离散元理论的颗粒流软件（PFC^{2D}）对试验进行了仿真模拟，较好地拟合了 H-V 加筋砂土三轴试验的应力–应变曲线，并通过观测颗粒的受力情况分析了 H-V 加筋砂土的受力机理；周健等人[230]利用颗粒流软件（PFC^{2D}）对土工合成材料的拉拔试验进行模拟，着重从细观角度来分析土工合成材料与土的接触界面；周健等人[231]以室内模型试验为基础，建立土钉拉拔的三维颗粒流模型，从细观力学角度验证室内模型试验中接触面砂土位移场规律，研究成果对于进一步明确土钉拉拔的机制和接触面的发展规律都具有意义。显然，针对种类繁多的加筋土结构，应用离散元技术研究其细观机理的工作仍然任重而道远。

由于岩土工程问题的复杂性，与相对成熟的宏观土力学及相应的研究手段相比，细观土力学的研究工作还有许多工作要做。因此，将理论分析、物理试验和数值模拟有机结合是进行红层软岩加筋土细观力学特性研究的一种有效途径，通过离散元技术构建合理的细观数值模型，由物理试验确定合理的组构参数并为数值模拟提供试验依据，再通过细观数值模拟与物理试验进行相互验证，并探讨其潜在的细观机理，解释宏观现象。这些工作对从本质上认识红层软岩加筋土的加筋机理和力学特性具有重要作用。

1.3 本书主要研究内容与创新

本书通过现场试验、室内试验、理论分析和数值分析等方法，研究降雨和地震下红层软岩加筋路堤工作机理及计算方法，解决复杂自然灾害环境下红层软岩加筋路堤的宏细观加固机理、数值模拟、计算方法、建造技术等关键问题。主要内容与创新如下：

（1）研制自循环式人工降雨模拟装置，开展红层软岩路堤降雨入渗特性研究，从红层软岩岩块到路堤填料土石混合体、实验室模型到路堤现场试验段实体、试验分析到理论方法、宏观力学响应到细观演变机制的多尺度、跨空间视角，揭示降雨入渗下红层岩块力学特性劣化机制、红层软岩路堤边坡雨水入渗特性、红层软岩加筋路堤填料的强度和变形演变机制及宏细观多尺度加固机理，建立降雨入渗下红层岩块强度劣化预测模型、红层软岩路堤填料强度参数计算方法、红层软岩路堤边坡雨水入渗特性解析计算方法。

（2）针对经历降雨—入渗—干燥、交通荷载等复杂环境作用后红层软岩加筋路堤，进行了长期现场监测试验，及开展相应三维数值模拟，揭示格宾网筋材变形、路堤内部潜在破裂面、路堤竖向土压力、水平土压力、石笼墙面变形等红层软岩加筋路堤的长期力学性状,并探明地基土的压缩模量和强度指标及路堤填料压实度变化对红层软岩加筋路堤力学行为的影响机制。

(3)结合室内拉拔试验和抗震模型试验,进行红层软岩加筋路堤抗震性能数值分析,揭示红层软岩加筋路堤在地震作用下的动力响应规律(加速度时程、位移时程、破坏模式等),系统分析结构材料参数以及地震动参数变化对路堤动力响应的影响,提出红层软岩加筋路堤抗震设计位移控制标准、地震加速度系数取值方法以及不同抗震设防区的合理加筋间距。

(4)基于不同形状的简化破裂面,将红层软岩加筋路堤划分成一定数量水平土条,针对不同模量加筋材料,提出地震作用下红层软岩加筋路堤内部稳定性设计的水平条分方法,推导筋材拉力和所需筋材长度的计算公式,并分析填土内摩擦角、地震加速度系数对筋材拉力及所需筋材长度的影响,为红层软岩加筋路堤内部稳定性抗震设计提供了方法。

(5)考虑加筋对路堤抗侧刚度的影响及筋材与土体间的摩擦力,提出将红层软岩加筋路堤简化为一个由弹簧、阻尼器、筋-土摩擦片相连接的竖向多质点体系。基于达朗贝尔原理,推导水平地震作用下加筋路堤多质点体系的动力方程,将动力方程所代表的动力学系统用状态空间予以描述,最后基于SIMULINK仿真平台建立动力方程的求解模型,得到加筋路堤地震反应结果,为红层软岩加筋路堤地震反应预估提供了简化方法。

(6)结合高速公路工程实践提出红层软岩加筋路堤的基本构造原理、建造流程,以及施工准备、加筋格宾标准构件组装、加筋格宾构件分层现场拼装、面墙格宾网箱石料填充和路堤红层软岩填料填筑等关键工序的施工技术和质量控制技术,为红层软岩加筋路堤工程建设提供绿色建造指南。

参考文献

[1] 万维方. "滇中红层"地区路基病害整治及对策[J]. 石家庄铁道学院学报, 2004, 17(增刊): 105-107.

[2] 彭瑞华. 湘黔铁路红层边坡稳定性评估[J]. 土工基础, 2006, 20(4): 44-48.

[3] 孙乔宝, 刘涌江, 李华昆, 等. 安楚高速公路红层软岩公路路堤病害处治方法[J]. 公路交通科技, 2005, 25(6): 50-53.

[4] 陈晓斌. 高速公路粗粒土路堤填料流变性质研究[D]. 长沙: 中南大学, 2007.

[5] 张孟喜,马原,邱成春.加强节点布置方式对双向土工格栅拉拔特性的影响[J].上海交通大学学报,2020,54(12):1307-1315.

[6] 刘华北,王春海,汪磊.土工合成材料加筋土挡墙运行期筋材拉力塑性力学分析方法[J].中国科学:技术科学,2022,52(7):1083-1095.

[7] 刘飞禹,陈舒祺,孙宏磊,等.不同含水率花岗岩残积土-格栅界面剪切特性[J].同济大学学报(自然科学版),2023,51(2):222-228.

[8] 杨广庆,王昕,王锡朝,等.软土地区桩承式加筋路堤力学行为现场试验研究[J].岩土工程学报,2022,44(11):2089-2096.

[9] 徐超,金宇,杨阳,等.路面荷载下包裹式加筋土桥台变形的试验研究[J].岩土力学,2023,44(S1):410-418.

[10] 汪益敏,闫岑,于恒,等.静载作用下土工格栅加筋拓宽路堤土中应力特征试验研究[J].岩土力学,2018,39(S1):311–317.

[11] 郑俊杰,邓嘉隆,漆子文,等.地基土类型对加筋土桥台承载性能的影响研究[J].华中科技大学学报(自然科学版),2023,51(7):1-6.

[12] 宋飞,朱婕,付娆.考虑蠕变变形的格室加筋土力学性质研究[J].地下空间与工程学报,2023,19(S1):165-173.

[13] 周志刚,郑健龙.公路土工合成材料设计原理及工程应用[M].北京:人民交通出版社,2001.

[14] 黄晓明,朱湘.公路土工合成材料应用原理[M].北京:人民交通出版社,2001.

[15] VIDAL M H. The development and future of reinforced earth[A]// Proceedings of a Symposium on Earth Reinforcement at the ASCE Annual Convention[C]. Pittsburgh, Pennsylvania, 1978:1-61.

[16] 杨果林.加筋土挡土结构动力特性研究[D].长沙:中南大学,2001.

[17] SIMAC M R, CHRISTOPHER B R, BONCZKIEWICZ C. Instrumented field performance of a 6 m geogrid wall[C]. //Proceedings of 4th International Conference on Geotextile, Geomembrance and Related Products. Netherlands, 1990, 53-59.

[18] 蒋建清,杨果林.加筋土挡墙地震稳定性分析的水平条分方法[J].中国铁道科学,2009,30(1):36-40.

[19] 蒋建清,邹银生.复杂动力作用下加筋土挡墙内部稳定性分析[J].中南公路工程,2007,(1):51-54.

[20] 蒋建清,曹国辉,刘热强.排水板和砂井联合堆载预压加固海相软土地基的工作性状的现场试验[J].岩土力学,2015,36(S2):551-558.

[21] 姜燕玲.粉喷桩与土工格栅联合加固技术有限元计算方法中的几个问题[J].山东轻工业学院学报,2002,16(4):21-24.

[22] 朱晨,蔡晓光,李雨润,等.模块式三维加筋土桥台变形特性载荷试验[J].中国公路学报,2024,37(8):147-157.

[23] 李福秀,郭文灏,郑烨炜.刚性墙面双面加筋土挡墙动力响应振动台模型试验研究[J].岩土力学,2024,45(7):1957-1966.

[24] 苗晨曦,庞冬冬,谢明星,等.斜坡地段预应力锚杆-加筋土组合支挡结构力学行为[J].华中科技大学学报(自然科学版),2024,52(9):141-148.

[25] 罗敏敏,徐超,梁程,等.基于振动台试验的加筋土柔性桥台抗震设计参数取值方法对比分析[J].中南大学学报(自然科学版),2024,55(1):375-387.

[26] 李思汉,蔡晓光,景立平,等.模块式加筋土挡墙震后健康状态识别研究[J].岩土工程学报,2023,45(S2):116-121.

[27] 陈永辉,施建勇,马文斌.土工织物加筋堤坝复合有限元分析方法[J].水利学报,2003,(1):28-34.

[28] 徐鹏,钟熠,马昊达,等.条形荷载作用下加筋土挡墙承载力上限分析[J].铁道工程学报,2023,40(3):14-19.

[29] 高海军,董丁明,赵琪,等.循环荷载作用下加筋土路基动力响应研究[J].防灾减灾工程学报,2022,42(1):208-215,230.

[30] 刘光鹏,肖宏,杨松林,等.高速铁路加筋土挡墙破裂面特征的模型试验及数值模拟[J].北京交通大学学报,2020,44(6):34-43.

[31] 齐添,王亚伟,丁光亚,等.循环荷载作用下三明治形加筋土挡墙的模型试验与数值模拟[J].防灾减灾工程学报,2021,41(6):1339-1349.

[32] 李丽华,李行,肖衡林,等.加筋土挡墙压实应力数值模拟分析[J].岩石力学与工程学报,2020,39(S1):3130-3138.

[33] 朱湘,黄晓明.有限元方法分析影响加筋路堤效果的几个因素[J].土木工程学报,2002,35(6):86-92.

[34] ROWE R K, SKINNER G D. Numerical analysis of geosynthetic reinforced retaining wall constructed on a layered soil foundation[J]. Geotextiles and Geomembranes, 2001, 19: 387-412.

[35] CHUNGSIK Y. Laboratory investigation of bearing capacity behavior of strip footing on geogrid-reinforced sand slope[J]. Geotextiles and Geomembranes, 2001, 19: 279-298.

[36] 徐林荣, 华祖焜. 加筋边坡承载力和位移模型试验及结果分析[J]. 铁道学报, 1999, 21 (1): 72-76.

[37] BORGES J L, CARDOSO A S. Structural Behavior and Parametric Study of reinforced Embankments on Soft Clays[J]. Computers and Geotechnics, 2001, 28: 209-233.

[38] FANNIN R J. 土工格栅加筋的荷载-应变-时间的野外观测试验[J]. 路基工程, 1995, 66 (5): 63-69.

[39] 薛忠军, 张肖宁, 王佳妮, 等. 土工织物加筋沥青面层抗裂性能评价试验方法研究[J]. 公路交通科技, 2008, 25 (1): 33-37.

[40] 王亚玲, 张尚昆, 颜祖兴, 等. 土工格栅加筋水泥稳定碎石材料的疲劳试验[J]. 长安大学学报（自然科学版）, 2006, 26 (2): 18-21.

[41] 张孟喜, 张石磊. H-V 加筋土性状的颗粒流细观模拟[J]. 岩土工程学报, 2008, 30 (5): 625-631.

[42] 蒋建清, 杨果林, 邓宗伟, 等. 格宾网加筋土强度和变形特性的三维离散元细观模拟[J]. 中南大学学报（自然科学版）, 2015, 46 (8): 3108-3117.

[43] 蒋建清, 杨果林. 格宾加筋土挡墙抗震性能及数值分析[J]. 土木工程学报, 2012, 45 (1): 100-108.

[44] 蒋建清, 杨果林, 李丽民. 基于 SIMULINK 的高填方加筋路堤地震反应分析[J]. 中南大学学报（自然科学版）, 2011, 42 (1): 227-233.

[45] 吴顺川, 姜春林, 王金安. 失稳挡墙加固中锚喷力学分析及数值模拟[J]. 岩土力学, 2007, 28 (6): 1192-1196.

[46] 肖成志, 刘波, 孙建诚, 等. 格栅加筋黏性土挡墙黏弹塑性有限元分析[J]. 铁道工程学报, 2008, 120 (9): 7-12.

[47] 陈建峰, 叶铁锋, 俞松波, 等. 软土地基加筋石灰土路堤离心模型试验数值模拟[J]. 岩石力学与工程学报, 2008, 27 (9): 1939-1944.

[48] 张琬, 陈建峰, 孙蕊, 等. 考虑墙趾阻力的加筋土挡墙的数值分析与筋材拉力计算方法[J]. 力学季刊, 2023, 44 (4): 956-966.

[49] 高磊, 胡国辉, 秦仕伟. 玄武岩纤维加筋黏土数值模拟及机理研究[J]. 工程地质学报, 2021, 29 (1): 237-246.

[50] 李立, 郑俊杰, 曹文昭, 等. 考虑地基土流变性的桩承式加筋土挡墙拓宽路基数值模拟[J]. 土木与环境工程学报 (中英文), 2020, 42 (2): 65-72.

[51] 陈建峰, 张旭, 柳军修. 软土地基刚/柔性组合墙面加筋土挡墙离散连续耦合数值模拟[J]. 同济大学学报 (自然科学版), 2019, 47 (2): 159-166.

[52] 靳静, 杨广庆, 王志杰, 等. 多级加筋土高挡墙的工程特性及影响因素[J]. 中国铁道科学, 2019, 40 (1): 8-16.

[53] 申大为, 徐明, 刘鹏飞. 加筋土整体式桥地震反应研究[J]. 工程力学, 2018, 35 (10): 135-143.

[54] 张骏, 林永亮. 网格状带齿加筋砂垫层界面特性的细观机理分析[J]. 上海大学学报 (自然科学版), 2018, 24 (1): 118-125.

[55] 蒋建清, 杨果林. 格宾网加筋红层软岩土石混填路堤力学行为的现场测试与数值模拟[J]. 岩土力学, 2016, 37 (1): 156-165.

[56] 蒋建清, 杨果林, 李昀, 等. 格宾网加筋红砂岩粗粒土的强度和变形特性[J]. 岩土工程学报, 2010, 32 (7): 1079-1086.

[57] 杨果林. 网格式加筋土挡土结构的稳定分析与工程应用[J]. 煤炭学报, 1999, 24 (1): 78-81.

[58] 杨果林. 现代加筋土技术研究与进展[J]. 力学与实践, 2002, 24 (1): 9-17.

[59] 周晖, 等. 加筋土技术研究现状及发展趋势[J]. 矿业工程, 2005, 3 (6): 17-18.

[60] 山西省交通厅. 公路加筋土工程设计规范: JTJ 015—91[S]. 北京: 人民交通出版社, 1991.

[61] 中华人民共和国行业标准. 公路加筋土工程施工技术规范: JTJ 035—91[S]. 北京: 人民交通出版社, 1991.

[62] 中华人民共和国行业标准. 公路土工合成材料应用技术规范: JT J019—98[S]. 北京: 人民交通出版社, 1998.

[63] 中华人民共和国行业标准. 公路土工合成材料试验规程: JTJ 060—8[S]. 北京: 人民交通出版社, 1998.

[64] 中华人民共和国行业标准. 铁路工程土工合成材料应用技术规范: TB 10115—99[S]. 北京: 中国铁道出版社, 1999.

[65] 中华人民共和国行业标准. 水运工程土工织物应用技术规程：JTJ/T 239—98[S]. 北京：人民交通出版社，1998.

[66] 中华人民共和国行业标准. 水利水电工程土工合成材料应用技术规范：SL/T 225—98[S]. 北京：水利电力出版社，1995.

[67] 蔡国军，钟世浩，陈广森，等. 循环荷载下加筋砂土累积应变特性试验研究[J]. 地震工程学报，2024，46（6）：1259-1268.

[68] 孙杰，张宏博，程钰，等. 基于TDA填料的废旧轮胎条带加筋砂土边坡承载特性[J]. 山东大学学报（工学版），2023，53（1）：49-59+67.

[69] 王家全，祁航翔，林志南，等. 基于数字图像分析的土工合成材料加筋砂土拉拔试验研究[J]. 岩土力学，2022，43（12）：3259-3269.

[70] 宋飞，陈旺盛. 土工格室加筋砂土大型动三轴试验研究[J]. 铁道科学与工程学报，2022，19（3）：683-690.

[71] 周林禄，苏雷，凌贤长，等. 纤维加筋砂土抗液化试验与数值模拟[J]. 工程地质学报，2021，29（5）：1567-1576.

[72] 李晓亮，刘源，李玉鑫，等. 砂土介质中废旧轮胎加筋条带拉拔特性[J]. 山东大学学报（工学版），2021，51（4）：54-60，70.

[73] 李小敏. 土工格室加筋饱和砂土动力特性试验研究[J]. 工业建筑，2021，51（2）：130-134.

[74] HAERI S M, NOORZAD R, OSKOOROUCHI A M. Effect of geotextile reinforcement on the mechanical behaviour of sand[J]. Geotextiles and Geomembranes，2000，18（6）：385-402.

[75] GRAY D H, AI-REFEAI T. Behavior of fabric vs fiber-reinforced sand[J]. Journal of Geotechnical Engineering，ASCE，1986，112（8）：804-820.

[76] BROMS B B. Triaxial tests with fabric-reinforced soil[A]. Proeeedings of the International Conference on the Use of Fabric in Geotechnics. Paris：Ecole Nationale des Ponts et Chaussees，1977：129-134.

[77] MCGOWN A, ANDRAWES K Z, AI-HASANI M M. Effect of inclusion properties on the behavior of sand[J]. Geotechnique，1978，28（3）：327-346.

[78] RAJAGOPAL K, KRISHNASWAMY N R, LATHA G M. Behavior of sand confined with single and multiple geocells[J]. Geotextiles and Geomembranes，1999，17（1）：171-184.

[79] BATHURST R J, KARPURAPU R. Large scale triaxial tests on geocell reinforced granular soils. Geotechnical Testing Journal[J]. 1993, 16 (3): 296-303.

[80] 吴景海. 土工合成材料与土界面作用特性的研究[J]. 岩土工程学报, 2001, 23 (1): 90-93.

[81] 王吉力, 马时冬. 加筋砂应力-应变关系的三轴试验研究[A]. 全国第三届土工合成材料学术会议论文选集[C], 1992, 17-23.

[82] 杜运兴, 尚守平, 周芬. CFRP 加筋中砂的试验研究[J]. 湖南大学学报（自然科学版）, 2005, 32 (6): 28-31.

[83] 张孟喜, 闵兴. 单层立体加筋砂土性状的三轴试验研究[J]. 岩土工程学报, 2006, 28 (8): 931-936.

[84] 陈群, 刘垂远, 何昌荣. 对两种材料加筋土的三轴试验研究[J]. 路基工程, 2009, 142 (1): 48-50.

[85] 雷胜友, 惠会清. 非柔性加筋材料加筋土的强度特性分析[J]. 长安大学学报（建筑与环境科学版）, 2004, 21 (1): 1-3.

[86] 郑荣基. 加筋土强度的试验研究[J]. 兰州铁道学院学报, 1994, 13 (3): 1-8.

[87] 陈存礼, 胡再强, 王志刚. 不同应力路径对加筋土应力-应变关系的影响[J]. 陕西水力发电, 1998, 14 (1): 13-16.

[88] 邹新华, 张起森, 王天庆. 加筋砂土三轴试验特性研究[J]. 长沙交通学院学报, 1998, l4 (3): 55-62.

[89] 舒子亨, 王勇. 加筋土应力应变和强度特性的试验研究[J]. 内蒙古水利, 1999, (3): 5-8.

[90] 保华富, 周亦唐, 赵川, 等. 聚合物土工格栅加筋碎石土试验研究[J]. 岩土工程学报, 1999, 21 (2): 217-221.

[91] 杨锡武, 钟以明. 筋材结构对其加筋土强度特性的影响研究[J]. 重庆交通学院学报, 2002, 21 (1): 46-50.

[92] 廖红建, 钱春宇, 马洪宁, 等. 土工织物加筋土的土压力减轻作用试验研[J]. 工程勘察, 2003, (3): 1-4.

[93] INGOLD T S. Reinforced clay subject to undrained triaxial loading[J]. Journal of the Geotechnical Engineering Division, ASCE, 1983, 109 (GT5): 738-743.

[94] ASHIS K B, AMBARISH G, AMALENDU G. Shear strength response of reinforced pond ash[J]. Construction and Building Materials, 2009, 23 (6): 2386-2393.

[95] 韩志型,刘德贵,姜兵. 加筋层数对土工格栅加筋黏土土体变形及强度的影响[J]. 西南科技大学学报,2008,23(4):25-28.

[96] 谢婉丽,王家鼎,王亚玲. 加筋黄土变形和强度特性的三轴试验研究[J]. 地球科学进展,2004,19(s):333-339.

[97] 魏红卫,喻泽红,邹银生. 排水条件对土工合成材料加筋黏性土特性的影响[J]. 水利学报,2006,37(7):838-845.

[98] 谢婉丽,薛建功,常波. 加筋土动力特性的三轴试验研究[J]. 灾害学,2008,23(s):120-124.

[99] 董营营,郑智能,凌天清. 含水量对加筋土强度影响的大三轴试验研[J]. 中外公路,2008,28(3):37-40.

[100] 赵莹莹,赵燕茹,李驰,等. 纤维土的三轴试验研究[J]. 水利与建筑工程学报,2009,7(1):127-128.

[101] 赵川,周亦唐. 土工格栅加筋碎石土大型三轴试验研究[J]. 岩土力学,2001,22(4):419-422.

[102] 章为民,赖忠中,徐光明. 加筋挡土墙离心模型试验研究[J]. 土木工程学报,2000,33(3):84-90

[103] SEHOFIELD A N. Cambridge geotechnical centrifuge operations[J]. Geotechnique,1980,20:227-268.

[104] TANIGUCHI E,KOGA Y,YASUDA S,et al. A study on stability analysis of reinforced embankments based on centrifuge model tests[A]. In:Proc. International Geotechnical Symposium on theory and practice of earth reinforcement[C]. Fukuka,Japan,1988,485-90.

[105] ZHANG L,HU T,HUANG D,et al. Design of high reinforced embankment and centrifugal verification[A]. Proc. International Conference on Soft Soil Engineering[C]. Science Press,Beijing,China,1993,56-61.

[106] MANDAL J N,JOSHI A. A Centrifuge modeling of geosynthetic reinforced embankments on soft ground[J]. Geotextiles and Geomembranes,1996,14:147-155.

[107] SHARMA J S,BOLTON M D. Centrifugal and finite element modeling of reinforced embankments of soft clay[A]. In:Pro. Int. Symposium of Earth Reinforcement[C]. Fukuoka,Japan,1996,267-172.

[108] SHARMA J S, BOLTON M D. Finite element analysis of centrifuge tests on reinforced embankments on soft clay[J]. Computers and Geotechnics, 1996, 19(1): 1-22.

[109] SHARMA J S, BOLTON M D. Centrifuge modeling of an embankment on soft clay reinforcement with a Geogrid[J]. Geotextiles and Geomembrnes, 1996, 14(1): 1-17.

[110] PORBAHA A J, GOODINGS D. Centrifuge modeling of geotextile-reinforced cohesive soil retaining walls[J]. Journal of Geotechnical Engineering, 1996, 122(10): 840-848.

[111] 张师德, 吴邦颖. 加筋土结构原理及应用[M]. 北京: 中国铁道出版社, 1995.

[112] 邹静蓉, 杨忠, 郑国荣, 等. 土工格室加筋路堤边坡离心模型试验研究[J]. 公路工程, 2007, 32(5): 5-9.

[113] 张嘎, 王爱霞, 张建民, 等. 土工织物加筋土坡变形和破坏过程的离心模型试验[J]. 清华大学学报(自然科学版), 2008, 48(12): 2057-2060.

[114] 俞松波, 沈明荣, 陈建峰, 等. 离心模型试验中土工格栅拉力测量[J]. 岩石力学与工程学报, 2008, 27(11): 2295-2301.

[115] 周世良, 何光春, 汪承志, 等. 台阶式加筋土挡墙模型试验研究[J]. 岩土工程学报, 2007, 29(1): 152-156.

[116] 莫介臻, 周世良, 何光春, 等. 加筋土挡墙潜在破裂面模型试验研究[J]. 铁道学报, 2007, 29(6): 69-73.

[117] 张孟喜, 周淮. 条带式带齿加筋砂土挡墙的模型试验[J]. 中国科学E辑: 技术科学, 2009, 39(1): 48-56.

[118] 李仲发, 王多垠, 汪承志. 加筋陡坡模型试验及其有限元分析[J]. 交通科技, 2008, 229(4): 55-58.

[119] 孙兴虎. 新老路基路面拓宽变形破坏机理模型试验[J]. 湖南交通科技, 2008, 34(1): 46-49.

[120] 杜运兴, 龙述尧, 尚守平. 预应力加筋中砂路堤模型静力试验研究[J]. 湖南大学学报(自然科学版), 2008, 35(2): 27-30.

[121] 高江平. 网状加筋挡墙结构的设计理论与方法研究[D]. 西安: 长安大学, 2001.

[122] BATHURST R J, WALTERS D L, HATAMI K. Full-scale performance testing and numerical of reinforced soil retaining walls[A]. In: Proceedings of International Symposium on Earth Reinforcement[C]. Fukuoka: IS Kyushu, 2001, 202-231.

[123] 丁钧巍,何光春,汪承志,等.台阶格栅加筋土墙土压力的模型试验研究[J].岩石力学与工程学报,2007,26(S2):4292-4298.

[124] 许岩,杨果林,吴永照.加筋膨胀土挡墙模型试验研究[J].铁道科学与工程学报,2005,2(4):11-15.

[125] 杨庆,季大雪,栾茂田,等.土工格栅加筋路堤边坡结构性能模型试验研究[J].岩土力学,2005,26(8):1243-1247.

[126] 杨果林,李海深,王永和.加筋土挡墙动力特性模型试验与动力分析[J].土木工程学报,2003,36(6):105-110.

[127] 吴伟,姚令侃,陈强.坡形和加筋措施对地震响应影响的振动台模型实验研究[J].重庆交通大学学报(自然科学版),2008,27(5):689-694.

[128] RICHARDSON G N, LEE K L. Seismic design of reinforced earth walls[J]. Journal of the Geotechnical Engineering Division, ASCE, 1975, 101(GT-2):167-188.

[129] EI-EMAM M M, BATHURST R J, HATAMI K. Numerical modeling of reinforced soil retaining walls subjected to base acceleration[A]. In: 13th WCEE[C]. Canada: Vancouver, B C, 2004, 2621-2624.

[130] CHRISTOPHER B R. Design and construction and monitoring of full scale test of reinforced soil walls[A]. In: Recent Case Histories of Permanent Geosynthetic reinforced Soil Retaining Walls[C]. Balkema, Rotterdam, 1994, 253-257.

[131] COLLIN J G, CHOUERY-CURTIS V E, BERG R R. Field observations of reinforced soil structures under seismic loading[A]. In: Proceeding of the International Symposium on Earth Reinforcement Practice[C]. Fukuoka, Japan, 1992, 223-228.

[132] TATSUOKA F, TATEYAMA M, KOSEKI J. Performance of soil retaining walls for railway embankments[J]. Soils and Foundations,(Special Issue on Geotechnical Aspects of the January 17, 1995, Hyogoken-Nanbu Earthquake), 1996, 311-324.

[133] 王祥,周顺华,顾湘生,等.路堤式加筋挡土墙的试验研究[J].土木工程学报,2005,38(10):119-128.

[134] 张发春.土工格栅加筋土高挡墙的现场试验研究[J].中国铁道科学,2008,29(4):1-7.

[135] 杨广庆,吕鹏,庞巍,等.返包式土工格栅加筋土高挡墙现场试验研究[J].岩土力学,2008,29(2):517-522.

[136] 包俊惠，陶虎，邓国华. 弱膨胀土加筋挡土墙现场试验研究[J]. 电网与水力发电进展，2008，24（1）：68-72.

[137] 张永清，王选仓，王朝辉，等. 土工格栅处治填挖交界路基数值模拟与现场试验[J]. 交通运输工程学报，2008，8（3）：63-67.

[138] 胡幼常，邓伟，蔡运生，等. 双向土工格栅加筋路堤现场试验研究[J]. 交通科技，2007，221（2）：32-34.

[139] 邓国华，邵生俊，程新星. 膨胀土加筋挡土墙现场试验研究与分析[J]. 西北农林科技大学学报（自然科学版），2007，35（2）：220-224.

[140] GOURC G P. Reinforced embankments on weak soil: Different theoretical approaches[A]. In: 3rd International Conference on Geotextiles[C]. Austria, 1986, 225-232.

[141] 汪承志，王广生，何光春，等. 基于蒙特卡罗法的加筋土陡坡可靠度分析[J]. 重庆交通学院学报，2004，23（S）：44-46.

[142] 邓正和，邹志鹏，苏永华. 加筋土挡土墙全墙倾覆稳定性可靠度分析[J]. 交通科技，2007，225（6）：34-36.

[143] 涂帆，常方强. 土性参数的互相关性对加筋土挡墙可靠度的影响[J]. 岩石力学与工程学报，2005，24（15）：2654-2658.

[144] PIERRE S, MICHEL J B. Seismic design of RE retaining walls – the contribution of FEA[A]. In: International Geotechnical Symposium on Theory and Practice of Earth Reinforcement[C]. Fukuoka, Japan, 1998, 95-102.

[145] 甘田昌平. 加筋土挡墙设计施工指南[M]. 日本：土木研究所，1981.

[146] 陈华. 塑料土工格栅加筋土挡墙动力有限元分析[D]. 昆明：昆明理工大学，2002.

[147] LING H I, LESHCHINSKY D, PERRY E. Seismic Design and Performance of Geosynthetic Reinforced Soil Structures[J]. Geotechnique: 1997, 47（5）：933-952.

[148] LING H I, LESHCHINSKY D. Effects of Vertical Acceleration on Seismic Design of Geosynthetic Reinforced Soil Structures[J]. Geotechnique: 1998, 48（3）：347-373.

[149] KRAMER S L, PAULSEN S B. Seismic performance evaluation of reinforced slopes[J]. Geosynthetics International, 2004, 11（6）：429-438.

[150] HUANG C C, WANG W C. Seismic displacement charts for the performance-based assessment of reinforced soil walls[J]. Geosynthetics International, 2005, 12（4）：176-190.

[151] MICHALOWSKI R L. Soil reinforcement for seismic design of geotechnical structures[J]. Computers and Geotechnics, 1998, 23（1）: 1-17.

[152] SHAHGHOLI M, FAKHER A, JONES C J F P. Horizontal slice method of analysis[J]. Geotechnique, 2001, 51（10）: 881-885.

[153] NOURI H, FAKHER A, JONES C J F P. Development of horizontal slice method for seisimic stability analysis of reinforced slopes and walls[J]. Geotextiles and Geomembranes, 2006, 24（5）: 175-187.

[154] 蒋建清, 杨果林. 加筋土挡墙地震稳定性分析的水平条分方法[J]. 中国铁道科学, 2009, 30（1）: 36-40.

[155] CHOUDHURY D, NIMBALKAR S S. Seismic passive resistance by pseudo-dynamic method[J]. Geotechnique, 2005, 55（9）: 699-702.

[156] CHOUDHURY D, NIMBALKAR S S. Pseudo-dynamic approach of seismic active earth pressure behind retaining wall[J]. Geotechnical and Geological Engineering, 2006, 24（5）: 1103-1113.

[157] NIMBALKAR S S, CHOUDHURY D, MANDAL J N. Seismic stability of reinforced-soil wall by pseudo-dynamic method[J]. Geosynthetics International, 2006, 13（3）: 111-119.

[158] CAI Z, BATHURST R J. Seismic response analysis of geosynthetic reinforced soil segmental retaining walls by finite element method[J]. Computers and Geotechnics, 1995, 17（4）: 523-546.

[159] BATHURST R J, HATAMI K. Seismic response analysis of a geosynthetic reinforced soil retaining wall[J]. Geosynthetics International, 1998, 5（2）: 127-166.

[160] HELWANY S M B, BUDHU M, MCCALLEN D. Seismic analysis of segmental retaining wall, I: Model verification[J]. Journal of Geotechnical and Geoenvironmental Engineering, 2001, 127（9）: 741-749.

[161] ZARNANIC S, BATHURST R J. Numerical modeling of EPS seismic buffer shaking table tests[J]. Geotextiles and Geomembranes, 2008, 26（3）: 371-383.

[162] 刘华北. 水平与竖向地震作用下土工格栅加筋土挡墙动力分析[J]. 岩土工程学报, 2006, 28（5）: 594-599.

[163] ADIB M, MITCHELL J K, CHRISTOPHER, et al. Finite element modeling of reinforced soil walls and embankments[J]. Geotechnical Special Publication No.25,

Design Performance of Earth Retaining Structures,ASCE,1990,116(GT5):221-248.

[164] PLUMELLE C,SCHLOSSER F,DELAGE P,et al. French national research project on soil nailing[J]. Geotechnical Special Publication No.25,Design Performance of Earth Retaining Structures,ASCE,1990,116(GT5):660-675.

[165] HO S K,ROWE R K. Predicted behavior of two centrifugal model soil walls[J]. Journal of the Geotechnical Engineering Division,ASCE,1994,120(GT5):1845-1873.

[166] 袁捷,曾四平,祝云琪,等. 地震作用下加筋土路基力学行为的弹塑性分析[J]. 同济大学学报(自然科学版),2008,36(4):483-487.

[167] 谢婉丽. 黄土地区高填方加筋土路堤变形及稳定性分析[D]. 西安:西北大学,2004.

[168] 蒋建清,邹银生. 动力作用下加筋土挡墙的数值模拟[J]. 湖南城市学院学报(自然科学版),2006,15(4):12-14.

[169] 刘多文,熊承仁. 红砂岩路用性质的试验研究[J]. 中南公路工程,2003,28(4):27-31.

[170] 董泽福,刘多文. "红砂岩"的路堤用工程性质研究[J]. 湖南大学学报(自然科学版),2003,30(3):90-93.

[171] 朱貌贤,陈晓斌. 红砂岩粗粒土路基填料试验分析[J]. 广州建筑,2007,(3):13-16.

[172] 张剑. 红砂岩在高等级公路路基填筑中的应用[J]. 公路,2006,(5):151-152.

[173] 陈晓斌,张家生,安关峰. 红砂岩粗粒土流变机理试验研究[J]. 矿冶工程,2006,26(6):16-19.

[174] 马春德,李夕兵,陈枫,等. 单轴动静组合加载对岩石力学特性影响的试验研究[J]. 矿业研究与开发,2004,24(4):1-7.

[175] 王环玲,王廷超,胡明涛,等. 渗流作用下红层软岩流变力学特性试验与本构模型研究[J]. 三峡大学学报(自然科学版),2023,45(5):31-37.

[176] 王晓强,姚华彦,代领,等. 皖南红层软岩崩解特性试验分析[J]. 地下空间与工程学报,2021,17(3):683-691.

[177] 周翠英,苏定立,邱晓莉,等. 红层裂纹软岩在水-应力耦合作用下的变形破坏试验[J]. 中山大学学报(自然科学版),2019,58(6):35-44.

[178] JIANG J Q, YANG G L. Field tests on mechanical characteristics and strength parameters of red-sandstone[J]. Journal of Central South University of Technology, 2010, 17(2): 381-387.

[179] JIANG J Q. Experimental investigation on uniaxial compressive mechanical characteristics of red-sandstone containing single fissure after rainfall infiltration[J]. Arabian Journal of Geosciences, 2021, 14(5): 1-11.

[180] VALLEJO L E. An explanation for mudflows[J]. Geotechnique, 1979, 29(4): 351-354.

[181] VALLEJO L E. An extension of the particulate model of stability analysis for mudflows[J]. Soil and Found, 1989, 29(3): 1-13.

[182] VALLEJO L E, MAWBY R. Porosity influence on the shear strength of granular material-clay mixtures[J]. Engineering Geology, 2000, (2): 125-136.

[183] XU W J, HU R L, TAN R J. Some geomechanical properties of soil-rock mixtures in the Hutiao Gorge area, China[J]. Geotechnique, 2007, 57(3): 255-264.

[184] ALTMAN S J, RIVERS M L, RENO M D, et al. Characterization of adsorption sites on aggregate soil samples using synchrotron X-ray computerized microtomography[J]. Environmental Science & Technology, 2005, 39(8): 2679-2685.

[185] LANARO F, TOLPPANEN P. 3D characterization of coarse aggregates[J]. Engineering Geology, 2002, 65(1): 17-30.

[186] XU W J, YUE ZH Q, HU R L. Study on the microstructure and micromechanical characteristics of the soil–rock mixture using digital image processing based finite element method[J]. International Journal of Rock Mechanics and Mining Sciences, 2008, 45(5): 749-762.

[187] SPRINGMAN S M, JOMMI C, TEYSSEIRE P. Instabilities on moraine slopes induced by loss of suction: a case history[J]. Geotechnique, 2003, 53(1): 3-10.

[188] YUE ZH Q, CHEN S, THAM L G. Finite element modeling of geomaterials using digital image processing[J]. Computers and Geotechnics, 2003, 30(5): 375-397.

[189] 武明. 土石混合非均质填料力学特性试验研究[J]. 公路, 1997, 42(1): 40-42.

[190] 韩世莲, 周虎鑫, 陈荣生. 土和碎石混合料的蠕变试验研究[J]. 岩土工程学报, 1999, 21(2): 196-199.

[191] 李世海，汪远年. 三维离散元土石混合体随机计算模型及单向加载试验数值模拟[J]. 岩土工程学报，2004，26（2）：172-177.

[192] LI S H, ZHAO M H, WANG Y M, et al. A new numerical method for DEM-block and particle model[J]. International Journal of Rock Mechanics and Mining Sciences, 2004, 41（3）: 436-436.

[193] 李晓，廖秋林，赫建明，等. 土石混合体力学特性的原位试验研究[J]. 岩石力学与工程学报，2007，26（12）：2377-2384.

[194] 徐文杰，胡瑞林，谭儒蛟，等. 虎跳峡龙蟠右岸土石混合体野外试验研究[J]. 岩石力学与工程学报，2006，25（6）：1270-1277.

[195] 孙永帅，胡瑞林. 不同角度基覆面上土石混合体变形试验研究及对滑坡演化的启示[J]. 地学前缘，2023，30（03）：494-504.DOI：10.13745/j.esf.sf.2022.9.5.

[196] 董文澎，周建普. 推滑平衡法应用于填石路堤的试验研究[J]. 岩土工程学报，2006，28（1）：106-109.

[197] 丁梧秀，冯夏庭，程昌炳. 红砂岩的一种新的抗风化化学加固方法试验研究[J]. 岩石力学与工程学报，2005，24（21）：3841-3846.

[198] 喻泽红，魏红卫，邹银生. 加筋红砂岩风化土强度和变形特性[J]. 岩石力学与工程学报，2005，24（15）：2270-2279.

[199] ZHAO M H, ZOU X J, ZOU P X W. Disintegration Characteristics of Red Sandstone and Its Filling Methods for Highway Roadbed and Embankment[J]. Journal of Material in Civil Engineering, ASCE, 2007, 19（5）: 404-410.

[200] CHEN X B, ZHANG J SH, LIU B CH, et al. Effects of stress conditions on rheological properties of granular soil in large triaxial rheology laboratory tests[J]. Journal of Central South University of Technology, 2008, 15（s1）: 397-401.

[201] 卿三惠. 红层软岩地区高速铁路软基路堤沉降控制研究[D]. 成都：成都理工大学，2007.

[202] 章清叙，葛修润，黄铭，等. 周期荷载作用下红砂岩三轴疲劳变形特性试验研究[J]. 岩石力学与工程学报，2006，25（3）：473-478.

[203] BELHEINE N, PLASSIARD J P, DONZE F V, et al. Numerical simulation of drained triaxial test using 3D discrete element modeling[J]. Computers and Geotechnics, 2009, 36（2）: 320-331.

[204] POTYONDY D O, CUNDALL P A. A bonded-particle model for rock[J]. International Journal of Rock Mechanics & Mining Sciences, 2004, 41（8）: 1329-1364.

[205] HOLT R M, KJOLAAS J, LARSEN I, et al. Comparison between controlled laboratory experiments and discrete particle simulations of the mechanical behaviour of rock[J]. International Journal of Rock Mechanics & Mining Sciences, 2005, 42（8）: 985-995.

[206] WANG C, TANNANT D D, LILLY P A. Numerical analysis of the stability of heavily jointed rock slopes using PFC2D[J]. International Journal of Rock Mechanics & Mining Sciences, 2003, 40（3）: 415-424.

[207] KULATILAKE P H S W, MALMA B, WANG J L. Physical and particle flow modeling of jointed rock block behavior under uniaxial loading[J]. International Journal of Rock Mechanics & Mining Sciences, 2001, 38（5）: 641-657.

[208] SHAMY U E, GROGER T. Micromechanical aspects of the shear strength of wet granular soils[J]. International Journal for Numerical and Analytical Methods in Geomechanics, 2008, 32（1）: 1763-1790.

[209] JEYISANKER K, GUNARATNE M. Analysis of water seepage in a pavement system using the particulate approach[J]. Computers and Geotechnics, 2009, 36(4): 641-654.

[210] HADJIGEORGIOU J, ESMAIELI K, GRENON M. Stability analysis of vertical excavations in hard rock by integrating a fracture system into a PFC model[J]. Tunnelling and Underground Space Technology, 2009, 24（3）: 296-308.

[211] FAKHIMI A. A hybrid discrete–finite element model for numerical simulation of geomaterials[J]. Computers and Geotechnics, 2009, 36（3）: 386-395.

[212] MARKETOS G, BOLTON M D. Compaction bands simulated in Discrete Element Models[J]. Journal of Structural Geology, 2009, 31（5）: 479-490.

[213] SCHOPFER M P J, ABE S, CHILDS C, et al. The impact of porosity and crack density on the elasticity, strength and friction of cohesive granular materials: Insights from DEM modeling[J]. International Journal of Rock Mechanics & Mining Sciences, 2009, 46（2）: 250-261.

[214] CHEUNG G, O'SULLIVAN C. Effective simulation of flexible lateral boundaries in two- and three-dimensional DEM simulations[J]. Particuology, 2008, 6(6): 483-500.

[215] BAGHERZADEH-KHALKHALI A, MIRGHASEMI A A, MOHAMMADI S. Micromechanics of breakage in sharp-edge particles using combined DEM and FEM[J]. Particuology, 2008, 6(5): 347-361.

[216] ZEGHAL M, SHAMY U E. Liquefaction of saturated loose and cemented granular soils[J]. Powder Technology, 2008, 184(2): 254-265.

[217] 周健, 池毓蔚, 池永, 等. 砂土双轴试验的颗粒流模拟[J]. 岩土工程学报, 2000, 22(6): 701-704.

[218] 周健, 廖雄华, 池永, 等. 土的室内平面应变试验的颗粒流模拟[J]. 同济大学学报, 2002, 30(9): 1044-1050.

[219] 刘文白, 周健. 上拔荷载作用下桩的颗粒流数值模拟[J]. 岩土工程学报, 2004, 26(4): 516-521.

[220] 周健, 池永. 土的工程力学性质的颗粒流模拟[J]. 固体力学学报, 2004, 25(4): 377-382.

[221] 周健, 苏燕, 池永. 颗粒流模拟土的工程性质[J]. 岩土工程学报, 2006, 28(3): 390-396.

[222] 周健, 史旦达, 贾敏才, 等. 循环加荷条件下饱和砂土液化细观数值模拟[J]. 水利学报, 2007, 38(6): 396-703.

[223] 史旦达, 周健, 刘文白, 等. 循环荷载作用下砂土液化特性的非圆颗粒数值模拟[J]. 水利学报, 2008, 39(9): 1074-1082.

[224] 罗勇, 龚晓南, 连峰. 三维离散颗粒单元模拟无黏性土的工程力学性质[J]. 岩土工程学报, 2008, 30(2): 292-297.

[225] 罗勇. 土工问题的颗粒流数值模拟及应用研究[D]. 杭州: 浙江大学建筑工程学院, 2007.

[226] 周健, 姚志雄, 张刚. 砂土渗流过程的细观数值模拟[J]. 岩土工程学报, 2007, 29(7): 977-981.

[227] 周健, 白彦峰, 张昭, 等. 砂土中群桩室内模型试验及颗粒流模拟研究[J]. 岩土工程学报, 2009, 31(8): 1275-1280.

[228] 王孝存. 加筋地基的加筋机理和破坏模式试验研究与颗粒流数值模拟[D]. 上海: 同济大学地下建筑与工程系, 2005.

[229] 张孟喜，张石磊. H-V加筋土性状的颗粒流细观模拟[J]. 岩土工程学报，2008，30（5）：626-631.

[230] 周健，孔祥利，鞠庆海，等. 土工合成材料与土界面的细观研究[J]. 岩石力学与工程学报，2007，26（S1）：3196-3202.

[231] 周健，郭建军，崔积弘，等. 土钉拉拔接触面的细观模型试验研究与数值模拟[J]. 岩石力学与工程学报，2009，28（9）：1396-1944.

第 2 章

自循环式人工降雨模拟试验

2.1 引 言

在实验室使用降雨模拟装置进行雨水入渗岩土工程稳定性、土壤入渗、坡面产流和土壤侵蚀等方面的研究,不仅具有经济性、便捷性、可控性、重复性等优点,还可以控制实验进程,缩短实验周期。目前,降雨模拟装置主要有4种类型,即管网式、针管式、悬线式和喷嘴式[1]。比如,徐向舟等人[2]研制的SX2002管网式降雨模拟装置,其降雨高度为 3.5 m,降雨面积为 3.5 m×2.5 m,降雨强度为 1.0~4.0 mm/min,降雨均匀度超过 80%,雨滴粒径为 0~3 mm;孙恺等人[3]研制的针管式人工降雨装置,其降雨高度为 1.6 m,降雨面积为 196 250 mm^2,降雨强度为 0~15 mm/h,降雨均匀度超过 90%,雨滴粒径为 0~10 mm;Bowyer-Bower[4]研制的悬线式降雨模拟器,其采用了内径 0.7 mm、外径 2~3 mm 长 15 mm 的聚乙烯管,雨滴中径为 2~3 mm;另外还有,霍云梅等研制的旋转下喷式降雨装置[5]、苏潋娜等研制的喷嘴式降雨模拟装置[6]和张晶玲等研制的摇臂上喷式降雨模拟装置[7]。各种类型降雨模拟装置的降雨特性均不尽相同,其中针管式降雨装置降雨强度控制范围有限;悬线式降雨装置在国内应用不多;喷嘴式降雨装置主要应用于室外,且侧喷式装置因雨滴直径较大而受风影响大,下喷式的雨滴落地破坏力不易计算,上喷式的降雨均匀度不够稳定。

此外,现有降雨模拟装置研制尚存在雨水难以自循环利用、试验周期较长、设备安装调试复杂、试样淋雨平台不便操作等问题。

在装置的降雨特性率定方面,国内外对降雨强度、降雨均匀性、雨滴直径、雨滴终点落地速度与降雨动能等开展了研究。比如,吴光艳等人[8]通过对天然降雨雨滴特征的研究验证了雨滴直径特征符合Best分布函数;美国学者罗斯等人关于天然降雨雨滴的研究表明，天然降雨雨滴大小的分布，波动在 0~6 mm，其相应的终点速度为 2.0~2.9 mm/s[9]。但是，不同人工模拟降雨装置由于其产生降雨的机制不同，也需有针对性地开展降雨特性试验研究。

因此，本书借鉴国内外降雨模拟装置的经验，研制了一套自循环式人工降雨模拟装置，并开展了该装置在不同雨强条件下的降雨强度、降雨均匀性、雨滴直径、雨滴终点落地速度与降雨动能等降雨特性率定试验，为实验室在短期内开展大批量降雨模型试验和获取实验数据提供保障。

2.2 自循环式人工降雨模拟装置

2.2.1 人工降雨模拟基本原理

降雨装置雨滴的动能是模拟天然降雨侵蚀的最好参量[10]。当降雨高度不变且雨滴大小均匀，即雨滴终点落地速度 v 为常数时，时间 t 内降雨对淋雨平台单位面积上试验土体作用的总动能 E 为

$$E = \frac{1}{2}mv^2 = \frac{1}{2}\rho I t v^2 = kI \tag{2-1}$$

式中，E 为时间段 t 内单位面积上的降雨对淋雨平台作用的总动能[J/（m²·s）]；m 为时间段 t 内单位面积上的降雨总质量（kg/m²）；v 为雨滴终点落地速度（m/s）；ρ 为雨滴密度（kg/m³）；I 为降雨强度（mm/h）；t 为降雨持续时间（s）；k 为常数。

因此，在人工降雨模拟试验中，保证降雨高度不变，并使雨滴的大小及其分布基本不变，则只需通过调整装置的降雨强度就能控制相应的降雨动能，即降雨能量可通过相应的雨强来表达。另外，理想的降雨模拟装置所产生的人工降雨的主要降雨特性还包括降雨强度、降雨均匀性、雨滴直径分布、雨滴降落终点速度等，本书主要针对这些特征进行率定试验，分析自循环式人工降雨模拟装置产生的人工降雨与天然降雨的相似性，为该装置用于科学试验提供依据。

2.2.2 人工降雨模拟系统

研制的自循环式人工降雨模拟装置属于管网式降雨装置，由降雨系统、自循环供水系统、支撑系统和试样淋雨平台等四大部分组成，如图 2-1 所示。该装置由潜水泵

供水，水流经过供水系统输送到降雨系统，产生稳定降雨。通过调节导水管上的控水阀门的开度，调整降雨强度，从而控制相应的降雨动能。

降雨装置的降雨系统由降雨管网、导水管和挡雨帷幕组成，降雨面积约 8 m^2。降雨管网由聚氯乙烯（PVC）管拼接而成，固定在支撑系统顶部，每根 PVC 管钻设降雨喷孔；导水管位于降雨管网两侧。

降雨装置的自循环供水系统由简易蓄水池、潜水泵、连接蓄水池与降雨系统的进水管及安装于进水管上的控水阀门和水压表组成。其自循环原理为潜水泵将蓄水池内的水通过进水管输送至导水管，再由导水管导入降雨管网，降雨管网中的雨水降到管网正下方的试样淋雨平台上，然后通过模板上的透水孔重新回到蓄水池，如此循环，整个过程既环保又节水。蓄水池池壁由固定在支撑系统上的模板组成，其防水层由多层防水帆布与防水薄膜组成；进水管采用 PVC 材料制成。

降雨装置的支撑系统由钢管组装而成，包括立杆、纵向支撑杆、横向支撑杆和连接扣件。降雨装置的试样淋雨平台由带透水孔的模板铺装而成，通过支撑系统固定在蓄水池上方，不仅能在淋雨平台同时布置多个雨水入渗侵蚀试验模型，还能上人安装试样模型、进行试验操作及数据采集。

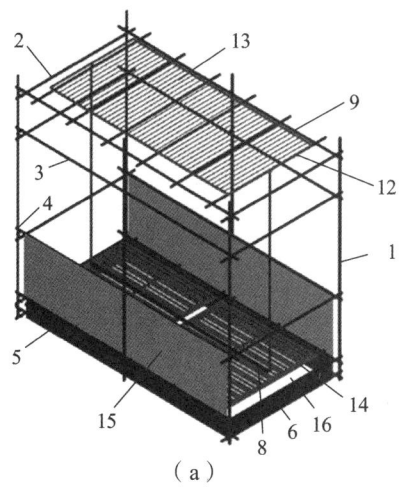 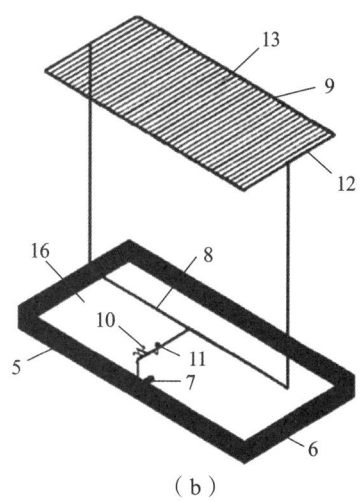

（a） （b）

1—立杆；2—纵向支撑杆；3—横向支撑杆；4—连接扣件；5—模板；6—防水帆布与防水薄膜；7—潜水泵；
8—进水管；9—三通；10—控水阀门；11—水压表；12—导水管；13—降雨管网；
14—带透水孔的模板；15—挡雨帷幕；16—蓄水池中的水。

图 2-1　自循环式降雨模拟装置

2.2.3　降雨特性参数率定取样点

采用等距取样法在试样淋雨平台上确定 5×7 共 35 个取样点，并在采样点上摆放雨量计，形成阵列，如图 2-2 所示。待降雨达到稳定后，依次进行降雨强度、降雨均匀性、雨滴直径、雨滴终点落地速度与降雨动能等降雨特性试验。

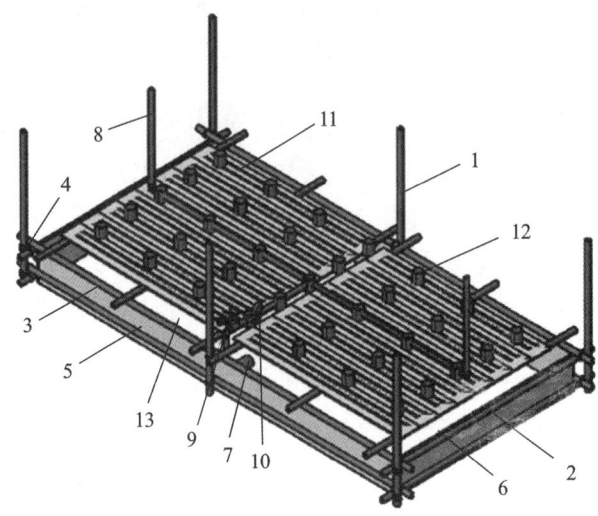

1—立杆；2—纵向支撑杆；3—横向支撑杆；4—连接扣件；5—模板；6—防水层；
7—潜水泵；8—进水管；9—控水阀门；10—水压表；11—淋雨平台；
12—位于取样点的雨量计；13—蓄水池中的水。

图 2-2　降雨模拟装置率定实验取样点分布

2.3　自循环式人工降雨特性率定

2.3.1　降雨强度及降雨均匀性

降雨强度是指单位时段内的降雨量，采用自制简易雨量计率定降雨强度，每场降雨结束后，用量筒测量每个雨量计的降雨量。为防止喷孔被杂质堵塞而影响降雨的均匀性，率定前先将供水压力调整到较大值，把积存在管网内的杂质冲出，再在每一个取样点上分别放置雨量计，确保雨滴经过漏斗进入相应雨量计的量筒中。率定时，在控水阀门的不同开度下，分别测出各取样点上雨量计的降雨量 X_i，再求出各取样点的平均降雨量 $\overline{X}$，然后按式（2-2）计算得到控水阀门不同开度下降雨装置的平均降雨强度：

$$\overline{I} = \frac{\overline{X}}{t} \qquad (2\text{-}2)$$

式中，$\bar{I}$ 为试样淋雨平台上各取样点的平均降雨强度（mm/h）；$\bar{X}$ 为试样淋雨平台上各取样点的实测平均降雨量（mm）。根据实测平均降雨强度的计算结果，绘制平均降雨强度-控水阀门开度的拟合曲线（见图2-3），得到降雨装置降雨强度的线性拟合计算公式：

$$I = -2.23\theta + 406.05 \qquad (2-3)$$

式中，I 为降雨装置降雨强度的拟合推算值（mm/h）；θ 为控水阀门开度（°）。式（2-3）可以指导用于实验的降雨强度设计。由式（2-3）计算可得，装置可模拟的降雨强度范围为 4.65~406.05 mm/h。

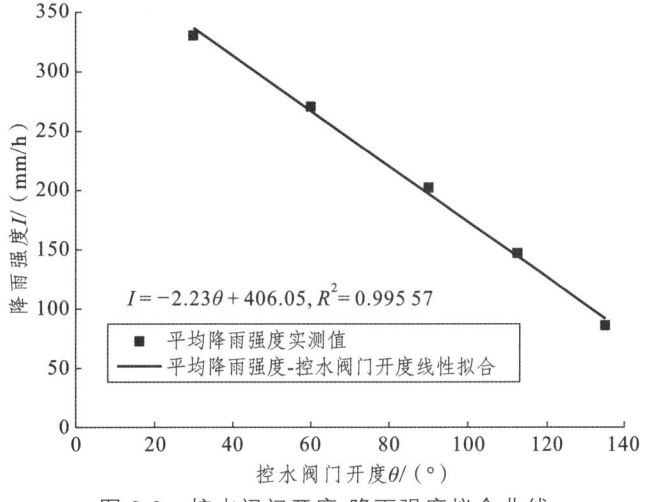

图 2-3 控水阀门开度-降雨强度拟合曲线

装置的降雨均匀性可根据同一时段内降雨面上多个测点的降雨量来计算，用降雨均匀度 K 表示：

$$K = 1 - \frac{\sum |X_i - \bar{X}|}{n\bar{X}} \qquad (2-4)$$

式中，K 为降雨均匀度（%）；X_i 为各取样点上雨量计的实测降雨量（mm）；n 为取样点个数，取为 35。由式（2-4）计算可得，在不同降雨强度下，装置的降雨均匀度均超过 85%。限于篇幅，列举两例：降雨强度为 30 mm/h 时，降雨均匀度为 90.91%，其降雨强度等值线如图 2-4（a）所示；降雨强度为 150 mm/h 时，降雨均匀度达到了 96.73%，其降雨强度等值线如图 2-4（b）所示。

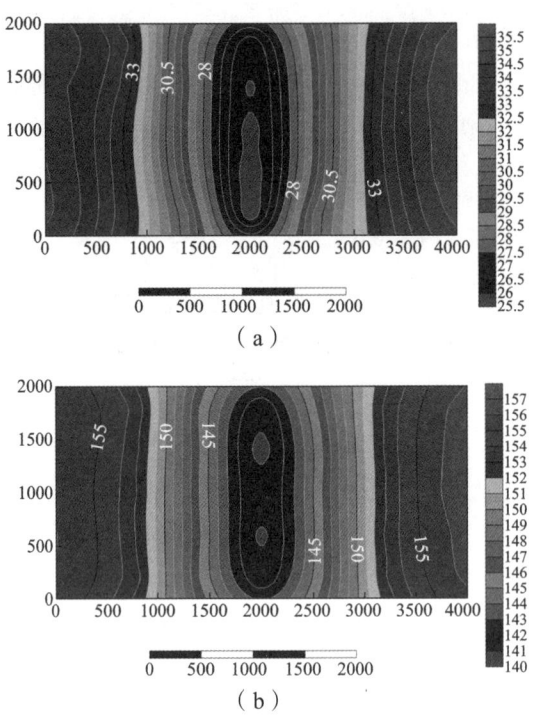

图 2-4 降雨强度等值线

注：图中横坐标表示淋雨平台长度，单位为 mm；纵坐标表示淋雨平台宽度，单位为 mm。

2.3.2 雨滴直径的率定试验

雨滴直径的大小是影响降雨落地速度的重要参数。理论上，一定高度的天然雨滴受自身重力作用降落时，随着速度的不断增大，受到的空气阻力也不断增大，从而变形破裂，体积不断变小，因此雨滴直径一般不会超过 6 mm。目前，率定雨滴直径的方法主要有面粉球法、摄影法以及色斑法。本书采用历史悠久、适用广泛的滤纸色斑法，利用不同孔径的注射针头模拟雨滴，该方法基于水滴在同种滤纸材料上产生的色斑大小与水滴的真实粒径大小成正比的假定。预先率定滤纸色斑直径与雨滴真实粒径之间的关系，然后通过量测降雨装置的雨滴在相同滤纸材料上形成的色斑大小推算相应的雨滴粒径。

先将针头装在注射器上，并向注射器内注入一定量的清水，用电子秤称量含水注射器的质量 m_1；然后，将经过细致研磨的高锰酸钾粉末与滑石粉按 1∶4（质量比）的比例搅拌均匀，并尽可能薄地涂抹于滤纸表面；最后，从滤纸正上方一定高度处将注射器中的清水滴到滤纸上，滴满一张滤纸并注意使水滴大小均匀且色斑不粘在一起，完成后测定注射器（含剩余水）的质量 m_2。用不同孔径的针头重复上述步骤若干次，得到若干雨滴色斑（代表性色斑见图 2-5）。

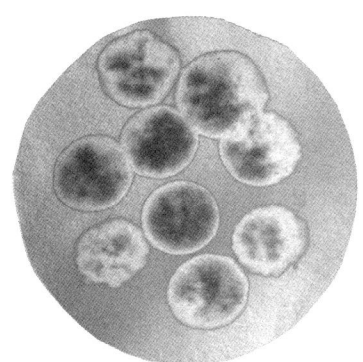

图 2-5　雨滴色斑谱

如果一张滤纸上总共有 n 个雨滴，可按式（2-5）计算雨滴实际粒径的平均值：

$$\overline{D} = \sqrt[3]{\frac{6(m_1 - m_2)}{m\rho\pi}} \tag{2-5}$$

式中，$\overline{D}$ 为雨滴实际粒径的平均值（mm）；$(m_1 - m_2)$ 为一张滤纸上所有雨滴的质量（g）；m 为一张滤纸上雨滴的个数；ρ 为水的密度；π 为圆周率。

根据试验中率定的水滴直径与相应的色斑直径的实测和计算结果，绘制雨滴直径—色斑直径拟合曲线图（见图 2-6），分析得到雨滴实际粒径的平均直径 $\overline{D}$ 和滤纸色斑直径平均值 $\overline{d}$ 之间的推算公式：

$$\overline{D} = 0.333 \overline{d}^{0.752}, \quad R^2 = 0.997 \tag{2-6}$$

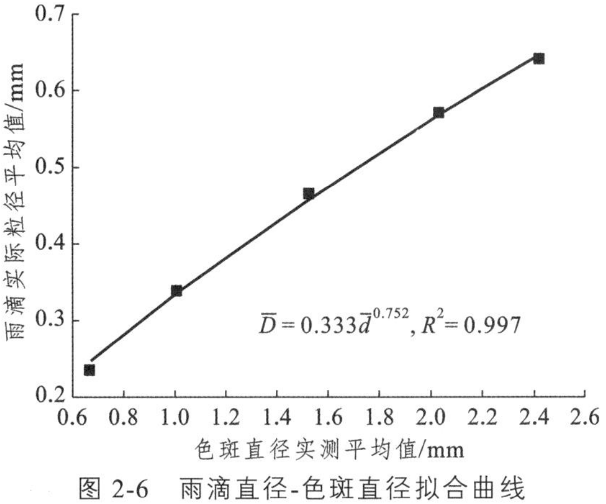

图 2-6　雨滴直径-色斑直径拟合曲线

文献[2]和[5]中的雨滴-色斑直径计算公式分别为 $\overline{D} = 0.295\overline{d}^{0.756}$ 和 $\overline{D} = 0.3839\overline{d}^{0.709}$，本书得到的雨滴-色斑直径推算公式与之接近。

在降雨装置模拟降雨试验中，可通过式（2-6）由雨滴在滤纸上形成的色斑大小推算雨滴实际粒径。先将海绵平放在雨滴直径取样盒底板上，再将涂好粉末的滤纸平放在海绵上，盖上盖板。调节控水阀门，在降雨达到稳定后，依次在每个取样点上放置取样盒，均匀滑动取样盒盖板，当雨滴落到滤纸上的瞬间，立即合上盖板，并取出取样盒。经过若干次降雨采样后，可以得到若干降雨装置雨滴色斑谱。通过分析，可得到装置的雨滴直径累积频率分布曲线（见图2-7），雨滴粒径为 0.94~2.16 mm。

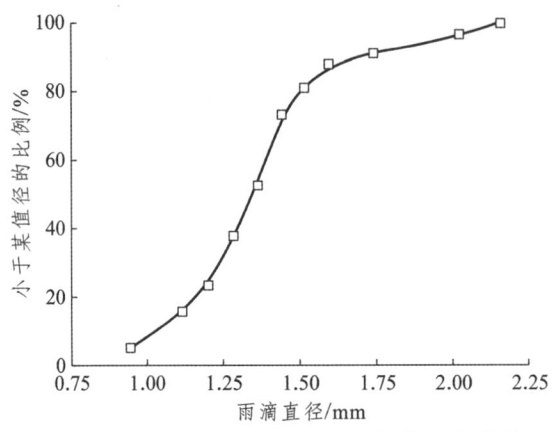

图 2-7　降雨装置雨滴直径累积频率分布曲线

2.3.3　雨滴终点落地速度与降雨动能的率定试验

雨滴终点落地速度是研究降雨动能的重要参数。采用目前应用较广的公式计算雨滴终点落地速度，即当雨滴直径 $\overline{D} \leqslant 1.9$ mm 时，修正的沙玉清公式：

$$v = 0.496 \times 10^{\left(\sqrt{28.32 + 6.5241 \lg(0.1\overline{D}) - [\lg(0.1\overline{D})]^2} - 3.665\right)} \tag{2-7}$$

当雨滴直径 $\overline{D} \geqslant 1.9$ mm 时，采用修正的牛顿公式：

$$v = (17.20 - 0.844\overline{D})\sqrt{0.1\overline{D}} \tag{2-8}$$

式中，v 为雨滴终点落地速度（m/s）。由式（2-7）和式（2-8）计算可得，装置的雨滴终点落地速度的范围为 3.69~7.14 m/s，与天然降雨终点速度（1.58~9.44 m/s）[11,12] 有较好的相似性。

得到所有雨滴样本的终点落地速度，即可计算单个雨滴的降雨动能。因为装置降雨稳定且都是降雨样本随机取样，可认为一次降雨的能量为多组样本降雨能量的组合。单位时间单位面积内一定降雨强度条件下的降雨动能可用下式计算：

$$\overline{E} = \frac{\sum e}{st} \quad (2-9)$$

式中，$\overline{E}$ 为单位时间单位面积内降雨动能，$\sum e$ 为一次取样的雨滴降雨能量和，s 为取样纸的面积，t 为在雨中取样时间。由此可计算试验降雨强度条件下的降雨动能，装置的降雨动能随降雨强度的变化如图 2-8 所示，并对降雨动能 $\overline{E}$ 和降雨强度作回归分析，可以得到了降雨强度与降雨动能 $\overline{E}$ 的关系式为 $\overline{E} = 0.003I + 0.07$，$R^2 = 0.996$。可以看出，在图示的降雨强度范围内，降雨动能与降雨强度有着良好的线性关系，通过控制降雨强度可以实现降雨动能相似，已知降雨强度就可以计算出其各次降雨动能，用以指导降雨实验分析。

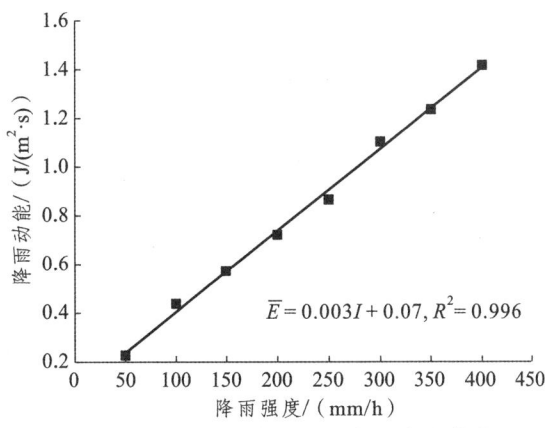

图 2-8　降雨动能随降雨强度的变化趋势

2.4　本章小结

（1）自循环式人工降雨模拟装置模拟降雨与天然降雨的相似程度较高，实现了雨水自循环利用，装置可控性好、性能稳定，可模拟的降雨强度范围为 4.65～406.05 mm/h，降雨均匀度超过 85%，雨滴粒径为 0.94～2.16 mm，雨滴终点落地速度为 3.69～7.14 m/s，可以满足人工模拟降雨试验要求，为实验室在短期内开展大批量降雨模型试验和获取实验数据提供了技术保障。

（2）自循环式人工降雨模拟装置的降雨强度-控水阀门开度的关系式为 $I=-2.23\theta+406.05$，降雨强度与降雨动能的关系式为 $\overline{E}=0.003I+0.07$，降雨动能与降雨强度有良好线性相关关系，可通过调控雨强实现降雨动能与天然降雨的相似。

（3）可以采用雨滴-色斑直径关系 $\overline{D}=0.333\overline{d}^{0.752}$ 推算装置的模拟降雨雨滴直径。

参考文献

[1] 夏平，蒋建清，蔡晶垚，等. 人工降雨模拟装置的研制与工程应用进展综述[J]. 企业技术开发，2015，34（34）：4-6.

[2] 徐向舟，刘大庆，张红武，等. 室内人工模拟降雨试验研究[J]. 北京林业大学学报，2006，28（5）：52-58.

[3] 孙恺，张季如. 针管式人工降雨装置的研究与应用[J]. 武汉理工大学学报，2013，35（12）：125-129.

[4] BOEYER-BOWER T A S, BURT T P. Rainfall simulators for investigating soil response to rainfall[J]. Soil technology, 1989, (2): 1-16.

[5] 霍云梅，毕华兴，朱永杰，等. QYJY-503C人工模拟降雨装置降雨特性试验[J]. 中国水土保持科学，2015，13（2）：31-36.

[6] 苏澂娜，田一梅，高波，等. 人工模拟降雨装置的设计及其参数率定[J]. 水土保持通报，2015，35（6）：120-123.

[7] 张晶玲，周丽丽，黄毅. 摇臂上喷式降雨模拟器降雨特性分析[J]. 中国水土保持科学，2016，14（6）：125-130.

[8] 吴光艳，郝民利，刘超群，等. 天然降雨与人工降雨特性的研究[J]. 人民珠江，2013，（2）：5-7.

[9] 任树梅，刘洪禄，顾涛. 人工模拟降雨技术研究综述[J]. 中国农村水利水电，2003，（3）：73-75.

[10] WISCHMEIER W H, SMITH D D. Rainfall energy and its relation to soil loss[J]. Transactions American Geophysical Union, 1958, 39 (2): 285-291.

[11] 吴长文，徐宁娟. 摆喷式人工降雨机的特性试验[J]. 南昌大学学报，1995，17（1）：58-66.

[12] 赵志进，李桂英. 人工模拟降雨机具和方法的发展研究与展望[J]. 中国水土保持学报，1989，（5）：30-33.

第3章

红层软岩路堤边坡降雨入渗特性及计算方法

3.1 引 言

在广阔的红层区域[1]，大量的道路建设项目产生了以土石混合物形式存在的红层软岩弃渣。由于占用大量土地空间，而且在雨季增加土壤侵蚀和滑坡等交通岩土工程问题的风险，随意堆放在道路沿线的红层软岩弃渣会对周围生态系统以及当地居民的生产、生活产生不利影响。因此，近年来红层软岩在中国被广泛用作路堤填料，以减少建设成本和减轻因随意堆放而带来的交通岩土工程问题危害[2-6]。图 3-1 所示为红层软岩在路堤工程中的应用实例。另外，在水渗入的情况下，红层岩块由于其膨胀性和吸水能力，容易软化和崩解[7-11]。此外，降雨入渗是路堤边坡含水量变化的重要诱因。降雨入渗会提高孔隙水压力和重力势，同时降低材料强度和基质吸力，加速与吸水相关的岩体软化和崩塌，产生浅层滑坡、地面沉降，甚至在红层软岩路堤中引起边坡失稳。因此，研究红层软岩边坡的降雨入渗分析模型至关重要，这将有助于解决红层软岩路堤边坡降雨入渗特性的计算问题，理解其降雨入渗规律。它还将为预测降雨诱发红层软岩路堤边坡的滑坡和失稳风险提供基础，并为红层软岩在交通岩土工程中的安全和可靠应用提供参考。

近年来，关于红层软岩的研究主要集中在其物理和力学性质以及路堤加固技术方面，例如红层岩块的强度和变形特性[11-14]、崩解和软化特性[15-14]、干湿循环特性[18-22]、交通荷载或地震下的动态响应[2, 5, 23, 24]、路堤填充和稳定方法[3-4, 25-27]以及加固技术[10, 28, 29]。从上述文献中可以看出，早期的研究发现为理解红层软岩路堤填料的力学特性和道路性能提供了重要支持。然而，对于红层软岩路堤边坡的雨水入渗特性分析模型，仍迫切需要更深入的研究。

图 3-1 红层软岩在路堤填筑工程中的应用

一些研究人员使用通用数值分析软件,如有限元分析方法,进行雨水入渗分析[30-32]。然而,通用商业有限元软件提供的本构模型类型通常有限,对于特殊的岩石或土壤边坡雨水入渗,如红层软岩边坡,通常需要重新开发的本构模型。此外,通用商业有限元软件依赖高性能计算机,并且要求现场工程师具有较高的理论水平和熟练掌握复杂的有限元建模方法,这使得现场工程师难以有效和方便地使用它们。简化解析计算模型的优势在于允许模型参数与特定的岩石或土壤边坡入渗特性相关联,并且在确定其参数时包括了有限元模型中难以考虑的因素[33]。因此,本章将开发一个解析计算模型来预测红层软岩路堤边坡的雨水入渗特性。

对于边坡的雨水入渗分析,已有相关人员致力于简化计算模型的研究。目前,Green-Ampt 模型是广泛使用的入渗模型之一[34-36]。然而,该模型在应用于边坡雨水入渗分析时存在以下缺陷:① Green-Ampt 模型将所有入渗面视为水平面,无法考虑坡度角对雨水入渗的影响;② Green-Ampt 模型假设入渗面具有积水深度,而实际的边坡是倾斜的,在边坡表面难以形成积水;③ Green-Ampt 模型假设边坡入渗锋内的土壤完全饱和,忽视了入渗锋内存在的非饱和渗透区域,这与实际情况有较大差异。

近年来,学者们对 Green-Ampt 入渗模型进行了一些改进。例如,一些研究将 Green-

Ampt 模型扩展到边坡降雨入渗分析，但仍然假设入渗湿润区的土壤完全饱和[37-39]。一些研究考虑了入渗锋内存在非饱和层，但尚未将 Green-Ampt 模型推广到边坡环境[40, 41]。一些研究人员认为饱和与非饱和区的厚度分别占入渗湿润区深度的 50%[40, 42-45]，或者入渗湿润区中饱和与非饱和区的厚度比是一个特定值[46]，但这些改进主要是经验性的，没有考虑入渗湿润区中饱和与非饱和区厚度比的动态变化。Bouwer[47]和张洁等人[48]建议入渗湿润区内非饱和土层的渗透系数应该是饱和渗透系数的 0.5 倍，吕特[49]建议是 0.7 倍；此外，Ma 等人[50]提出了入渗湿润区内土壤的渗透系数应该是饱和渗透系数与饱和度的乘积（θ），但上述对 Green-Ampt 模型中渗透系数的修正仍未考虑渗透系数在雨水入渗过程中的动态变化。此外，土壤水分含量在过渡层随深度变化被假设为椭圆函数[41, 51, 52]，但这可能不符合红层软岩路堤边坡在雨水入渗期间含水量分布的特性。总之，如上所述，对 Green-Ampt 模型的修改主要集中在以下三个方面：一是研究入渗湿润区内非饱和与饱和区的厚度范围；二是研究入渗湿润区内非饱和区土体的水力特征参数；三是扩展其适应边坡入渗条件。这些对 Green-Ampt 方法的改进研究不断丰富和发展了降雨入渗模型。然而，考虑到雨水入渗过程中土体非饱和参数的动态变化，上述对 Green-Ampt 模型的改进并未能预测入渗湿润区饱和-非饱和层分布比例和渗透系数的动态变化。此外，上述 Green-Ampt 模型的改进没有考虑边坡物理特性对雨水入渗的影响，如岩块含量比、岩块吸水性、红层软岩的压实和含水量分布。这些不足将不利于红层软岩路堤边坡降雨入渗特性的分析和预测。

为了弥补上述差距，本书基于 Green-Ampt 方法提出了一个改进的降雨入渗解析计算模型，该模型考虑了红层软岩路堤边坡路堤填料物理特性和边坡湿润区的动态发展。首先，推导了考虑红层软岩特性和湿润区动态特性的改进计算模型的控制方程，并开发了相应的求解程序；然后，通过将改进的计算模型与红层软岩路堤边坡的雨水入渗模型试验结果及 Hydrus-2D 有限元数值模拟结果进行比较，验证了改进的分析模型；最后，对改进的分析模型进行了参数敏感性分析，以进一步揭示红层软岩路堤边坡的降雨入渗规律。研究成果为雨水入渗诱发红层软岩路堤边坡滑坡的预测和风险评估提供有益的参考。

3.2 红层软岩路堤边坡降雨入渗解析计算方法

3.2.1 传统的 Green-Ampt 模型

Green-Ampt 模型的基本假设是雨水入渗在水平地下土层中形成一个明确定义的

入渗锋,如图 3-2 所示。入渗锋已经进入到深度 z,并且在土壤表面积水到高度 h。在 Green-Ampt 模型中,入渗锋是一个明显的边界,将地下土壤分为完全饱和的上层,其体积含水量为 θ_s,以及保持初始体积含水量 θ_i 的下层。

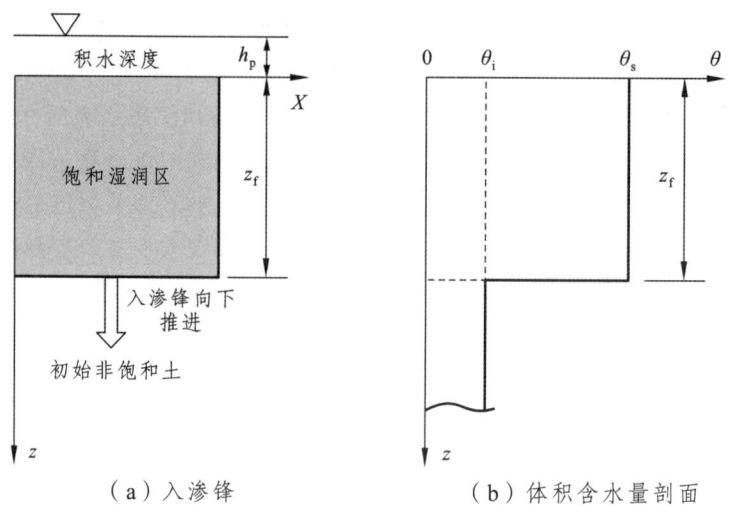

(a)入渗锋　　　　　　　(b)体积含水量剖面

图 3-2　Green–Ampt 模型示意

体积含水量 θ 是指土体孔隙水的体积与土体总体积的比率,因此,对于单位横截面,在入渗持续时间 t 后的累积入渗量 F 可以表示如下:

$$F = (\theta_s - \theta_i) z_f \tag{3-1}$$

结合达西定律,t 时刻边坡的入渗率 f 为

$$f = K_s \frac{h_p + S_f + z_f}{z_f} \tag{3-2}$$

式中,K_s 是土壤的饱和渗透系数;S_f 是入渗锋前沿的土壤吸力水头。

由于 $f = \dfrac{\mathrm{d}F}{\mathrm{d}t}$,结合式(3-1)和式(3-2),基于 Green-Ampt 方程求解 t 时刻累积入渗量 F 的公式,可以表示为如下的非线性方程:

$$F(t) = K_s t + (h_p + S_f)(\theta_s - \theta_i) \ln\left[1 + \frac{F(t)}{(h_p + S_f)(\theta_s - \theta_i)}\right] \tag{3-3}$$

一旦从式(3-3)中解出 F,就可以得到 t 时刻入渗率 f:

$$f(t) = K_s \left[1 + \frac{(h_p + S_f)(\theta_s - \theta_i)}{F(t)}\right] \tag{3-4}$$

3.2.2 降雨入渗改进解析计算模型

为更准确地反映红层软岩边坡的降雨入渗特性，本书提出了基于 Green-Ampt 方法的降雨入渗改进解析计算模型，如图 3-3 所示。xOz 和 x^*Oz^* 分别代表传统 Green-Ampt 模型和改进解析计算模型的坐标系。旧坐标系和新坐标系之间的夹角等于边坡倾角 β。从 xOz 坐标系转换到 x^*Oz^* 坐标系的旋转方程如下：

$$\left.\begin{aligned} x^* &= x\cos\beta + z\sin\beta \\ z^* &= z\cos\beta - x\sin\beta \end{aligned}\right\} \quad (3\text{-}5)$$

对于水平面上的垂直入渗，Richards'渗流方程可以表示为

$$\frac{\partial \theta}{\partial t} = \frac{\partial}{\partial z}\left(D\frac{\partial \theta}{\partial z}\right) - \frac{\mathrm{d}K}{\mathrm{d}\theta}\frac{\partial \theta}{\partial z} \quad (3\text{-}6)$$

式中，D 是土壤水扩散率；K 是水力传导率。

结合式（3-5）和式（3-6），在 x^*Oz^* 坐标系中定义的 Richards'边坡渗流方程可以写为

$$\frac{\partial \theta}{\partial t} = \nabla(D\nabla\theta) - \frac{\mathrm{d}K}{\mathrm{d}\theta}\left(\frac{\partial \theta}{\partial x^*}\sin\beta + \frac{\partial \theta}{\partial z^*}\cos\beta\right) \quad (3\text{-}7)$$

式中，∇ 是拉普拉斯算子。

根据 Philip[53]和 Chen[37]的研究，除了斜坡顶部或趾部的小区域外，求解关于边坡的渗流方程（3-7）是与 x^* 无关的。因此，边坡的入渗方程（3-7）可以重写为

$$\frac{\partial \theta}{\partial t} = \frac{\partial}{\partial z^*}\left(D\frac{\partial \theta}{\partial z^*}\right) - \frac{\mathrm{d}K}{\mathrm{d}\theta}\frac{\partial \theta}{\partial z^*}\cos\beta \quad (3\text{-}8)$$

将式（3-6）和式（3-8）进行比较，可以发现，除了坐标系的定义之外，降雨入渗到水平面和边坡表面的渗流方程之间的差异仅在于将 K 替换为 $K\cos\beta$。这意味着只有垂直于表面的重力势分量会因斜坡而改变，而毛细势保持不变。此外，重力的沿坡向下分量可以导致该方向的渗流，但它不会改变沿斜坡法线方向的含水量剖面，因为渗流场与 x^* 无关。因此，可以将 Green-Ampt 模型进行类似 Richards'边坡渗流方程从 xOz 到 x^*Oz^* 的坐标变换修改，作为边坡降雨入渗的简化解析计算模型。

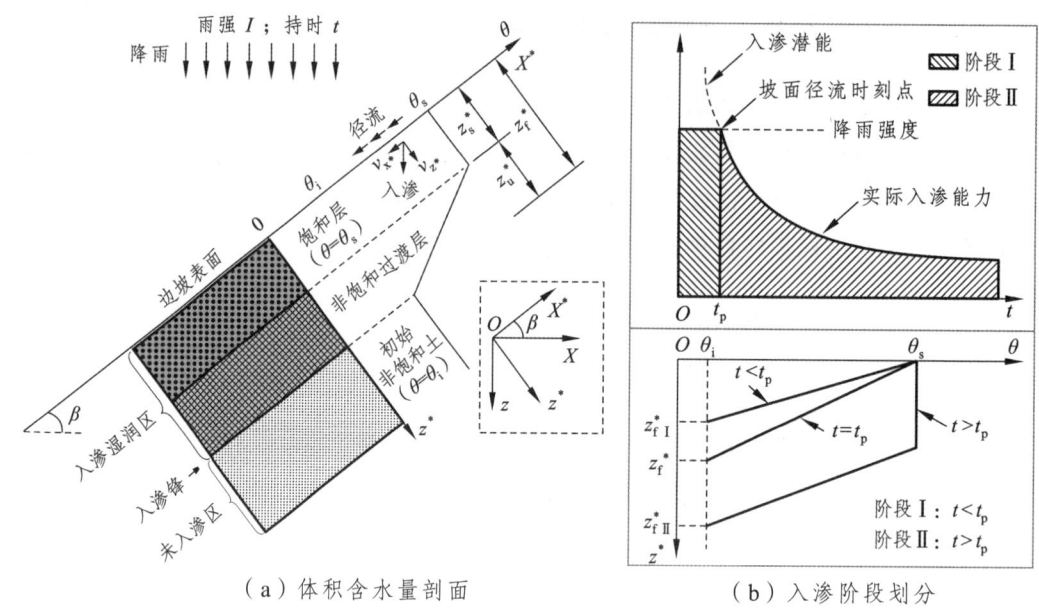

图 3-3 改进的解析计算入渗模型

在本书中,考虑边坡受到具有恒定降雨强度的竖直降雨入渗情形,为了适当简化问题,降雨入渗改进解析计算模型采用了以下基本假设:

(1)在降雨入渗的初始阶段(阶段Ⅰ),路堤边坡的入渗能力大于降雨强度,所有雨水都入渗到边坡内,边坡表面至入渗锋前沿是一个非饱和过渡层。

(2)在第二阶段(阶段Ⅱ),路堤边坡岩土体的实际入渗能力小于降雨强度,边坡将产生径流。由于边坡表面倾斜且平滑,难以积聚雨水,因此忽略边坡积水高度 h。需指出的是,本书提出的改进计算模型针对的是路堤边坡。为了尽量减少路堤的占地面积,路堤边坡的坡度通常不会太缓。此外,根据路堤建设的要求,边坡表面应尽可能平滑,且路堤路线通常足够长。这些可以确保路堤边坡表面的雨水径流不会局限于非常狭窄的排水路径。一些已有研究也表明,在降雨径流过程中边坡表面积聚的雨水厚度非常薄,与湿润锋前沿的基质吸力相比,积水深度对边坡的降雨入渗通常影响较小,在建立边坡降雨入渗计算模型时,基本上忽略了边坡表面积水厚度[37,52,54,55]。在降雨入渗实验中,作者也发现在降雨径流过程中很难看到红层软岩边坡上有明显厚度的积水存在。另外,对于沿路线方向的路堤填充,施工技术、质量标准和材料选择通常是相同的,这确保了路堤边坡的每个横断面基本上具有相同的入渗特性。因此,在本书中,使用二维模型评估路堤边坡上的零积水深度假设,以简化问题。

在这个阶段,路堤边坡岩土体被划分为湿润区和未湿润区,根据沿深度方向的含水量分布情况，湿润区进一步被划分为饱和层和非饱和过渡层。未湿润区保持在初始的非饱和状态。非饱和过渡层的厚度与整个湿润区的厚度之比随着入渗锋沿路堤深度方向推进而动态线性减小。

（3）一些现有的关于入渗模型的研究假设认为入渗锋内非饱和过渡层岩土体的含水量剖面是椭圆形曲线分布模式[40, 41, 56]，而一些研究则认为它是线性分布的[57, 58]。基于红层软岩边坡的降雨入渗试验，我们也发现入渗锋内非饱和过渡层岩土体的含水量剖面大致是线性分布的。因此，本书假设边坡岩土体积含水量在非饱和过渡层中沿 z^* 方向线性减小。

1. 阶段 I 解析计算模型

基于假设（3-1）和坐标系旋转变换，式（3-2）可以修改成以下形式：

$$I\cos\beta = K_{eI}\frac{S_f + z_{fI}^*\cos\beta}{z_{fI}^*} = K_{eI}\left[\cos\beta + \frac{(\theta_s - \theta_i)S_f}{2F_I}\right] \quad (3-9)$$

式中，β 为边坡坡角；I 为降雨强度；z_{fI}^* 为阶段 I 中垂直于边坡坡面方向的入渗深度；F_I 为阶段 I 累积入渗量：$F_I = \frac{1}{2}(\theta_s - \theta_i)z_{fI}^*$；$K_{eI}$ 为入渗锋内非饱和过渡层岩土的等效导水率。

非饱和过渡层相当于许多具有不同水力传导率的薄土层的叠加。因此，对 $\frac{dz^*}{K_u(z^*)}$ 从 z_s^* 到 z_f^* 做定积分得

$$K_{eI} = \frac{z_u^*}{\int_{z_s^*}^{z_f^*}\frac{dz^*}{K_u(z^*)}} \quad (3-10)$$

式中，$K_u(z^*)$ 深度 z^* 处非饱和过渡层岩土的渗透系数。

根据已有文献，例如 Genuchten[59]、Fredlund 等人[60]和 Ng 等人[61]，土壤的非饱和渗透系数受到土壤水分特征曲线（SWCC）的影响，这使得式（3-10）的求解变得困难。因此，一些研究者提出了关于土壤非饱和渗透系数的简化方法。Zaidel 等人[62]和 Smith 等人[63]提出了非饱和渗透系数与基质吸力之间的线性化方法。此外，Gavin 等人[64]提出了在降雨渗透进入边坡后非饱和过渡层中基质吸力随深度线性分布的简化方法。因此，可以近似假定非饱和渗透系数随非饱和过渡层深度线性变化。同样，Peng 等人也得出结论，非饱和过渡层中岩土的非饱和水力传导性随着入渗深度的增加大致呈线性下降。因此，本书将使用式（3-11）中的线性假设简化计算降雨入渗过程中非饱和过渡层的渗透系数。

$$K_u(z^*) = K_s - \frac{K_s - K_i}{z_u^*}(z^* - z_s^*) \quad (3-11)$$

式中，z_s^* 和 z_u^* 分别表示沿边坡表面法线方向的饱和与非饱和土层的厚度；K_i 为边坡初始非饱和层岩土的渗透系数。需要注意的是，根据这一假设边坡入渗锋内非饱和过渡段的水分含量分布将随着深度线性下降。红层软岩路堤边坡降雨入渗试验结果和红层软岩土水曲线特征均表明，渗透系数在接近空气进入点和残余吸力点的局部区间存在非线性特征，而空气进入点和残余吸力点之间的非饱和过渡段的近似线性变化特征更为明显。基于这一假设，红层软岩边坡在入渗锋前沿附近以及饱和与非饱和过渡段交界处的入渗计算结果将与降雨入渗试验结果略有不同。

在阶段 I，仅在边坡表面形成一层厚度可以忽略的瞬态饱和层，因此假设 z_s^* 为零。因此，将式（3-10）和式（3-11）结合起来得

$$K_{eI} = \frac{K_s - K_i}{\ln K_s - \ln K_i} \quad (3-12)$$

在红层软岩边坡中，岩土层的饱和导水率将受到岩块的影响。一些已有研究表明，岩石含量是影响土石混合体有效水力传导性和力学行为的主要因素之一[65-69]。为了简化土石混合体饱和水力传导性的计算，Ravina 和 Magier[70] 提出了考虑岩石体积含量的土石混合体饱和水力传导性，如下式所示：

$$\frac{K_s^*}{K_s} = 1 - R_v \quad (3-13)$$

式中，K_s^* 为土石混合体的渗透系数；R_v 为岩石的相对体积含量，也就是岩石体积（V_r）与土石混合体总体积（V）的比值。

基于数值模拟，Novák 等人[71]认为土石混合体的饱和水力传导性可以用如下的线性方程表示：

$$\frac{K_s^*}{K_s} = 1 - aR_v \quad (3-14)$$

式中，a 是一个反映土石混合体中岩石形状、大小和分布的岩石水力阻力经验系数，系数 a 的估计值为 1.1～1.32。

值得注意的是，式（3-13）和式（3-14）都假设土石混合体中岩石的水力传导性大约为零。作者的前期工作发现红层软岩路堤边坡中的岩石块具有吸水性质[72]，因此应该根据岩石块在降雨入渗中的吸水性来修订 R_v。在本书中，为了简化岩石块吸水性对土石混合体饱和水力传导性的影响，从岩石体积中减去了吸水体积。此外，在实地

测试中测量岩石质量比测量其体积更为简单。因此，本研究提出的红层软岩路堤饱和水力传导性的计算公式如下：

$$\frac{K_s^*}{K_s} = 1 - \frac{a(1-b)\rho_d R_m}{\rho_r} \quad (3\text{-}15)$$

式中，b 为红层软岩路堤填料中岩块吸水率；ρ_d 为红层软岩路堤填料干密度，$\rho_d = \lambda_d \rho_{d\max}$，$\rho_{d\max}$ 为红层软岩路堤填料最大干密度，λ_d 为红层软岩路堤填料压实度；ρ_r 为红层软岩路堤填料中岩块干密度；R_m 为红层软岩路堤填料含石量质量比。

因此，为了考虑含石量和岩块吸水率对红层软岩路堤填料饱和水力传导性的影响，在式（3-11）中的 K_s 应该用 K_s^* 来替换，即

$$K_{\text{eI}}^* = \frac{\mu K_s - K_i}{\ln \mu K_s - \ln K_i} \quad (3\text{-}16)$$

式中，K_{eI}^* 为红层软岩路堤边坡湿润锋内非饱和过渡层的等效渗透系数；$\mu = 1 - \dfrac{a(1-b)\rho_d R_m}{\rho_r}$。

在阶段 I 中，入渗深度与入渗时间的关系为

$$z_{\text{fI}}^* = \frac{2I\cos\beta}{\theta_s - \theta_i} \cdot t, \quad 0 \leqslant t \leqslant t_p \quad (3\text{-}17)$$

在径流（或积水）时刻 t_p 的累积入渗量由 $F_p = I\cos\beta \cdot t_p$ 给出。将 $F_p = I\cos\beta \cdot t_p$ 代入式（3-9）并用 K_{eI}^* 替换 K_{eI} 得

$$t_p = \frac{(\mu K_s - K_i)(\theta_s - \theta_i)S_f}{2I[I(\ln\mu K_s - \ln K_i) - (\mu K_s - K_i)]\cos^2\beta} \quad (3\text{-}18)$$

将式（3-18）代入式（3-17）得

$$z_p^* = \frac{(\mu K_s - K_i)S_f}{[I(\ln\mu K_s - \ln K_i) - (\mu K_s - K_i)]\cos\beta} \quad (3\text{-}19)$$

2. 阶段 II 解析计算模型

根据达西定律，在阶段 II 中，红层软岩路堤边坡的雨水入渗率 f 为

$$f = K_{\text{eII}}^* \frac{S_f + z_{\text{fII}}^* \cos\beta}{z_{\text{fII}}^*} \quad (3\text{-}20)$$

式中，$K_{eⅡ}^*$ 为在阶段Ⅱ中红层软岩路堤边坡湿润区域的等效渗透系数；$z_{fⅡ}^*$ 是在阶段Ⅱ中垂直于坡面方向的雨水入渗深度。

基于假设（2），非饱和过渡区深度与整个湿润区深度之比 λ 可以表示如下：

$$\lambda = \frac{z_u^*}{z_{fⅡ}^*} = \eta z_{fⅡ}^* + \varepsilon \quad (3\text{-}21)$$

式中，η 和 ε 是经验参数。

类似于阶段Ⅰ非饱和过渡层等效渗透系数的解法，以及联立式（3-11）、式（3-16）和式（3-20），可以得

$$K_{eⅡ}^* = \frac{K_s K_{eⅠ}^*}{\lambda K_s + (1-\lambda) K_{eⅠ}^*} = \frac{K_s}{m z_{fⅡ}^* + n} \quad (3\text{-}22)$$

式中，$m = \dfrac{\eta K_s (\ln \mu K_s - \ln K_i)}{\mu K_s - K_i} - \eta$；$n = 1 - \varepsilon + \dfrac{\varepsilon K_s (\ln \mu K_s - \ln K_i)}{\mu K_s - K_i}$。

由于非饱和过渡层的含水量变化沿入渗深度线性减小，因此在径流（或积水）时刻 t_p 之后的累积入渗量 $F_Ⅱ$ 可以修正如下：

$$F_Ⅱ = p z_{fⅡ}^* - \frac{q}{2} z_{fⅡ}^{*\,2} \quad (3\text{-}23)$$

式中，$p = \left(1 - \dfrac{\varepsilon}{2}\right)(\theta_s - \theta_i)$；$q = \eta(\theta_s - \theta_i)$。

根据总累积入渗量与入渗时间的关系，可得

$$f = \frac{dF_Ⅱ}{dt} = (p - q z_{fⅡ}^*) \frac{dz_{fⅡ}^*}{dt} \quad (3\text{-}24)$$

将式（3-20）和式（3-24）结合起来，交叉相乘并积分：

$$\int_0^{z_{fⅡ}^*} \frac{(p - q z_{fⅡ}^*)(m z_{fⅡ}^{*\,2} + n z_{fⅡ}^*)}{S_f + z_{fⅡ}^* \cos\beta} dz_{fⅡ}^* = \int_0^t K_s dt \quad (3\text{-}25)$$

可得

$$\left(\frac{mp - nq}{2\cos\beta} + \frac{mq S_f}{2\cos^2\beta}\right) z_{fⅡ}^{*\,2} - \left[S_f\left(\frac{mp - nq}{\cos^2\beta} + \frac{mq S_f}{\cos^3\beta}\right) - \frac{np}{\cos\beta}\right] z_{fⅡ}^* +$$

$$\frac{(mq S_f^3 + mp S_f^2 \cos\beta - np S_f \cos^2\beta - nq S_f^2 \cos\beta) \ln\left(1 + \dfrac{z_{fⅡ}^* \cos\beta}{S_f}\right)}{\cos^4\beta} - \frac{mq z_{fⅡ}^{*\,3}}{3\cos\beta} = K_s t \quad (3\text{-}26)$$

对于稳定降雨情况，由于径流（或积水）前的入渗率由降雨强度决定。因此，式（3-26）应修正为以下形式：

$$\left(\frac{mp-nq}{2\cos\beta}+\frac{mqS_f}{2\cos^2\beta}\right)z_{fII}^{*2} - \left[S_f\left(\frac{mp-nq}{\cos^2\beta}+\frac{mqS_f}{\cos^3\beta}\right)-\frac{np}{\cos\beta}\right]z_{fII}^{*} - \frac{mqz_{fII}^{*3}}{3\cos\beta} +$$

$$\frac{(mqS_f^3 + mpS_f^2\cos\beta - npS_f\cos^2\beta - nqS_f^2\cos\beta)\ln\left(1+\frac{z_{fII}^{*}\cos\beta}{S_f}\right)}{\cos^4\beta}$$

$$= K_s[t-(t_p-t_s)], \quad t>t_p \tag{3-27}$$

式中，t_p 为径流（或积水）时间；$t-(t_p-t_s)$ 相当于积水入渗的时间；t_s 是一个虚拟时间，表示入渗深度达到 z_p^{*} 之前的时间。

因此，将 $t=t_s$ 和 $z_{fII}^{*}=z_p^{*}$ 代入式（3-26）得

$$\left(\frac{mp-nq}{2\cos\beta}+\frac{mqS_f}{2\cos^2\beta}\right)z_p^{*2} - \left[S_f\left(\frac{mp-nq}{\cos^2\beta}+\frac{mqS_f}{\cos^3\beta}\right)-\frac{np}{\cos\beta}\right]z_p^{*} +$$

$$\frac{(mqS_f^3 + mpS_f^2\cos\beta - npS_f\cos^2\beta - nqS_f^2\cos\beta)\ln\left(1+\frac{z_p^{*}\cos\beta}{S_f}\right)}{\cos^4\beta} - \frac{mqz_p^{*3}}{3\cos\beta}$$

$$= K_s t_s \tag{3-28}$$

从式（3-27）中减去式（3-28），并根据 z_{fII}^{*} 简化得

$$z_{fII}^{*} = z_p^{*} + \frac{K_s(t-t_p) - A(z_{fII}^{*2}-z_p^{*2}) + B(z_{fII}^{*3}-z_p^{*3}) - D\ln\left(\frac{S_f+z_{fII}^{*}\cos\beta}{S_f+z_p^{*}\cos\beta}\right)}{C}, \quad t>t_p \tag{3-29}$$

式中，$A=\dfrac{mp-nq}{2\cos\beta}+\dfrac{mqS_f}{2\cos^2\beta}$；$B=\dfrac{mq}{3\cos\beta}$；$C=\dfrac{np}{\cos\beta}-S_f\left(\dfrac{mp-nq}{\cos^2\beta}+\dfrac{mqS_f}{\cos^3\beta}\right)$；$D=\dfrac{(mqS_f^3 + mpS_f^2\cos\beta - npS_f\cos^2\beta - nqS_f^2\cos\beta)}{\cos^4\beta}$。

总结来说，式（3-17）和式（3-29）是本书针对红层软岩路堤边坡降雨入渗的改进解析计算模型的控制方程。改进入渗解析计算模型考虑了边坡坡度、填料压实度、路堤中岩块含量、岩块的吸水性以及非饱和渗透区动态发展的影响。改进入渗解析计算模型的经验参数是 η、ε 和 a。经验参数 η、ε 和 a 的推荐值分别为 $-0.002\sim-0.004$、$0.78\sim0.82$、$1.1\sim1.32$。请注意，式（3-29）是关于 z_{fII}^{*} 的非线性方程，它可以通过迭代计算求解。在本研究中，为改进的入渗解析计算模型开发了一个 Python 求解程序，计算流程如图 3-4 所示。

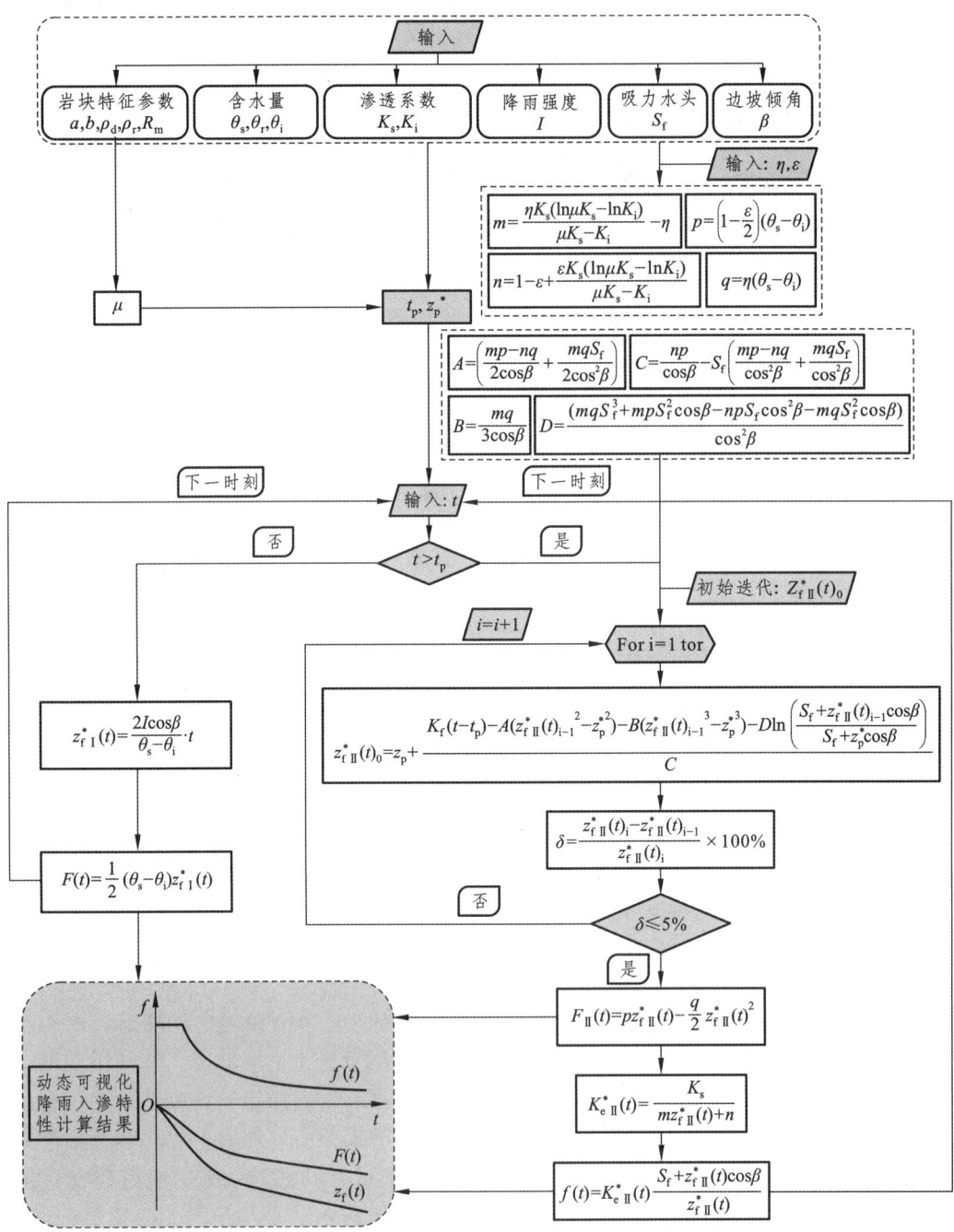

图 3-4 基于改进解析计算模型的雨水入渗计算流程

3.3　红层软岩路堤边坡降雨入渗试验和数值模拟

为了验证改进的降雨入渗解析计算模型在红层软岩路堤边坡降雨入渗分析中的准确性和适用性,本书采用了红层软岩路堤边坡降雨入渗试验和相应的数值模拟进行比较分析。

3.3.1　降雨入渗模型试验

在中国南部的红层盆地中选取了红层软岩土石混合体进行实验室的降雨入渗试验,大型岩石在施工现场被机械破碎和压碎(见图 3-5)。红层软岩土石混合体被运送到实验室进行风干、进一步破碎和储存。根据《公路土工试验规程》(JTG 3430—2020)[73]的相关规定,通过常规土工试验测量了红层软岩土石混合体的基本物理指标,结果见表 3-1。

(a)用冲击机破碎

(b)用碾破碎

(c)在实验室风干

(d)筛分后在实验室保存

图 3-5　红层软岩土石混合体采集与存储

表 3-1 红层软岩土石混合体的基本物理指标

最大干密度/(g/cm³)	相对重度	最优含水率/%	细颗粒液限/%	细颗粒塑限/%
2.054	2.74	10.62	34.50	22.50

根据土工筛分试验结果，红层软岩土石混合体的颗粒组成中，粒径大于 0.075 mm 的颗粒含量占总质量的 90%以上。同时，粒径为 2～60 mm 的颗粒含量约为 85%，还有一些颗粒粒径大于 60 mm。在本次实验工作中，选择了粒径小于 60 mm 的颗粒来填充用于降雨入渗试验的红层软岩路堤边坡模型。在土石混合体工程性质研究中，土/岩阈值是区分土壤基质和岩块的重要参数。Medley 等人[74]建议土/岩阈值应为 $0.05L_c$，其中 L_c 是工程尺度特征值，对于平面研究区域，L_c 建议取为研究区域的平方根。徐等[75]建议土/岩阈值应为 $(0.05\sim0.07)L_c$。根据 Xu 等人[75]和 Medley 等人[74]的推荐值，由于红层软岩路堤边坡模型的降雨区域为 300 mm × 300 mm，本研究中的土/岩阈值可以设定为 15～21 mm。此外，根据《公路土工试验规程》(JTG 3430—2020)，粗砾和土壤基质的边界粒径为 20 mm。因此，本研究中将岩块（RB）和土壤基质（SM）分别规定为粒径范围为 20～60 mm 的颗粒和小于 20 mm 的颗粒。在本书中，RBC（含石量）被定义为岩石块质量与红层软岩土石混合体总质量的比值。为了研究 RBC 对降雨入渗的影响，将红层软岩土石混合体试样的 RBC 设定为 65%、50%和 35%。最大颗粒尺寸与试样横截面边长的比对测试结果的影响被称为边界尺寸效应。一些研究者建议，为了最小化边界尺寸效应，最大颗粒直径不应大于横截面试样的 1/4～1/6[10,76]。因此，最大颗粒尺寸被设定为不超过红层软岩路堤边坡截面边长的 1/5，即 60 mm。红层软岩土石混合体的颗粒尺寸分布（PSD）曲线如图 3-6 所示。对于 RBC 分别为 65%、50%和 35%的红层软岩土石混合体样品，相应的不均匀系数 C_u 分别为 13.80、13.40 和 13.77，曲率系数 C_c 分别为 2.61、1.28 和 2.35。

降雨入渗试验设备由入渗特性测量装置和降雨装置组成，如图 3-7 所示。作者已发表了关于降雨装置的研制和参数校准的文献[72]。降雨装置由四个部分组成：实验模型平台、支撑框架、降雨管网和供水系统。该装置在实验室内构建。为了产生稳定的降雨，降雨装置使用潜水泵从底部蓄水池抽水。水流随后通过供水系统转移到顶部降雨管网。通过调整供水系统的控制阀，降雨装置能调整降雨强度，模拟从小雨到暴雨的不同降雨情况。在实验路堤边坡的水平投影范围内，降雨装置的降雨均匀性超过了 95%，雨滴大小范围为 0.9～2.2 mm。

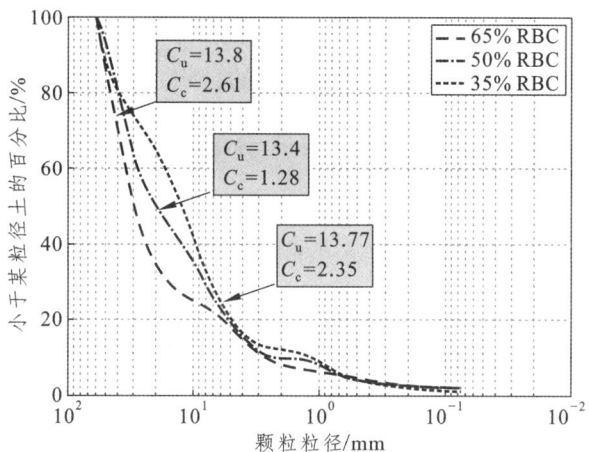

图 3-6　红层软岩土石混合体试样颗粒级配曲线

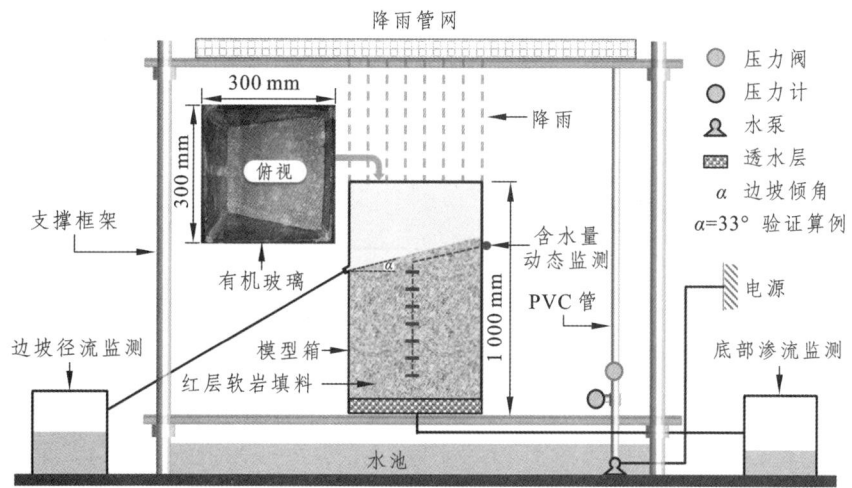

图 3-7　红层软岩路堤边坡降雨入渗试验装置示意

入渗特性测量装置由三部分组成：一个尺寸为 300 mm × 300 mm × 1 000 mm 的长方体模型箱、一个坡面径流测量箱和一个底部渗流测量箱。为了观察和记录降雨入渗过程，长方体模型箱的四面墙由透明有机玻璃制作。根据边坡模型的尺寸和图 3-6 所示的颗粒级配曲线，准备足够的红层软岩土石混合体样品。根据风干试样的含水量和红层软岩路堤边坡模型的目标初始含水量，确定需要向红层软岩土石混合体样品添加的水量。然后，使用喷壶将所需水量均匀喷洒在红层软岩土石混合体样品上且拌和均匀，并将其密封在不透水的袋子中至少 24 h。准备好的红层软岩土石混合体样品被逐层装入模型箱中，并用锤子夯实。在这项工作中，研究了强度（20~60 mm/h）、初始含水量（7%～13%）、压实度（90%～94%）、含石量（RBC）（35%～65%）和边坡坡度（27°～33°）对红层软岩路堤边坡降雨入渗的影响。

3.3.2 Hydrus-2D 降雨入渗有限元数值模拟

在这项工作中，使用了 Hydrus-2D 有限元程序[77]建立二维饱和-非饱和降雨入渗数值模型，以便比较有限元数值模拟和本书改进的降雨入渗解析计算模型预测的红层软岩路堤边坡降雨入渗特性。模拟的红层软岩路堤边坡模型高度为 0.8 m，斜坡倾角为 33°。二维有限元网格由三角形单元划分，数值模型中有 2 990 个三角形单元和 1 568 个网格节点[见图 3-8（a）]。红层软岩路堤边坡模型在斜坡表面受到大气边界条件的作用，模拟模型中的雨水渗流和斜坡表面的径流。红层软岩路堤边坡模型的开放底部边界通过自由排水面来模拟，不透水侧面通过施加无流边界条件来模拟。滤纸法是一种评估土体基质的吸力和整体吸力的间接测试方法[78-80]，其优点有成本低、使用方便、范围广和精度高。因此，使用滤纸法测量了不同含水量下红层软岩路堤填料试样的基质吸力。基于滤纸法的测量结果，使用 van Genuchten 模型拟合了红层软岩路堤填料试样含水量与基质吸力之间的非线性关系，如式（3-30）所示，并确定了模型的拟合参数。然后，使用图 3-8 所示的土-水拟合曲线进行 Hydras-2D 有限元模拟。

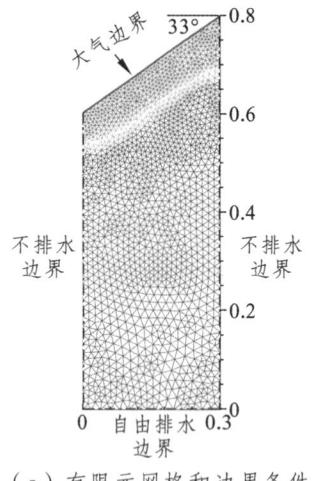

（a）有限元网格和边界条件

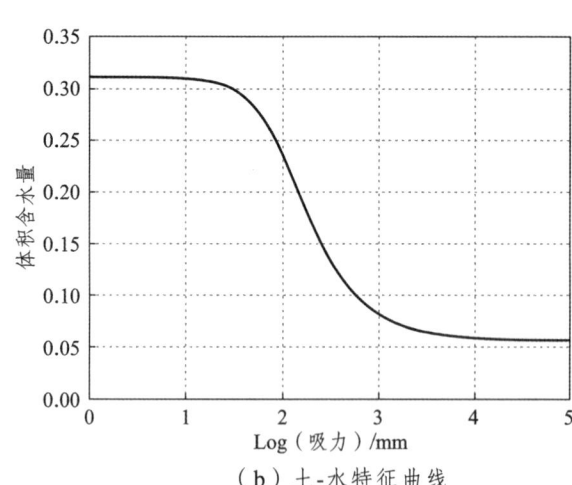

（b）土-水特征曲线

图 3-8 Hydrus-2D 有限元模拟

$$\theta = \begin{cases} \theta_r + \dfrac{\theta_s - \theta_r}{[1+|\alpha S_\theta|^{n^*}]^{m^*}} & S_\theta < 0 \\ \theta_s & S_\theta \geq 0 \end{cases} \qquad (3\text{-}30)$$

式中，α、m^* 和 n^* 是土-水拟合曲线的经验拟合参数，分别为 0.01、0.5 和 2；S_0 是孔隙水压力水头。在数值模型中，红层软岩路堤边坡模型的饱和体积含水量、残余体积含水量和初始体积含水量分别设置为 31.05%、5.67% 和 13.23%，这些数值与试验测试结果一致。边坡的入渗特性，包括累积入渗量、入渗深度和入渗速率，受到边坡土壤初始含水量的影响。因此，模型测试考虑了改变土体初始含水量的因素。此外，在数值模型中，土壤水力特性被假设为均质和各向同性的。Richards'方程用于模拟数值模型中水的二维运动，使用 Hydrus-2D 有限元程序求解。

3.4 红层软岩路堤边坡降雨入渗计算结果与讨论

3.4.1 改进降雨入渗解析计算模型的验证

将理论计算模型与尽可能多的相关现行模型进行比较和验证是有益的。尽管如此，本章中提出的解析计算模型的主要目标是改进传统的 Green-Ampt 模型，以适用于红层软岩路堤边坡降雨入渗分析。因此，在计算模型验证中，传统的 Green-Ampt 模型和基于 Richards'方程的有限元分析是主要比较对象。为了确认所提出的改进计算模型在预测红层软岩路堤边坡降雨入渗方面的适用性，计算结果也与红层软岩路堤边坡降雨入渗试验的结果进行了比较。因此，为了验证模拟效果，本书提出的改进模型的计算结果与 Hydrus-2D 有限元程序求解的 Richards'方程[77]、Chen 等人[37]修改的 Green-Ampt 模型以及红层软岩路堤边坡降雨入渗模型试验结果（选 40 mm/h 稳定降雨、33°边坡倾角的试验工况进行对比）进行了比较。表 3-2 给出了计算模型使用的基本输入参数。表 3-2 中的参数含义如下：I 和 β 是降雨强度和边坡倾角，由具体的研究工况确定；K_s 和 K_i 分别是通过实验室变水头测试得到的红层软岩土石混合体试样饱和、初始渗透率；θ_s、θ_r 和 θ_i 分别是通过实验室测得的红层软岩土石混合体试样饱和、残余和初始体积含水量；ρ_d 是通过压实度实验测得的红层软岩土石混合体试样的干密度；ρ_r 和 b 分别是通过体积法测试和吸水实验得到的红层软岩岩块的干密度和吸水率；R_m 是岩块质量与红层软岩土石混合体试样总质量之比；S_f 是通过滤纸法测得的入渗锋前沿的吸力水头；η、ε 和 α 是经验系数，推荐取值范围分别为 -0.002 ~ -0.004、0.78 ~ 0.82 和 1.1 ~ 1.32。η 和 ε 是通过红层软岩路堤边坡降雨入渗试验测试结果统计分析确定的。经验系数 α 是根据 Novák 的建议计算得出的。

表 3-2　改进模型验证案例模型的基本输入参数

降雨强度 I /（mm/h）	边坡倾角 β /°	土体饱和入渗率 K_s /（mm/h）	饱和体积含水量 θ_s /%	残余体积含水量 θ_r /%	初始体积含水量 θ_i /%	系数 η	系数 ε
40	33	8.83	31.05	5.67	13.23	−0.003	0.8

填料干密度 ρ_d /（g/cm³）	RBC R_m /%	岩块干密度 ρ_r /（g/cm³）	岩块吸水率 b /%	系数 a	入渗锋前沿基质吸力 S_f /mm	土体初始渗透系数 K_i /（mm/h）
1.89	50	2.16	3	1.2	320	2.29

1. 降雨入渗湿润区比较

图 3-9 给出了在 40 mm/h 强度及 1 小时恒定降雨事件下，红层软岩路堤边坡降雨入渗湿润区的试验结果及模拟计算结果。从图 3-9 可以看出，改进计算模型预测的入渗深度和湿润区面积非常接近试验结果，而 Hydrus-2D 模拟结果略小于试验结果。改进计算模型计算的体积含水量等值线和入渗锋与边坡表面平行，这与 Wang 等人[81]的研究结果相似。降雨入渗试验测试及 Hydrus-2D 有限元模拟得到的入渗锋呈 S 形，其大部分长度范围与斜坡表面平行，但入渗锋在边坡顶部和底部附近的小区域趋于平缓。因此，改进计算模型能够准确预测除斜坡顶部和底部小区域外的最大雨水渗透深度，而 Hydrus-2D 有限元模拟低估了红层软岩路堤边坡降雨入渗的湿润面积。

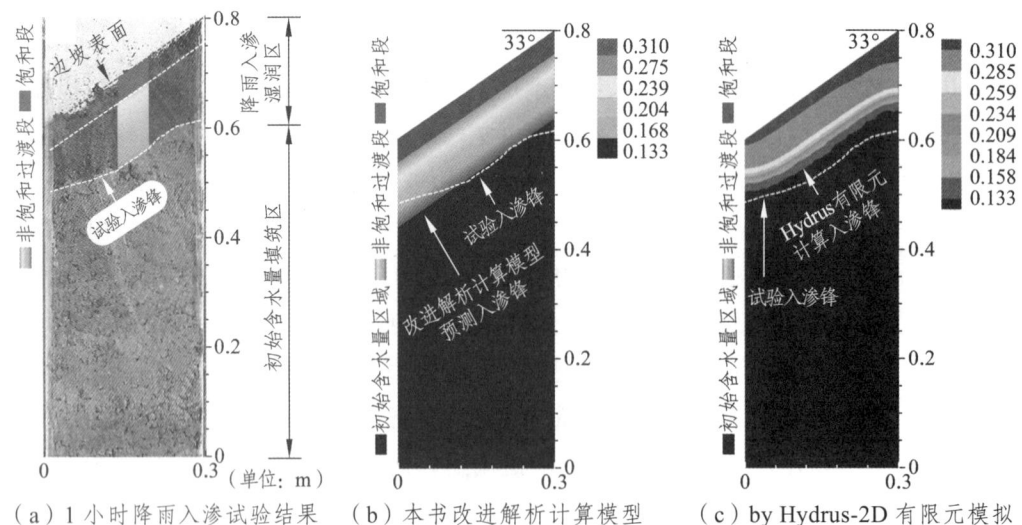

（a）1 小时降雨入渗试验结果　（b）本书改进解析计算模型　（c）by Hydrus-2D 有限元模拟

图 3-9　入渗湿润区比较：体积含水量分布

2. 体积含水量分布剖面比较

图 3-10 展示了降雨入渗情况下红层软岩路堤边坡沿垂直坡面深度方向的体积含水量剖面比较。从图 3-10 可以看出，通过改进的解析计算入渗模型、Hydrus-2D 有限元模拟和实验测得的体积含水量剖面均由上部饱和段和下部非饱和段组成，但 Green-Ampt 模型预测的整个湿润区域仅有饱和区域。实验测量和通过改进计算模型以及 Hydrus-2D 有限元程序计算的非饱和过渡段与湿润区域的比例分别为 0.83、0.75 和 0.67。因此，改进计算模型预测的非饱和过渡段与湿润区域的比例更符合红层软岩路堤边坡的降雨入渗特性。

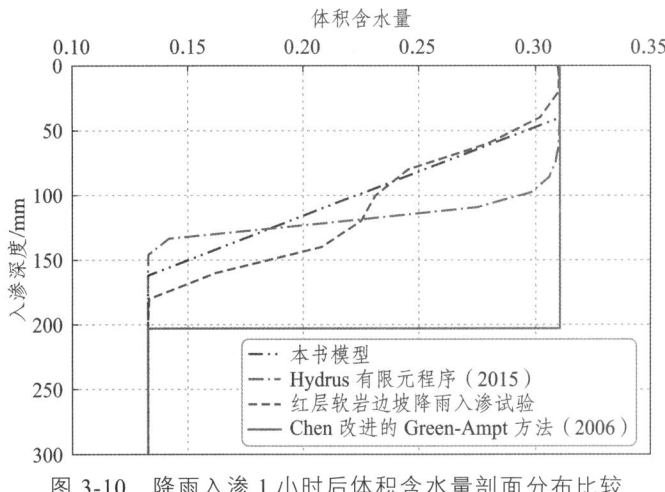

图 3-10 降雨入渗 1 小时后体积含水量剖面分布比较

与实验结果及改进计算模型相比，Hydrus-2D 有限元程序在非饱和段的体积含水量剖面更为平缓，这可能与有限元模型中土壤材料均匀分布和各向同性的假设有关。Green-Ampt 模型预测的体积含水量剖面与实验结果、Hydrus-2D 有限元程序和改进计算模型的结果相比差别大，这意味着使用传统的 Green-Ampt 模型分析红层软岩路堤边坡的降雨入渗特性将会出现明显的偏差。此外，改进计算模型预测的含水量沿深度的线性递减趋势与实验结果吻合良好，这也验证了改进解析计算模型的假设（3）适用于红层软岩路堤边坡降雨入渗特性分析。而且，由图可知，实验测量、通过改进计算模型以及 Hydrus-2D 有限元程序预测的最大入渗深度分别为 180 mm、162 mm 和 146 mm，这表明改进计算模型预测的最大入渗深度与降雨渗透实验结果更为一致。

3. 降雨入渗率比较

图 3-11 所示为入渗率随降雨过程变化的计算及有限元模拟与降雨入渗试验结果

的对比。从图 3-11 可以看出，在降雨入渗的早期阶段，改进计算模型和 Hydrus-2D 有限元程序预测的径流点和径流点后入渗率的下降梯度基本上与降雨入渗试验结果一致，但传统的 Green-Ampt 模型明显高估了入渗率。一方面，随着降雨入渗时间的增加，Hydrus-2D 有限元程序和 Green-Ampt 模型的入渗率分别接近 8.79 mm/h 和 8.95 mm/h，这些值接近边坡填料试样的饱和水力传导率（8.83 mm/h）；另一方面，改进计算模型预测的入渗率和降雨入渗试验测得的入渗率分别为 5.79 mm/h 和 6.85 mm/h。因此，本书改进的入渗计算模型能更好地预测红层软岩路堤边坡的降雨入渗率。

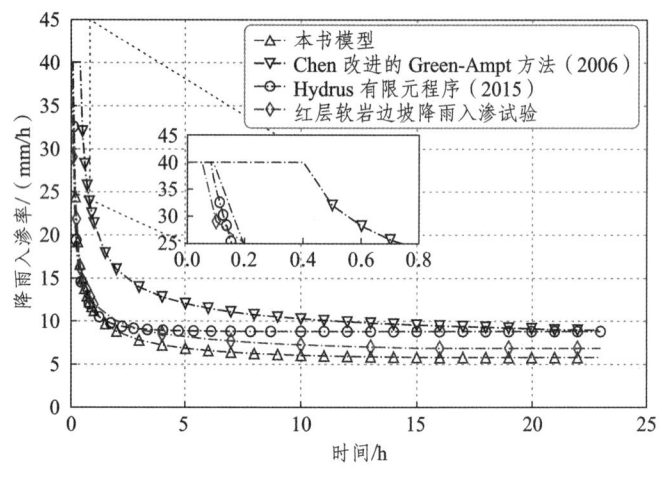

图 3-11　入渗率随降雨过程变化的比较

4. 降雨入渗深度比较

图 3-12 给出了降雨入渗深度随降雨过程变化的比较。图 3-12 说明，在降雨入渗的初始阶段，改进计算模型、Hydrus-2D 有限元程序和 Green-Ampt 模型计算得到的入渗深度与降雨入渗试验结果的差异较小。随着降雨入渗时间的持续，各模型计算出的入渗深度的差异逐渐增大。此外，改进计算模型得到入渗深度介于 Hydrus-2D FEM 和降雨入渗试验结果之间，但 Green-Ampt 模型计算出的入渗深度明显大于其他方法。随着降雨的持续，改进计算模型、Hydrus-2D 有限元程序和降雨入渗试验结果之间的预测差异趋于稳定，而 Green-Ampt 模型与实验结果之间的差异继续逐渐增大。因此，本书的改进计算模型能更好地描述红层软岩路堤边坡降雨入渗深度的动态发展。

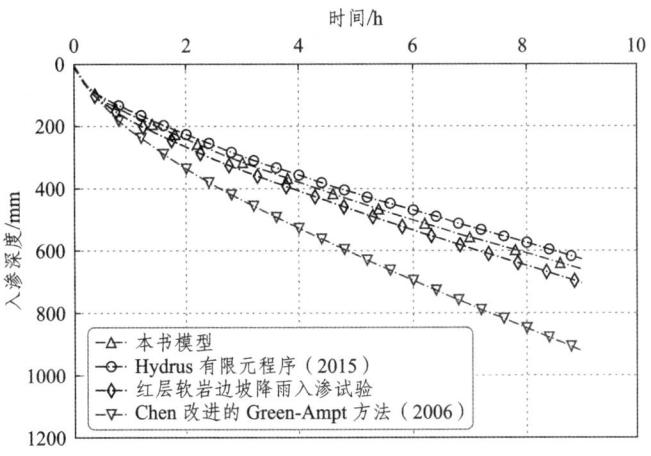

图 3-12　降雨入渗深度随降雨过程变化的比较

总的来说，本书提出的分析模型是对 Green-Ampt 模型的改进，通过平面坐标旋转变换将 Green-Ampt 模型从只能分析水平面上的垂直入渗扩展到斜坡降雨入渗的分析。此外，改进模型还结合了针对红层软岩路堤边坡降雨入渗的相关修改，并考虑了雨水入渗过程中非饱和湿润区域动态变化。本书采用了两个理论模型进行比较研究——Chen（2006 年）修改的 Green-Ampt 模型和 Hydrus-2D FEM 程序（2015 年）求解的 Richards'方程。尽管 Chen（2006 年）修改的 Green-Ampt 模型考虑了斜坡入渗，但仍基于斜坡湿润区域完全饱和的假设，这与红层软岩路堤边坡的雨水入渗现实情况有很大差异。Hydrus-2D 有限元程序求解的 Richards'方程经常用于斜坡入渗分析。本书提出的改进模型的计算结果，如最大入渗深度和湿润区域的入渗过程，与 Hydrus-2D 有限元程序求解结果相似。然而，由于后者忽略了影响红层软岩路堤边坡的特殊性，如岩块含量、压实度和吸水性等，改进模型的计算结果与 Hydrus-2D 有限元程序求解结果之间仍存在一定差异。特别是在边坡的底部和顶部，本书改进模型的结果与使用 Richards'方程的结果差异更为明显，因为改进模型的入渗锋形状是由传统 Green-Ampt 模型的坐标旋转变换得到，从而入渗锋与边坡表面平行。当然，本书改进的模型与 Hydrus-2D 有限元程序的计算结果之间的差异也源于对红层软岩路堤边坡填料渗透特性的计算假设。除了在边坡底部更保守、顶部更小之外，本书改进模型的计算结果与红层软岩路堤边坡降雨入渗的试验结果总体上是吻合的。本书提出的改进计算模型能够考虑红层软岩路堤边坡的结构特征，包括岩块含量、吸水性、压实度和边坡倾角的影响，它还可以考虑等效水力传导率的动态更新以及非饱和过渡区与整个入渗区厚度比的动态更新。这意味着所提出的改进计算模型预测红层软岩路堤边坡在整个降雨渗透过程中的湿润区域、含水量剖面、入渗率和入渗锋等方面表现良好。此外，尽管改进的计算模型乍一看可能公式较长，但实际上它不需像 Richards'方程一样要求解复杂的偏微分方程，也不像有限元分析需依赖于复杂的建模技术、复杂的本构模型或高性能计算机。传统的土工试验可以用来确定本书提出的改进模型所需的参数。改进模型的求解过程只需要传统的迭代求解，便于高效的工程应用。

本书仅针对红层软岩路堤边坡进行了降雨入渗试验和数值分析，因为本研究的目标是基于 Green-Ampt 方法提出一个适用于红层软岩路堤边坡雨水渗透的改进分析模型。然而，由于红层软岩路堤边坡填料以土石混合物的形式存在，可以谨慎推断，如果满足本书提出的改进模型的基本假设，那么土石混合体填筑路堤边坡的降雨入渗可以参考本书的改进解析计算模型进行分析。

3.4.2　红层软岩路堤边坡降雨入渗特性参数分析

为了便于利用改进解析计算模型进行红层软岩路堤边坡降雨入渗特性的参数比较分析，引入以下无量纲变量：

$$t_\otimes = \frac{t}{t_c} = \frac{t}{(\theta_s - \theta_i)S_f/K_s}; \quad z_{f\otimes}^* = \frac{z_f^*}{(\theta_s - \theta_i)S_f};$$
$$F_\otimes = \frac{F}{(\theta_s - \theta_i)S_f}; \quad f_\otimes = \frac{f}{K_s}; \quad K_{e\otimes}^* = \frac{K_e^*}{K_s} \quad (3\text{-}31)$$

式中，$t_\otimes$、$z_{f\otimes}^*$、$F_\otimes$、$f_\otimes$ 和 $K_{e\otimes}^*$ 分别代表无量纲降雨历时、入渗深度、累积入渗量、入渗率和等效渗透系数。

1. 湿润区等效渗透系数的影响

图 3-13 展示了通过本书改进的解析入渗模型计算得到的不同坡度红层软岩路堤边坡的等效渗透系数和降雨入渗深度。根据过去的实验研究和非饱和土壤入渗计算方法[58-59,82-85]，非饱和土边坡会随着入渗时间的增加，逐渐从非饱和状态转变为饱和状态。在入渗锋内，边坡土的渗透性也逐步上升，并趋于土壤的饱和渗透性。实际上如图 3-13 所示，除了长期雨水入渗到较小坡度斜坡的情况外，本书改进模型的计算结果基本上也遵循这一规律。由于湿润区内非饱和过渡段的比例逐渐减小，湿润区的等效渗透系数随着雨水入渗过程逐渐增加。然而，值得注意的是，当坡度小于 50°的斜坡有长时间的雨水入渗时，在入渗方程的迭代求解过程中，边坡等效渗透系数的增长率趋于快速发散模式，使得边坡产生一个明显不合理的超过饱和渗透系数的等效渗透系数[见图 3-13（a）]。此外，这反过来又导致入渗深度和累积入渗量等入渗特性的计算结果迅速发散[图 3-13（c）]。在入渗方程的迭代求解过程中，等效渗透系数和入渗深度之间的交叉耦合发散放大效应是导致这一部分异常计算结果的主要原因。当入渗方

程的迭代求解过程中出现渗透性系数发散时，需要对其进行收敛校正；否则，计算出的土壤渗透系数可能会超过饱和渗透系数并趋向于无穷大。参考以前关于非线性迭代入渗计算的研究[62-63, 82]，本书通过对三个连续的迭代计算阶段[$(i-2)^{th}$、$(i-1)^{th}$ 和 i^{th}]的渗透系数进行线性化处理来更新入渗深度，如式（3-32）所示。因此，当入渗方程的迭代计算开始发散时，等效渗透系数根据式（3-32）近似线性化。图3-13（b）和图3-13（d）所示的更新计算结果均为收敛增长。

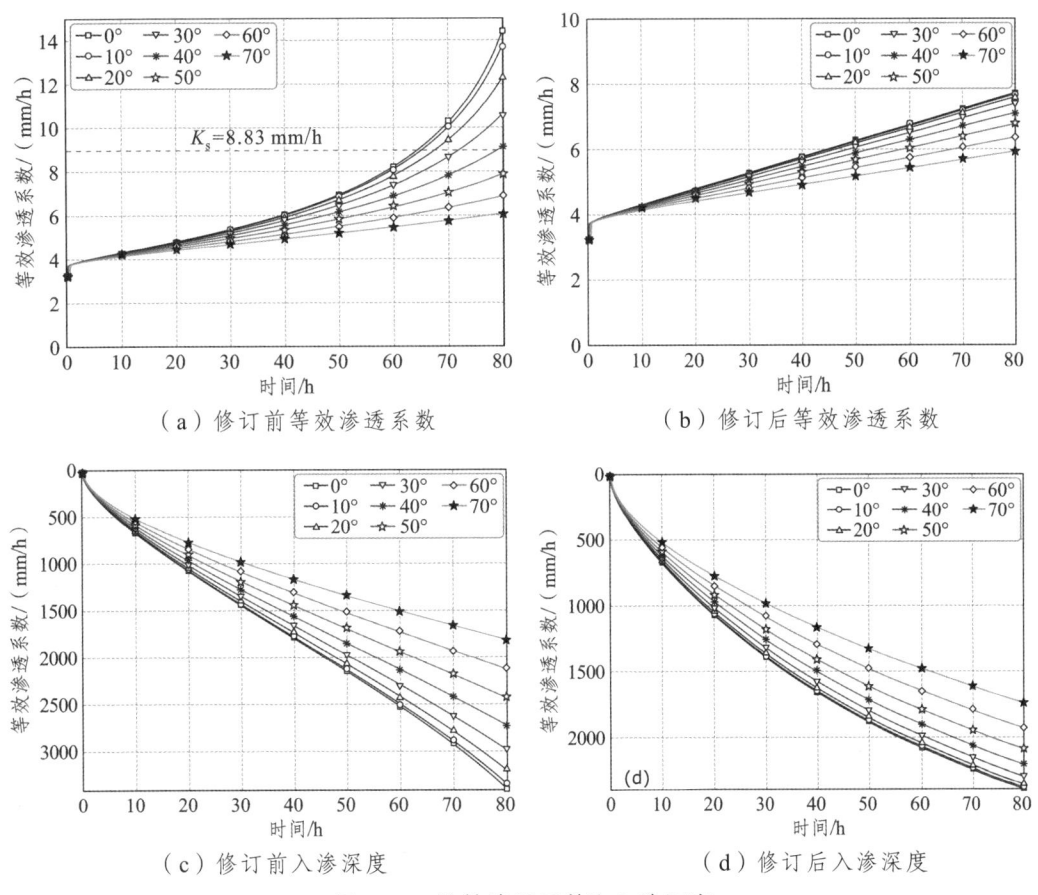

(a) 修订前等效渗透系数　　(b) 修订后等效渗透系数

(c) 修订前入渗深度　　(d) 修订后入渗深度

图 3-13　等效渗透系数和入渗深度

$$\left.\begin{array}{l} K_{eⅡ,i}^{**} = K_{eⅡ,i-1}^{*} + \dfrac{K_{eⅡ,i-1}^{*} - K_{eⅡ,i-2}^{*}}{t_{i-1} - t_{i-2}} \times (t_i - t_{i-1}) \\[2mm] z_{fⅡ,i}^{**} = \dfrac{1}{m} \times \left(\dfrac{K_s}{K_{eⅡ,i}^{**}} - n \right) \end{array}\right\} \quad (3\text{-}32)$$

式中，$K_{eⅡ,i}^{**}$ 和 $z_{fⅡ,i}^{**}$ 分别是在 t_i 时修订后的等效渗透系数和入渗深度；$K_{eⅡ,i-1}^{*}$ 和 $K_{eⅡ,i-2}^{*}$ 分别是在修订前的 t_{i-1} 和 t_{i-2} 时刻的等效渗透系数。

2. 边坡倾角的影响

图 3-14 展示了在稳定降雨入渗期间，不同坡度倾角下红层软岩路堤边坡的无量纲入渗特性与降雨历时的关系。对于 0°~20°的倾角，降雨入渗的特征曲线几乎重合，这意味着在这些情况下坡度效应较弱。对于大于 20°的倾角，不同坡度之间的降雨入渗特性差异更为明显。此外，降雨入渗在初期阶段的特性受坡度倾斜角度的影响较小。随着降雨入渗时间的增加，对应不同坡度角度的降雨入渗特性的相对差异逐渐增加，然后趋于稳定。累积入渗量、入渗深度、入渗率和等效渗透系数随着倾角的增加而减少，但湿润区内非饱和深度的比例随着坡度角度的增加而逐渐增加。与其他入渗特性相比，倾角对累积入渗量和入渗深度的影响更为明显。

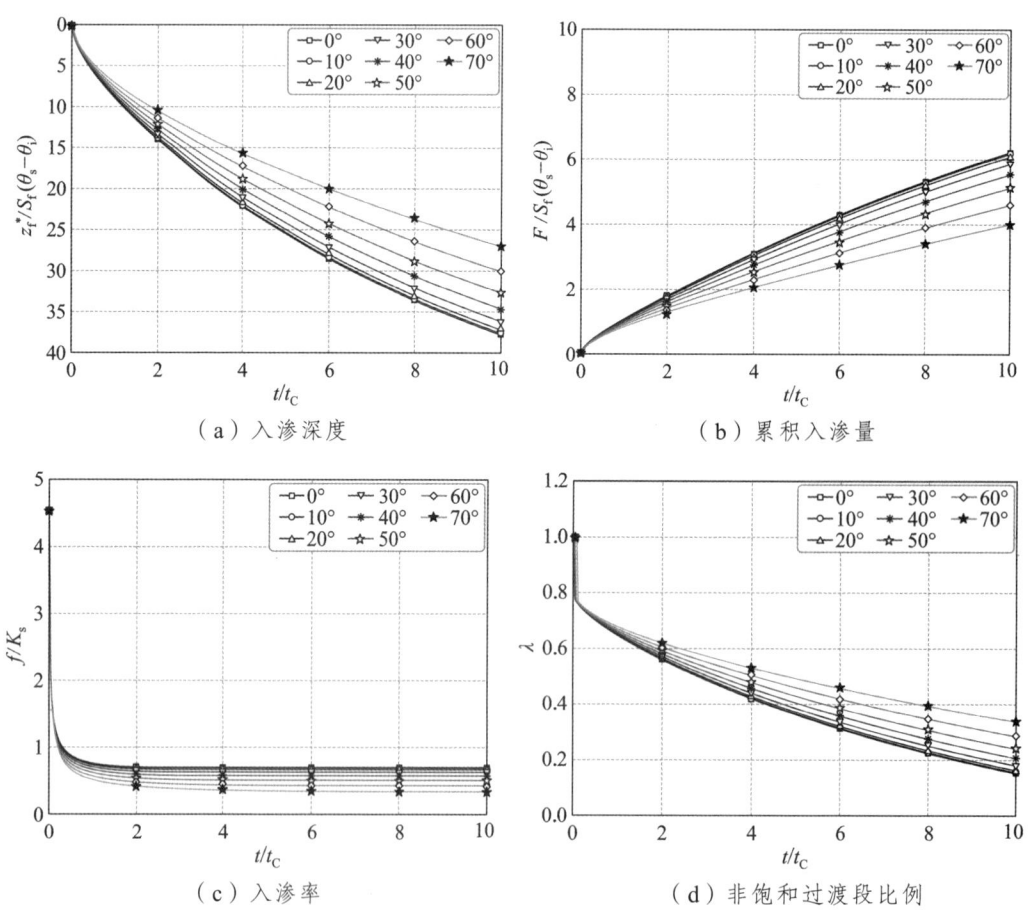

（a）入渗深度　　　　　　　　　（b）累积入渗量

（c）入渗率　　　　　　　　　（d）非饱和过渡段比例

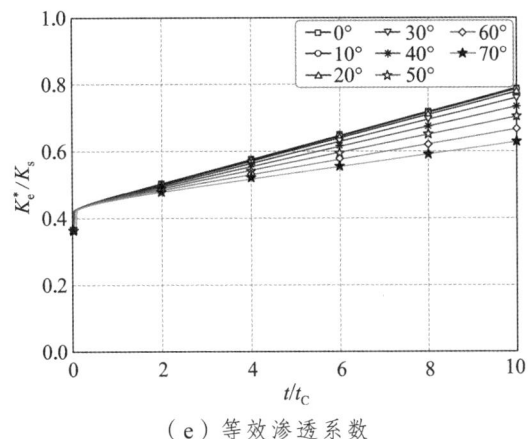

（e）等效渗透系数

图 3-14　不同边坡倾角下无量纲入渗特性与降雨历时的关系

3. 含石量的影响

图 3-15 展示了在稳定降雨入渗期间，不同含石量的红层软岩路堤边坡的无量纲入渗特性与降雨历时的关系。从降雨入渗开始，不同含石量下的等效渗透系数的相对差异就非常明显。然而，累积入渗量、入渗深度、入渗率以及湿润区内非饱和深度比例等降雨入渗特性的相对差异在降雨初期增长缓慢，随后随着降雨过程趋于稳定。随着含石量的增加，累积入渗量、入渗深度、入渗率和等效渗透系数都有所减少，而非饱和深度的比例则相反。含石量对累积入渗量、入渗深度和等效渗透系数的影响比对入渗率、等效渗透系数和湿润区内非饱和深度比例的影响更为明显。

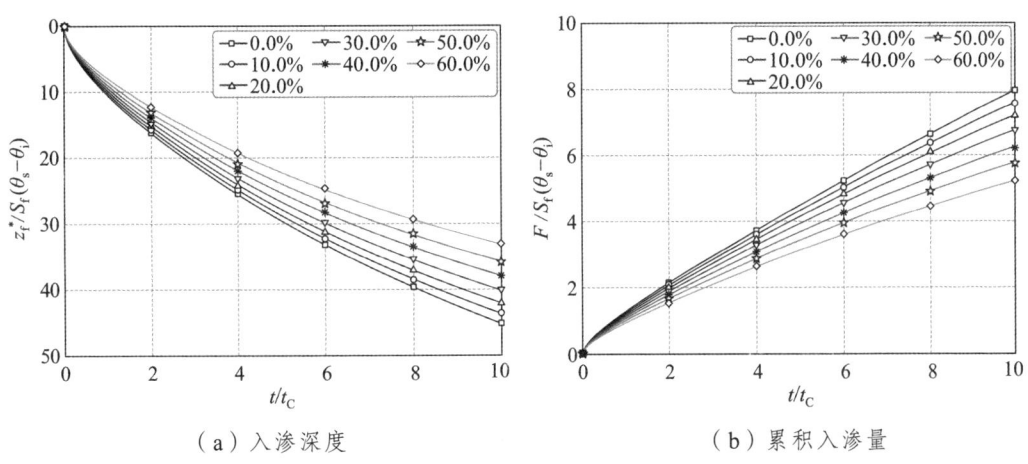

（a）入渗深度　　　　　　　　　　　　（b）累积入渗量

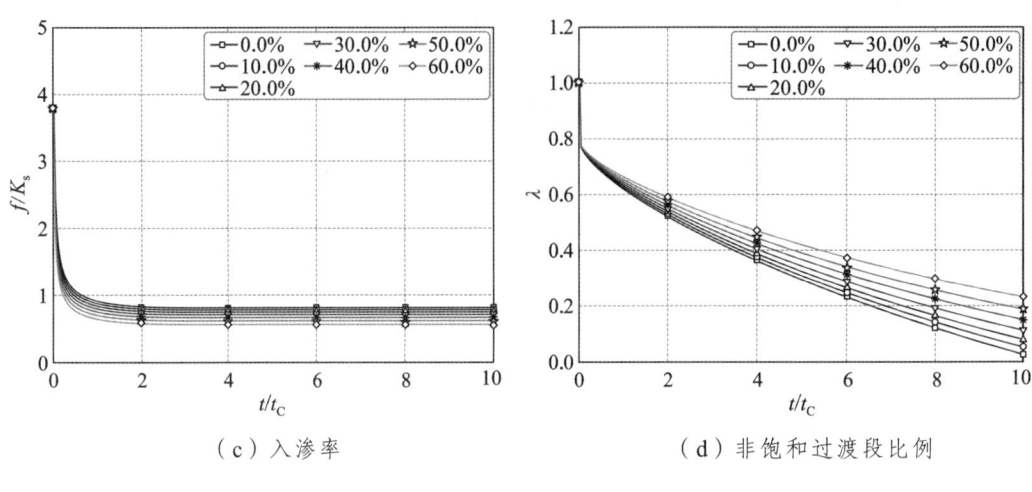

（c）入渗率　　　　　　　　　　　（d）非饱和过渡段比例

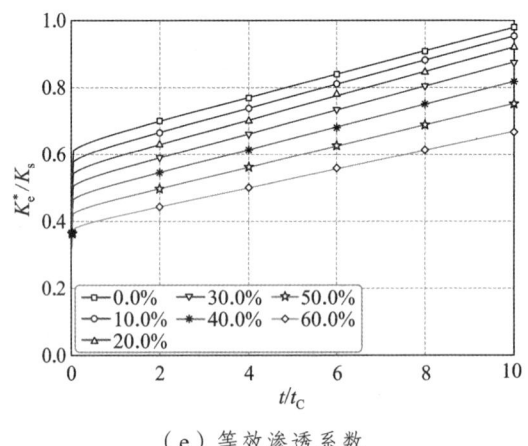

（e）等效渗透系数

图 3-15　不同含石量下无量纲入渗特性与降雨历时的关系

4. 岩块吸水率的影响

图 3-16 展示了在稳定降雨入渗期间，不同岩块吸水率下的无量纲入渗特性与降雨历时的关系。岩块的吸水率对入渗率和非饱和过渡段比例的动态影响很小，但其对累积入渗量、入渗深度和等效渗透系数的影响更为明显。随着岩块吸水率的增加，累积入渗量、入渗深度和等效渗透系数都有所增加。

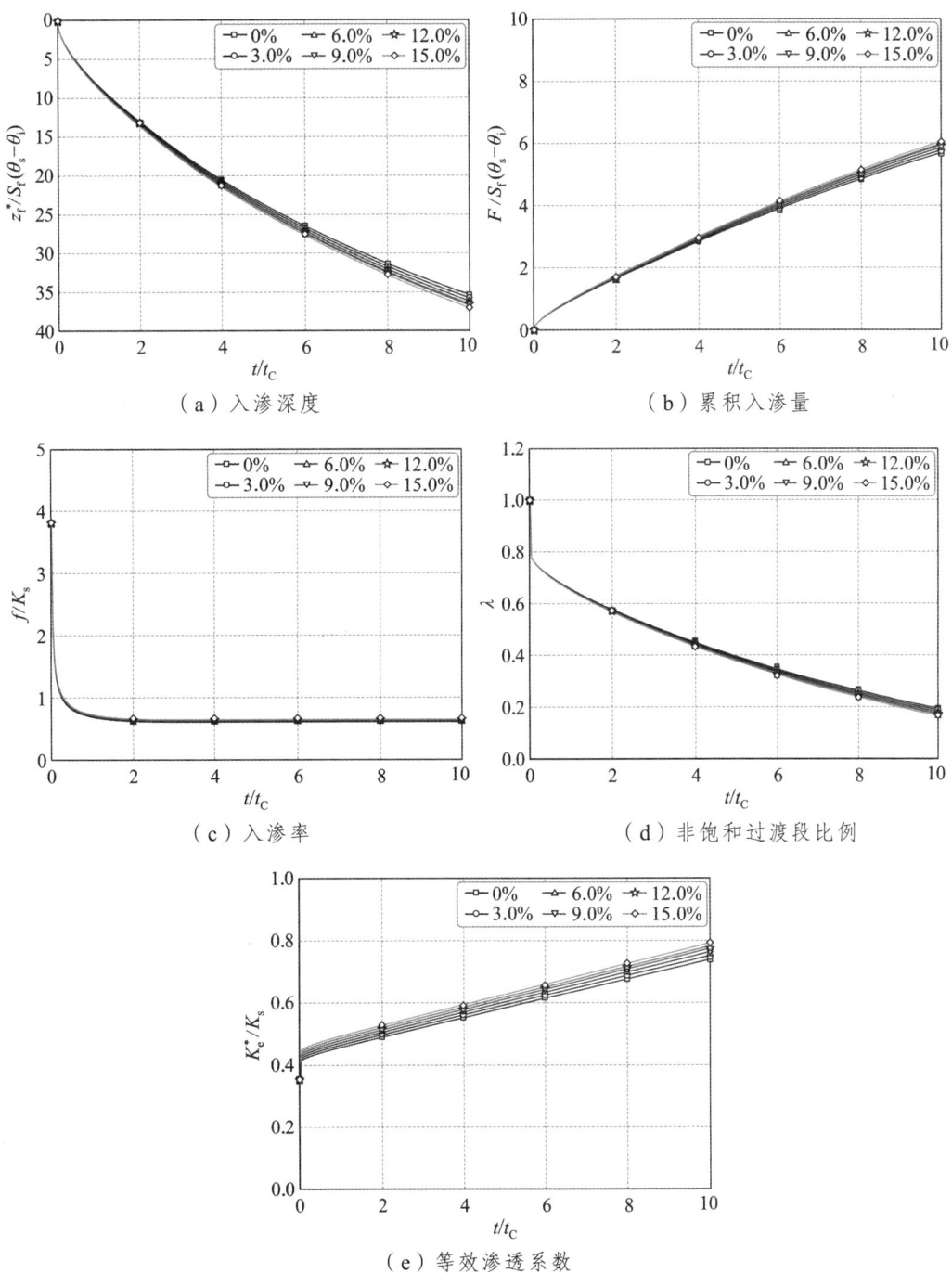

图 3-16　不同岩块吸水率下无量纲入渗特性与降雨历时的关系

5. 边坡填料压实度的影响

图 3-17 给出了在稳定降雨入渗期间，不同填料压实度下红层软岩路堤边坡无量纲入渗特性与降雨历时的关系。当压实度从 70%增加到 95%时，压实度对入渗率的影响不明显。然而，随着压实度的增加，累积入渗量、入渗深度、等效渗透系数以及湿润区内非饱和深度比例都有所明显下降。而且，不同压实度下等效渗透系数的相对差异从降雨开始就显现出来。相比之下，累积入渗量、入渗深度和湿润区内非饱和深度比例等降雨入渗特性的相对差异直到某个时间点才变得明显。通过比较图 3-14 和图 3-17，发现边坡倾角、含石量、岩块吸水率和填料压实度对红层软岩路堤边坡的降雨累积入渗量、入渗深度和湿润区内非饱和深度比例都具有滞后效应。

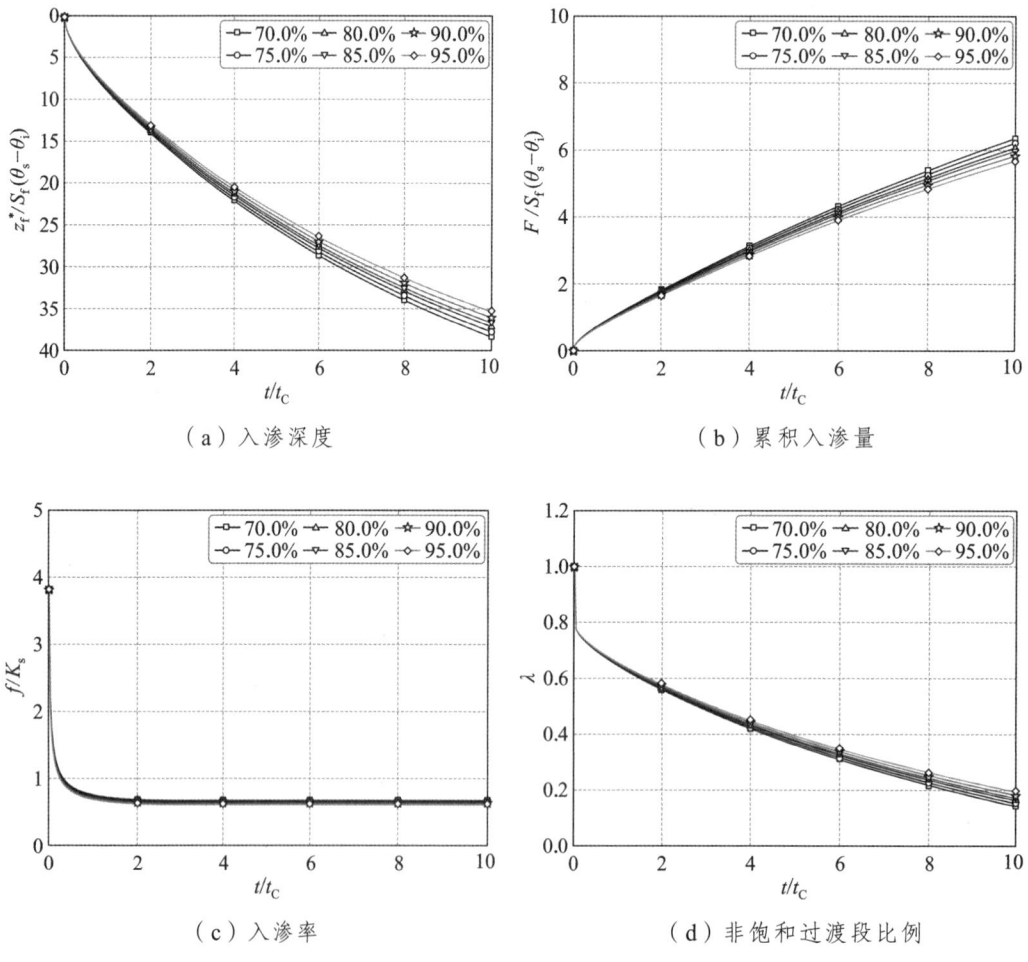

（a）入渗深度

（b）累积入渗量

（c）入渗率

（d）非饱和过渡段比例

第 3 章　红层软岩路堤边坡降雨入渗特性及计算方法

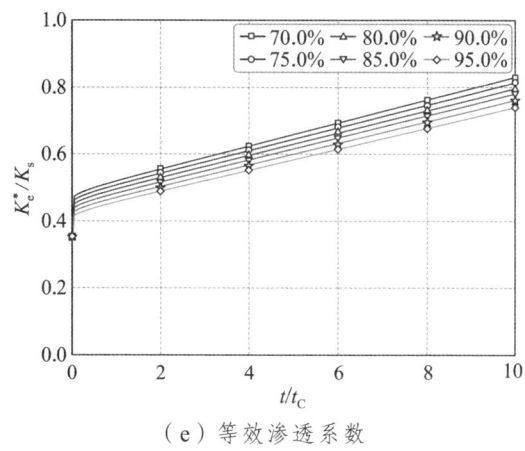

（e）等效渗透系数

图 3-17　不同填料压实度下无量纲入渗特性与降雨历时的关系

3.5　本章小结

本章提出了一个改进的解析计算模型，用于预测红层软岩路堤边坡降雨入渗特性，得出以下结论：

（1）基于 Green-Ampt 方法和对红层软岩路堤边坡的合理简化，本章推导了改进的解析入渗计算模型，用于预测红层软岩路堤边坡的降雨入渗。所提出的模型反映了红层软岩路堤边坡的物理特性，如含石量、压实度、岩块吸水率和边坡倾角对边坡降雨入渗的影响。此外，所提出的模型可以考虑边坡等效渗透系数和湿润区域非饱和过渡段比例随降雨过程的动态变化。

（2）本书提出的改进解析入渗计算模型通过与红层软岩路堤边坡降雨入渗试验、Hydrus-2D 有限元数值模拟和传统的 Green-Ampt 方法进行比较来验证。比较结果表明，改进解析入渗模型的计算值最接近降雨入渗的实验结果，其次是 Hydrorus-2D 有限元数值模拟。传统 Green-Ampt 方法对湿润区全饱和的假设与红层软岩路堤边坡的实际状况相差甚远，导致传统 Green-Ampt 方法模拟的结果与上述方法有显著差异。因此，本研究提出的改进解析模型能够更可靠地模拟和预测红层软岩路堤边坡的降雨入渗特性。

（3）提出了红层软岩路堤边坡降雨入渗控制方程的迭代求解方法和求解程序，并通过参数敏感性分析探讨了红层软岩路堤边坡入渗特性随降雨过程的动态发展特性。当坡度在 0°~20°时，红层软岩路堤边坡的降雨入渗特性几乎不受坡度效应的控制。

含石量、路堤填料压实度和岩块吸水率对红层软岩路堤边坡的降雨入渗有不同的影响。此外，边坡倾角、含石量、岩块吸水率和压实度对累积入渗量、入渗深度和湿润区内非饱和段比例动态变化具有滞后效应。

参考文献

[1] GUO Y C, XIE Q, WEN J Q. Red beds distribution and engineering geological problem in China[J]. Hydrogeology & Engineering Geology, 2007, 34: 67-71.

[2] ZHANG C L, JIANG G L, SU L J, et al. Dynamic behaviour of weathered red mudstone in Sichuan (China) under triaxial cyclic loading[J]. Journal of Mountain Science, 2018, 15 (8): 1789-1806.

[3] ZHAO M H, ZOU X. J, PATRICK X W Z. Disintegration characteristics of red sandstone and its filling methods for highway roadbed and embankment[J]. Journal of Materials in Civil Engineering, 2007, 19 (5): 404-410.

[4] JIANG J Q, YANG G L. Field tests on mechanical characteristics and strength parameters of red-sandstone[J]. Journal of Central South University of Technology, 2010, 17 (2): 381-387.

[5] ZOU J F, SHENG Y M, XIA Z Q. Dynamic stress properties of dynamic compaction (DC) in a red-sandstone soil-rock mixture embankment[J]. Environmental Earth Sciences, 2017, 76: 411.

[6] 朱彦鹏, 栗慧珺, 杨校辉, 等. 黄土改良红砂岩的试验及路用性能研究[J]. 水利与建筑工程学报, 2017, (6): 12-15.

[7] 刘长武, 陆士良. 泥岩遇水崩解软化机理的研究[J], 岩土力学, 2000, 21 (1): 28-31.

[8] 赵明华, 邓觐宇, 曹文贵. 红砂岩崩解特性及其路堤填筑技术研究[J]. 中国公路学报, 2003, 16 (3): 1-5.

[9] WANG M, CAO P, LI Y C, et al. Effect of water absorption ratio on tensile strength of red sandstone and morphological analysis of fracture surfaces[J]. Journal of Central South University, 2017, 24 (7): 123-129.

[10] JIANG J Q, YANG G L, LI L M, et al. Experimental Investigation on Mechanical Behavior of a Hexagonal-Wire-Reinforced Granular Soil[J]. Arabian Journal for Science and Engineering, 2018, 43: 1655-1672.

[11] JIANG J Q. Experimental investigation on uniaxial compressive mechanical characteristics of red-sandstone containing single fissure after rainfall infiltration[J]. Arabian Journal Geoscience, 2021, 14（5）: 1-11.

[12] YUAN Y, FU J L, WANG X L, et al. Experimental study on mechanical properties of prefabricated single-cracked red sandstone under uniaxial compression[J]. Advances in Civil Engineering, 2020, 2020: 8845368.

[13] WANG W, LIU L F, SHI C, et al. Experimental study on the mechanical properties and seepage characteristics of red sandstone with a single persistent joint under triaxial compression[J]. Geofluids, 2021, 2021: 3884605.

[14] CHEN J, YE Y B, PU Y Y, et al. Experimental study on uniaxial compression failure modes and acoustic emission characteristics of fissured sandstone under water saturation[J]. Theoretical and Applied Fracture Mechanics, 2022, 119: 103359.

[15] ZHANG D, CHEN A, LIU G. Laboratory investigation of disintegration characteristics of purple mudstone under different hydrothermal conditions[J]. Journal of Mountain Science, 2012, 9: 127-136.

[16] LIU Z, HE X, ZHOU C. Influence mechanism of different flow patterns on the softening of red-bed soft rock[J]. Journal of Marine Science and Engineering, 2019, 7: 155.

[17] 张宗堂, 高文华, 张志敏, 等. 基于 Weibull 分布的红砂岩颗粒崩解破碎演化规律[J]. 岩土力学, 2020, 41（3）: 877-885.

[18] ZHANG Z H, JIANG Q H, ZHOU C B, et al. Strength and failure characteristics of Jurassic Red-Bed sandstone under cyclic wetting-drying conditions[J]. Geophysical Journal International, 2014, 198（2）: 1034-1044.

[19] ZHOU Z L, CAI X, CHEN L, et al. Influence of cyclic wetting and drying on physical and dynamic compressive properties of sandstone[J]. Engineering Geology, 2017, 220: 1-12.

[20] ZHOU Z, CAI X, MA D, et al. Dynamic tensile properties of sandstone subjected to wetting and drying cycles[J]. Construction and Building Materials, 2018, 182（S10）: 215-232.

[21] TANG S B, YU C Y, HEAP M J, et al. The influence of water saturation on the short- and long-term mechanical behavior of red sandstone[J]. Rock Mechanics and Rock Engineering, 2018, 51（9）: 2669-2687.

[22] DU B, BAI H B. A damage constitutive model of red sandstone under coupling of wet-dry cycles and impact load[J]. Shock and Vibration, 2019, 2019: 7692424.

[23] 蒋建清, 杨果林. 格宾加筋土挡墙抗震性能及数值分析[J]. 土木工程学报, 2012, 45（1）: 100-108.

[24] ZHANG C L, JIANG G L, BUZZI O, et al. Full-scale model testing on the dynamic behaviour of weathered red mudstone subgrade under railway cyclic loading[J]. Soils and Foundations, 2019, 59（2）: 296-315.

[25] 徐鹏, 蒋关鲁, 任世杰, 等. 红层泥岩及其改良填料路基动力响应试验研究[J]. 岩土力学, 2019, 40（2）: 678-683.

[26] ZHANG C L, JIANG G L. Full-scale model testing of the dynamic response of lime-stabilized weathered red mudstone subgrade under railway excitation. Soil Dynamics and Earthquake Engineering[J]. Soil Dynamics and Earthquake Engineering, 2020, 130（3）: 105999.

[27] ZOU J R, LI J Y, LEI R J, et al. Experimental research on applicability of weathered red sandstone soil to roadbed filling[J]. Road Materials and Pavement Design, 2022, 23（9）: 2167-2177.

[28] FANG W. Pullout characteristics and conceptual model of gabion reinforcement[J]. Chinese Journal of Rock Mechanics and Engineering, 2017, 36（7）: 1670-1679.

[29] XU H, CHEN C, SHAO Z, et al. Dynamic response of heavy-haul railway tunnels in fully weathered coastal red sandstone strata with base rock reinforcement: A numerical study[J]. Journal of Coastal Research, 2021, 37（1）: 191-202.

[30] QI Y Z, WANG Z Z, XU H Q, et al. Instability analysis of a low-angle low-expansive soil slope under seasonal wet-dry cycles and river-level variations[J]. Advances in Civil Engineering, 2020, 2020: 3479575.

[31] TU G X, HUANG D, HUANG R Q, et al. Effect of locally accumulated crushed stone soil on the infiltration of intense rainfall: A case study on the reactivation of an old deep landslide deposit[J]. Bulletin of Engineering Geology and the Environment, 2019 78（7）, 4833-4849.

[32] SONG Y S, HONG W P, WOO K S. Behavior and analysis of stabilizing piles installed in a cut slope during heavy rainfall[J]. Engineering Geology, 2012, 129-130: 56-67.

[33] MIRZAEE S, ZOLFAGHAR A A, GORJI M, et al. Evaluation of infiltration models with different numbers of fitting parameters in different soil texture classes[J]. Archives of Agronomy and Soil Science, 2014, 60（5）: 681-693.

[34] LI L, ZHAO D, NI B, et al. Study on the stability analysis of rainfall slope based on G-A model considering moisture content[J]. Scientific Reports, 2022, 12: 10480.

[35] 李强, 贾森, 李鑫, 等. 考虑非饱和浸润区的改进 Green-Ampt 模型[J]. 岩土力学, 2022, 43（12）: 3484-3492.

[36] XU J S, DU X L, ZHAO X, et al. Analytical stability analysis of rainfall-infiltrated slopes based on the Green-Ampt model[J]. International Journal of Geomechanics, 2023, 23（2）: 0002647.

[37] CHEN L, YOUNG M H. Green-Ampt infiltration model for sloping surfaces[J]. Water Resources Research, 2006, 42（7）: W07420.

[38] ZHANG S, XU Q, ZHANG Q. Failure characteristics of gently inclined shallow landslides in Nanjiang, southwest of China[J]. Engineering Geology, 2017, 217: 1-11.

[39] WU L Z, ZHANG L M, ZHOU Y, et al. Theoretical analysis and model test for rainfall-induced shallow landslides in the red-bed area region of Sichuan[J]. Bulletin of Engineering Geology and the Environment, 2018, 77（4）: 1343-1353.

[40] WANG W Y, WANG Z R, WANG Q J, et al. Improvement and evaluation of the Green-Ampt model in loess soil[J]. Journal of Hydraulic Engineering, 2003, 35（1）: 30-35.

[41] 彭振阳, 黄介生, 伍靖伟, 等. 基于分层假设的 Green-Ampt 模型改进[J]. 水科学进展, 2012, 23（1）: 59-66.

[42] 张杰, 韩同春, 豆红强, 等. 基于分层假定入渗模型的边坡安全性分析[J]. 中南大学学报（自然科学版）, 2014, 45（9）: 3211-3218.

[43] YAO W M, LI C D, ZHAN H B, et al. Time-dependent slope stability during intense rainfall with stratified soil water content[J]. Bulletin of Engineering Geology and the Environment, 2019, 78（7）: 4805-4819.

[44] 温馨, 胡志平, 张勋, 等. 基于 Green-Ampt 模型的饱和-非饱和黄土入渗改进模型及其参数研究[J]. 岩土力学, 2020, 41（6）: 1991-2000.

[45] 陈骄锐, 李绍红, 罗晓辉, 等. 改进的 Green-Ampt 模型及其试验验证[J]. 工程地质学报, 2023, 31（5）: 1728-1737.

[46] WANG Z, LI X, YIN S, et al. Analysis of rainfall infiltration and improvement of the analytical solution of safety factors on unsaturated inner dump slopes: A case study[J]. Processes, 2022, 10: 2407.

[47] BOUWER H. Infiltration of water into nonuniform soil[J]. Journal of the Irrigation and Drainage Division, 1969, 95（4）: 451-462.

[48] 张洁, 吕特, 薛建锋, 等. 适用于斜坡降雨入渗分析的修正 Green-Ampt 模型[J], 2016, 37（9）: 2451-2457.

[49] 吕特, 张洁, 薛建峰, 等. Green-Ampt 模型渗透系数取值方法研究[J], 2015, 36（S1）: 341-345.

[50] MA Y, FENG S Y, SU D Y, et al. Modeling water infiltration in a large layered soil column with a modified Green-Ampt model and HYDRUS-1D[J]. Computers and Electronics in Agriculture, 2010, 71（S1）: 40-47.

[51] ZHANG Q Y, CHEN W W, KONG Y Z. Modification and discussion of the Green-Ampt model for an evolving wetting profile[J]. Hydrological Sciences Journal, 2020, 6（12）: 2072-2082.

[52] YANG Q C, HAO Z, CHENG W J, et al. Analysis of influencing parameters of the improved model for rainfall infiltration in unsaturated tailings soil[J], Advances in Civil Engineering, 2022, 2022: 7401917.

[53] PHILIP J R. Hillslope infiltration: planner slopes[J]. Water Resources Research, 1991, 27（1）: 109-117.

[54] HUANG C C, LO C L, JANG J S, et al. Internal soil moisture response to rainfall-induced slope failures and debris discharge[J], Engineering Geology, 2008, 101（3-4）: 134-145.

[55] BRAKENSIEK D L. Empirical and simplified models of the infiltration process[C]. the USDA-ARS infiltration research planning workshop, St. Louis, MO, 1977.

[56] SPERLING O, LAZAROVITCH N. Characterization of water infiltration and redistribution for two-dimensional soil profiles by moment analyses[J]. Vadose Zone Journal, 2010, 9（2）: 438-444.

[57] GODT J W, SENER-KAYA B, LU N, et al. Stability of infinite slopes under transient partially saturated seepage conditions[J]. Water Resources Research, 2012, 48（5）: W05505.

[58] 郭智辉, 简文彬, 刘青灵, 等. 基于现场原型试验的斜坡降雨入渗分析及入渗模型研究[J]. 岩土力学, 2021, 42（6）: 1635-1647.

[59] VAN GENUCHTEN M T. A closed-form equation for predicting the hydraulic conductivity of unsaturated soils[J]. Soil Science Society of America Journal, 1980, 44（5）：892-898.

[60] FREDLUND D G, XING A. Equations for the soil-water characteristic curve[J]. Canadian Geotechnical Journal, 1994, 31：521-532.

[61] NG C W W, SHI Q. A numerical investigation of the stability of unsaturated soil slopes subjected to transient seepage[J]. Computers and geotechnics, 1998, 22（1）：1-28.

[62] ZAIDEL J, RUSSO D. Estimation of finite difference interblock conductivities for simulation of infiltration into initially dry soil[J], Water Resources Research, 1992, 28（9）：2285-2295.

[63] SMITH R E, SMETTEM K R J, BROADBRIDGE P, et al. Infiltration Theory for hydrologic applications[C]. Water Resour. Monogr. Ser. 15, American Geophysical Union, Washington, D.C., 2002.

[64] GAVIN K, XUE J F. A simple method to analyze infiltration into unsaturated soil slopes[J]. Computers and geotechnics, 2008, 35（2）：223-230.

[65] WANG T, YAN C Z, ZHENG Y C, et al. Numerical study on the effect of meso-structure on hydraulic conductivity of soil-rock mixtures[J]. Computers and geotechnics, 2022, 146：104726.

[66] CHEN T, YANG Y T, ZHENG H, et al. Numerical determination of the effective permeability coefficient of soil-rock mixtures using the numerical manifold method[J]. International Journal for Numerical and Analytical Methods in Geomechanics, 2018, 43（1）：381-414.

[67] 沈辉, 罗先启, 毕金锋. 土石混合体渗透侵蚀特性数值模拟研究[J], 2017, 38（5）：1497-1502.

[68] 徐文杰. 土石混合体细观结构渗流数值试验研究[J]. 岩土工程学报, 2010, 32（4）：542-550.

[69] ZHOU Z, YANG H, WANG X C, et al. Model development and experimental verification for permeability coefficient of soil–rock mixture[J]. International Journal of Geomechanics, 2017, 17（4）：04016106.

[70] RAVINA I, MAGIER J. Hydraulic conductivity and water retention of clay soils containing coarse fragments[J]. Soil Science Society of America Journal, 1984, 48（4）：736-740.

[71] NOVAK V, KNAVA K, SIMUNEK J. Determining the influence of stones on hydraulic conductivity of saturated soils using numerical method[J]. Geoderma, 2011, 161（3-4）：177-181.

[72] 蒋建清, 程超, 蔡晶垚, 等. 一种自循环式人工降雨模拟装置降雨特性的试验研究[J]. 湖南城市学院学报（自然科学版）, 2017, 26（2）：1-5.

[73] 中华人民共和国交通运输部. 公路土工试验规程（JTG 3430—2020）[S]. 北京：人民交通出版社, 2007.

[74] MEDLEY E, LINDQUIST E S. The engineering significance of the scale-independence of some Franciscan melanges in California[C]. USA. The 35th U. S. Symposium on Rock Mechanics（USRMS）, Balkema, Rotterdam, 995, 907-914, 1995.

[75] XU W J, YUE Z Q, HU R L. Study on the mesostructure and mesomechanical characteristics of the soil–rock mixture using digital image processing based finite element methods[J]. International Journal of Rock Mechanics and Mining Sciences, 2008, 45：749-762.

[76] VARADARAJAN A, SHARMA K G, VENKATACHALAM K, et al. Testing and modeling two rockfill materials[J]. Journal of Geotechnical and Geoenvironmental Engineering, 2003, 129（3）：206-218.

[77] SIMUNEK J, VAN GENUCHTEN M T, SEJNA M. The HYDRUS software package for simulating two- and three-dimensional movement of water, heat, and multiple solutes in variably-saturated media[C]. Technical Manual, Version 1.0, PC Progress, Prague, Czech Republic, 2006：241.

[78] MCQUEEN I S, MILLER R F. Calibration and evaluation of a wide-range gravimetric method for measuring moisture stress[J]. Soil Science, 1968, 106（3）：225-231.

[79] HOUSTON S L, HOUSTON W N, WANG M. Laboratory filter paper suction measurements[J]. Geotechnical Testing Journal, 1994, 17（2）：1209-1217.

[80] 白福青, 刘斯宏, 袁骄. 滤纸法测定南阳中膨胀土土水特征曲线试验研究[J]. 岩土工程学报, 2011, 33（6）：928.

[81] WANG R, WEN S, SUN Z. Analytical solution of rainfall infiltration in unsaturated soil slopes considering initial water content distribution[J]. KSCE Journal of Civil Engineering, 2022, 26：4419-4431.

[82] CHOW V T, MAIDMENT D R, MAYS L W. Applied hydrology, McGraw-Hill Series in Water Resources and Environmental Engineering[C]. McGraw-Hill Book Company, New York, 1988.

[83] 李爱国, 岳中琦, 谭国焕, 等. 土体含水率和吸力量测及其对边坡稳定性的影响[J]. 岩土工程学报, 2003, 25（3）: 278-282.

[84] ORENSE R P, SHIMOMA S, MAEDA K, et al. Instrumented model slope failure due to water seepage[J]. Journal of Natural Disaster Science, 2004, 26（1）: 15-26.

[85] 许旭堂, 简文彬, 吴能森, 等. 降雨入渗影响下边坡中的非饱和渗流特性. 地球科学, 2018, 43（3）: 922-932.

第4章

红层软岩力学特性降雨入渗劣化机制及计算模型

4.1 引 言

红层软岩主要指的是红层陆相沉积岩,广泛分布于亚洲、欧洲、美洲、非洲和澳大利亚。红层软岩已成为红层地质区岩土工程建筑中不可避免的一种岩土体。然而,含有裂缝缺陷的红层岩土体在暴露于水时容易崩解,这将导致一些严重的工程病害,如路堤开裂、不均匀沉降、边坡失稳等[1-5]。为了有效地评估红层软岩路堤在水环境(如降雨入渗)下可能的工程危害,非常有必要研究水对含裂缝缺陷红层软岩力学性质的影响。

一些学者已经研究了含水量对不同类型岩石力学性质的影响[6-11]。近年来,针对完整或有缺陷的红砂岩暴露于水时的力学性质方面研究取得了不少进展,并得出了一些有用的结论。Tang 等人[12]对不同水饱和度的红砂岩样本进行了脆性蠕变实验,他们发现,与干燥状态相比,水浸入岩块加快了其最小蠕变应变率,并大大缩短了失效时间。Jing 等人[13]通过一系列实验室大型三轴试验,研究了格宾网加筋红层软岩土石混合体的力学性质,揭示了含水量如何影响红层软岩加筋土的强度和变形特性。Wu 等人[14]通过进行单轴和三轴压缩实验,研究了饱水红砂岩的膨胀行为,发现饱水红砂岩的强度和变形参数基本上随着孔隙压力的增加而减小。Zhang 等人[15]基于干燥和饱水岩石样本的轴向加载-卸载实验,研究了含水量对红砂岩能量演化的影响,发现从干燥到完全饱和状态的饱和过程降低了红砂岩的强度、刚度和脆性。Yang 等人[16]通过岩石伺服控制三轴设备,对不同孔隙压力下饱水红砂岩进行了短期和蠕变试验,观察到随着孔隙压力的增加,饱水红砂岩的峰值强度和弹性模量逐步降低,蠕变对岩石变形的贡献随着孔隙压力的增加而增加。Jing 等人[17]通过现场推剪试验,分析了不同含水量下红层软岩路堤填料的强度参数及其在推剪力下的宏观力学性质。赵明华等人[18]和吴道祥等人[19]通过室内浸泡崩解试验揭示了红层软岩的自然崩解机制,随后刘晓明等人[20]

基于能量耗散原理和浸泡崩解的结果建立了红层软岩崩解的能量耗散模型。Shan 等人[21]和 Bai 等人[22]通过一系列三轴压缩试验，研究了含有冰填充预制缺陷的冻结红砂岩试件的力学性质和损伤演化。上述研究主要关注了静态水侵入条件下红层岩土体的崩解、软化特性和工程应用，而考虑动态降雨入渗下裂缝缺陷红层软岩力学劣化行为的研究很少。然而，实际红层岩土工程常受动态雨水入渗的致灾风险威胁，红层软岩在降雨入渗下的力学行为是决定红层软岩路堤边坡安全可靠性的关键因素之一，具有重要的理论价值和工程实践意义。因此，本章将研究降雨入渗下含裂缝缺陷红层软岩的单轴压缩力学特性劣化机制。

此外，自然岩体中通常存在许多不连续的缺陷，这些缺陷通常以随机方式出现。由于自然岩体的复杂缺陷结构，一些研究通过在岩样中预制不同类型的裂缝（如单裂缝、双平行裂缝、三裂缝、多裂缝）揭示复杂缺陷的影响。显然，单裂缝方案是最简单、最基本、最重要的岩体缺陷组成元素。单裂隙缺陷岩石试件的力学特性是理解复杂缺陷岩体力学行为的基础[21]。鉴于此，本书以单裂缝红层软岩试件为研究对象。首先，对尺寸为 100 mm × 50 mm × 25 mm 的红层软岩试件进行不同降雨强度和持续时间的降雨入渗试验。在降雨入渗后，使用伺服试验机对红层软岩试件进行单轴压缩试验。在此基础上，研究降雨入渗后红层软岩试件在单轴压缩下的应力-应变关系，分析预制裂缝倾角、降雨强度和降雨持续时间对红层软岩试件单轴压缩力学参数的影响。最后，揭示降雨入渗后红层软岩试件在单轴压缩下的最终破坏模式和裂缝特征。结果可以为红层软岩路堤边坡工程的施工和设计提供重要参考。

4.2 红层软岩降雨入渗与单轴压缩试验

4.2.1 红层软岩岩块试样

实验中使用的红层软岩取自中国湖南省的红层盆地，其地貌以丘陵为主。试样样本的矿物组成主要由石英、长石、云母、方解石、高岭石、绿泥石、伊利石和碎屑矿物组成。通过扫描电子显微镜（SEM）观察到的红色砂岩样本的微观结构显示，其矿物基质微观结构相对不够致密，存在初始的内部微裂缝。样本中的黏土矿物基质呈层状和片状，特殊的微观结构使得雨水和空气能够渗透到岩体内部，导致崩解和风化。试样样本的自然密度为 2.09 ~ 2.16 g/cm³，在风化和崩解后的最优含水量和最大干密度分别为 10.62% 和 2.052 g/cm³，在自然条件下的平均单轴抗压强度（UCS）约为 13.8 MPa。

试样准备情况如下：首先，在实验室中，将未扰动的红层岩石通过切割机加工成长方体岩石试样。岩石试样的长度、宽度和厚度分别为 100 mm、50 mm 和 25 mm（见图 4-1）。试样的两端用磨光机和砂纸仔细打磨。然后，通过岩石切割机在岩石试样中心预制一条直线裂缝。预制裂缝的长度和宽度分别为 20 mm 和 2.5 mm。预制裂缝的倾斜角度（与水平方向的角度）有五种方案，分别为 15°、30°、45°、60° 和 75°。预制裂缝两端与岩石试样中心的距离相等。在加工预制裂缝时，从一端连续切割到另一端，并沿同一方向进行。

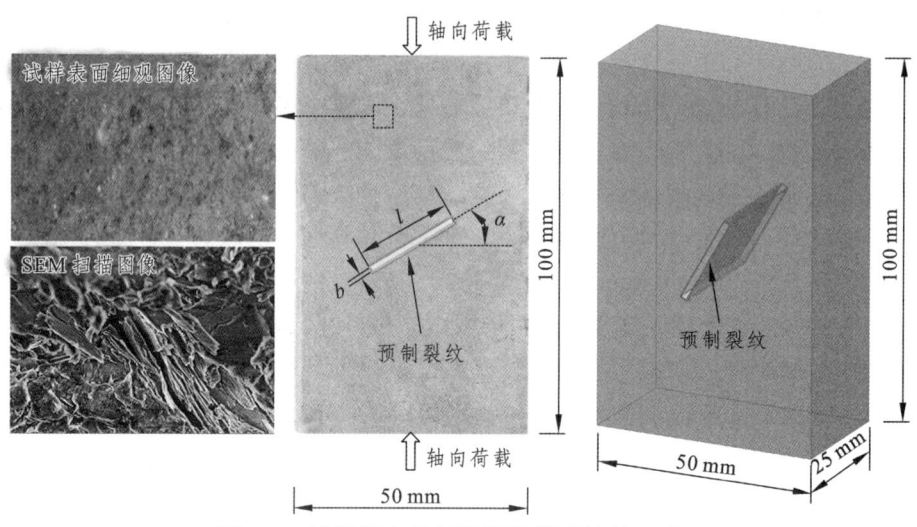

图 4-1　试样样本几何特征和微观结构示意

4.2.2　试验方案

本章主要探索降雨强度、降雨持续时间和预制裂缝倾角对降雨入渗后红层软岩试样单轴压缩力学特性劣化的影响，具体的实验安排见表 4-1。首先，红层软岩试样根据规定的降雨强度和持续时间进行降雨入渗测试。然后，对经过雨水渗透的红层软岩试样进行单轴压缩测试。

表 4-1　降雨条件下红层软岩试样单轴压缩行为的主要实验安排

试样编号	α/(°)	l/mm	b/mm	I/(mm/h)	T/min	吸水率/%
S1	30	20	2.5	15	40	2.25
S2	30	20	2.5	15	60	2.58
S3	30	20	2.5	15	80	2.88

续表

试样编号	$\alpha/(°)$	l/mm	b/mm	I/(mm/h)	T/min	吸水率/%
S4	30	20	2.5	25	60	3.02
S5	30	20	2.5	35	60	3.36
S6	30	20	2.5	45	60	3.54
S7	15	20	2.5	15	60	2.49
S9	45	20	2.5	15	60	2.65
S10	60	20	2.5	15	60	2.61
S11	75	20	2.5	15	60	2.51

注：α 为预制裂缝的倾角，l 为预制裂缝的长度，b 为预制裂缝的宽度，t 为降雨持续时间，I 为降雨强度。吸水率可以通过 $w_a = \dfrac{m_a - m_b}{m_b} \times 100\%$ 计算，其中 m_a 和 m_b 分别是降雨测试后和降雨测试前试样的质量；w_a 是岩石吸水率。

试样降雨入渗实验程序如下：

1. 人工降雨装置的设计和制造

采用第 2 章开发的自循环式人工降雨装置进行降雨入渗试验[23]，该装置由 4 部分组成：供水系统、降雨系统、淋雨平台和辅助设备[见图 4-2（a）]。降雨系统由潜水泵供水，降雨强度通过进水管上的控制水阀和压力阀进行调节。水经过供水系统流入降雨系统后，产生稳定的降雨。为了防止降雨管网上的小孔被杂质堵塞，从而影响人工降雨的均匀性，每次降雨入渗测试前应将入口水压力调整到较大值，以冲洗掉降雨管网络中残留的杂质。

2. 人工降雨入渗测试

首先，为确保所有试样在初始状态下都是干燥的，制备好的试样应在人工降雨入渗测试前放入干燥箱中去除其固有水分。然后，打开降雨设备并设置预定降雨强度产生恒定降雨。接着，将岩石试样放置在淋雨平台上，让试样接受规定时间和强度的降雨入渗。降雨入渗测试完成后，试样表面涂抹上一层乳白色油漆，以便于在随后的单轴压缩测试中观察裂纹的起始和扩展过程。

单轴压缩试验程序如下：

降雨入渗后的红层软岩试样的单轴压缩测试是在计算机伺服控制的材料力学试验系统上进行的。该测试系统具有全数字化的测量控制系统，如载荷、位移和变形。系统能施加的最大轴向力为 100 kN。系统的轴向位移加载速率范围为 0.001～500 mm/min。压缩测试机与计算机连接，用于处理实时数据和力-位移曲线。在单轴压缩测试期间，使用 CCD 体视显微镜和高清数字相机观察宏观和微观的裂缝扩展。单轴压缩测试系统如图 4-2（b）所示，测试程序如下：

（1）将红层软岩试样放置在压缩测试机的底座上，然后启动控制器调整加载板，使岩石试样的上下端面与底座和加载板相适应。

（2）在红层软岩试样的一侧设置 CCD 立体显微镜以观察局部微观裂缝扩展，并将其连接到计算机以实时输出显微图像。然后选择合适的 CCD 物镜放大倍数进行聚焦，使试样中的预制裂缝位于窗口中心。在试样的另一侧设置数字相机，记录样品的整体宏观裂缝扩展。

（3）对试样施加单轴压缩载荷直至其破坏。

测试过程采用位移控制加载，加载速率为 0.2 mm/min。在压缩测试机开始加载时，启动 CCD 体视显微镜和数字相机。

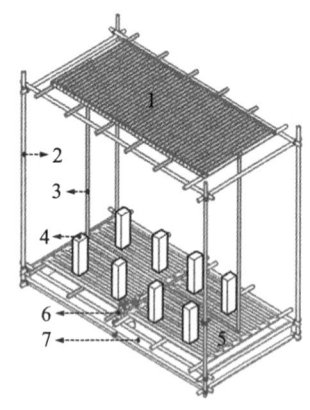

（a）红层软岩岩块降雨入渗试验装置示意
1—降雨管网；2—支撑框架；3—PVC 管；
4—红层软岩岩块试样；5—试样淋雨平台；
6—水泵；7—水池。

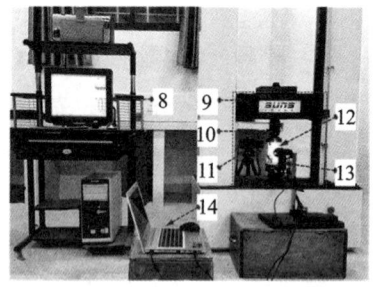

（b）红层软岩岩块单轴压缩试验装置
8—力学控制系统；9—反力架；10—力传感器；
11—数码相机；12—红层软岩岩块试样；
13—体视显微镜；14—图像采集控制系统。

图 4-2 人工降雨装置和单轴压缩测试系统的示意

4.3 红层软岩降雨入渗劣化特征及计算模型

4.3.1 降雨入渗后红层软岩单轴压缩应力-应变劣化特征

图 4-3 展示了不同实验条件下红层软岩试样的典型单轴压缩应力-应变曲线。可以

看出，预制裂缝的倾角 α、降雨强度 I 和降雨持续时间 t 对红层软岩试样在单轴压缩下轴向应力-应变曲线的发展趋势有显著影响。对于相同的降雨强度和持续时间，当预制裂缝倾角 α 为 15°和 45°时，试样的单轴压缩强度分别达到最大值和最小值。当预制裂缝的倾角为 75°时，应力-应变曲线的上升段最陡，试样的峰后承载能力下降最快，呈现出更为明显的脆性破坏趋势。此外，可以清楚地看到，降雨强度对峰值单轴应力的影响比降雨持续时间更明显。例如，当降雨持续时间从 40 min 增加到 80 min 时，峰值单轴应力降低了 19.3%；而降雨强度从 15 mm/h 变化到 45 mm/h 时，单轴峰值应力降低了 39.6%。

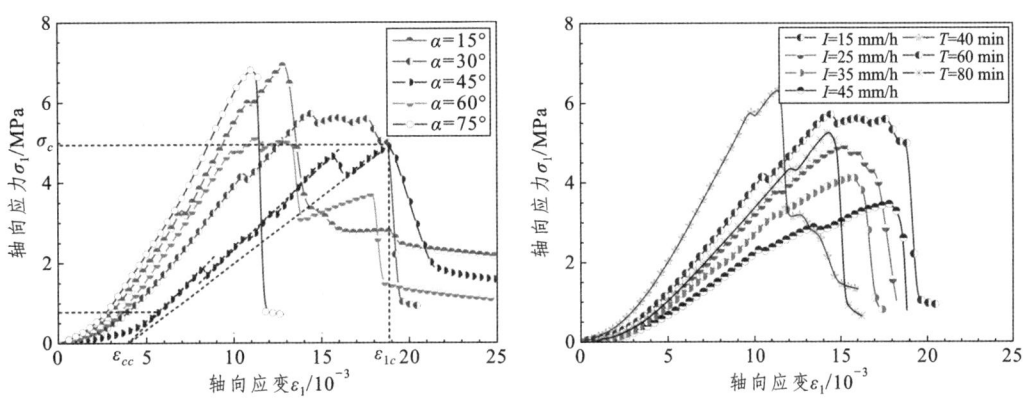

图 4-3　降雨入渗后含预制裂缝红层软岩试样的单轴压缩应力-应变曲线

图 4-3 还给出了红层软岩试样的单轴压缩应力-应变曲线的特征参数，以 45°裂缝倾角的试样为例，图中 σ_{cc} 和 σ_c 分别表示微裂缝闭合应力和单轴抗压强度（UCS）。红层软岩试样的完整应力-应变曲线大致经历了 5 个阶段：原生微裂缝闭合阶段、弹性变形阶段、裂缝稳定扩展阶段、裂缝不稳定生长和扩展阶段以及应变软化阶段。应力-应变曲线的上升部分呈"S"形，经历了塑性-弹性-塑弹性过程。应力-应变曲线还暗示了红层软岩试样的裂缝扩展过程与宏观变形之间的关系。试样中新裂缝的产生和扩展伴随着应力-应变曲线上的一定程度的应力下降现象。

（1）原生微裂缝闭合部分：红层软岩试样的单轴压缩应力-应变曲线呈现向上凸的形态和明显的初始塑性变形。在初始低应力水平下，随着轴向载荷的增加，试样的刚度增加，这主要是由于原生微观缺陷（如内部微裂缝）逐渐被压缩和闭合所致。此外，这一阶段的轴向压缩变形占峰值轴向应变 ε_{1c} 的 10%~20%。而且，这一阶段的轴向压缩变形随着降雨持续时间 t 和降雨强度 I 的增加而增加，但受预制裂缝倾角 α 的影响较小。这是因为不同程度雨水渗透导致红层软岩试样结构内部不同程度的初始劣化。

（2）弹性变形部分：这一阶段应力与应变之间的关系是近似线性的，弹性变形控制着试样的应力-应变行为。但应注意，在这一阶段结束时，新的微裂缝从预制裂缝的尖端开始产生，这将导致轴向应力的轻微下降。弹性部分的斜率被定义为红层软岩试样的参考初始弹性模量 E_0。弹性部分反向延伸与应变轴的交点被定义为红层软岩试样中原生微裂缝的闭合应变 ε_{cc}。

（3）裂缝稳定扩展部分：预制裂缝尖端附近的新裂缝缓慢扩展。因此，红层软岩试样开始表现出隐性的非线性行为，但其应力-应变曲线仍能保持近似线性增长趋势，但其模量 E_p 小于参考弹性模量 E_0。应指出，由于这一阶段结束时可能有一些新的微裂缝产生，因此轴向应力也会有轻微下降。

（4）裂缝不稳定生长和扩展部分：不断增加的外部轴向载荷扩展了试样中现有裂缝的长度和宽度，一些新的裂缝不断产生、扩展和连接。应力-应变曲线显示出向上凸的明显非线性增长模式。红层软岩试样的轴向应力在这一阶段结束时达到了峰值应力点 f。连接应变轴上的闭合应变点 ε_{cc} 和应力-应变曲线的峰值应力点的直线斜率被定义为变形模量 E_s。

（5）峰后应变软化阶段：试样表面的宏观裂缝汇聚并迅速穿透形成宏观破裂面，导致试样抗压能力快速下降。此时，试样的主裂缝不断变宽，变形模量缓慢减小，但试样仍保持一定的残余强度 σ_R。一些试样在峰值强度后显示出部分应力恢复，这是由于在断裂过程中预制裂缝的崩塌导致一些裂缝闭合。

4.3.2 降雨入渗后红层软岩抗压强度劣化影响机制

1. 裂缝倾角对强度和变形参数的影响

红层软岩试样的单轴抗压强度（UCS）、峰值应变、变形模量和弹性模量等强度和变形参数在工程设计和施工中必须考虑。图 4-4 给出了强度和变形参数与裂缝倾角关系的实验结果。结果表明，当裂缝倾角小于 45°时，试样的 UCS、峰值应变和弹性模量随着裂缝倾角的增加而减小，但当裂缝倾角大于 45°时，随着裂缝倾角的增加而增加。相反的是，当裂缝倾角小于 45°时变形模量随着裂缝倾角的增加而增加，但当裂缝倾角大于 45°时，变形模量随着裂缝倾角的增加而减小。当裂缝倾角为 45°时，试样的 UCS、峰值应变和弹性模量达到最小值，而变形模量在此时达到最大值。原因之一可能是雨水渗透到岩样中的程度与裂缝倾角有关。由图可知，UCS 随裂缝倾角的变化呈现"∨"形。Januaryo 和 Einstein[24]以及 Du 等人[25]在砂岩和脆性石膏岩的单轴压缩测试中也观察到了类似变化模式。通过对测试结果的拟合分析，得到了 UCS、峰值应变、变形模量和弹性模量随裂缝倾角变化的计算表达式，见表 4-2。这些拟合公式可以用来定量判断红层软岩在雨水渗透和预制裂缝倾角下的强度和变形参数的变化趋势。

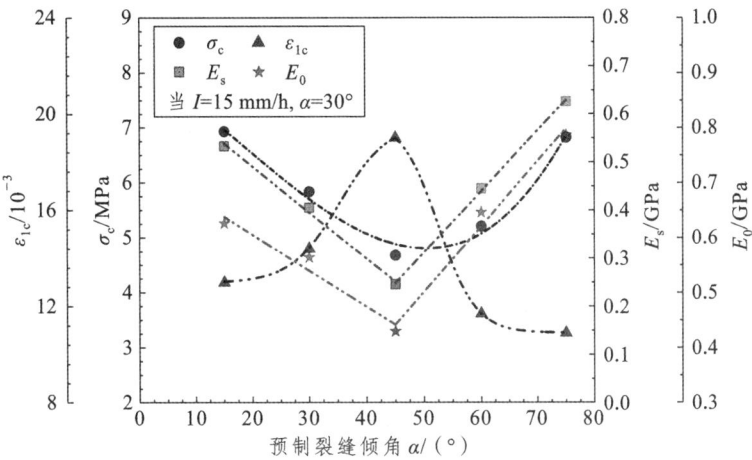

图 4-4 预制裂缝倾角对红层软岩试样抗压强度参数的影响

表 4-2 不同裂隙倾角 α 时红层软岩的 σ_c，ε_{1c}，E_s，E_0 的拟合公式

力学指标	因子	拟合公式	拟合参数			
			a	b	c	d
UCS（σ_c）/MPa	裂隙倾角 $\alpha/(°)$	$\sigma_c = a - b\alpha - c\alpha^2 + d\alpha^3$	8.806	0.057	0.001 6	2.839 5
峰值应变（ε_{1c}）/10^{-3}		$\varepsilon_{1c} = a - \dfrac{b}{1+e^{\frac{\alpha-c}{d}}}$ ($\alpha \leqslant 45°$)	19.617	6.629	35.313	4.213
		$\varepsilon_{1c} = a + \dfrac{b}{1+e^{\frac{\alpha-c}{d}}}$ ($\alpha > 45°$)	10.908	8.877	52.522	3.224
弹性模量（E_0）/GPa		$E_0 = a - b\alpha$ ($\alpha \leqslant 45°$)	0.736	0.006 5	—	—
		$E_0 = -a + b\alpha$ ($\alpha > 45°$)	0.091	0.011 9	—	—
变形模量（E_s）/GPa		$E_s = a - b\alpha$ ($\alpha \leqslant 45°$)	0.682	0.009 6	—	—
		$E_s = -a + b\alpha$ ($\alpha > 45°$)	0.32	0.126 5	—	—

2. 降雨强度和持续时间对强度和变形参数的影响

图 4-5 分别展示了红层软岩试样强度和变形参数随降雨强度 I 和降雨持续时间 T 的变化规律。由图可知，降雨强度和降雨持续时间对红层软岩试样的强度和变形特性有显著影响。单轴抗压强度 σ_c、弹性模量 E_s 和变形模量 E_0 与 I 和 T 呈现负相关关系，而峰值应变 ε_{1c} 则显示出正相关趋势。同时可以观察到，红层软岩试样在雨水入渗后，单轴压缩峰值强度 σ_c 显著降低。通过对试验结果进行非线性拟合分析，我们得到了单轴抗压强度 σ_c、弹性模量 E_s 和变形模量 E_0 受降雨强度 I 和降雨持续时间 T 影响的预测

公式，见表 4-3 和表 4-4。关于红层软岩试样单轴压缩强度劣化预测公式与一些先前发表的研究[6, 26]相似。Yilmaz 和 Shi 的研究中以最优指数形式展示了含水量对岩石峰值强度 σ_c 的影响：$\sigma_c(w) = b_0 e^{-b_1 w} + b_2$，其中 w 是岩石试样含水量，b_0，b_1，b_2 是拟合参数。

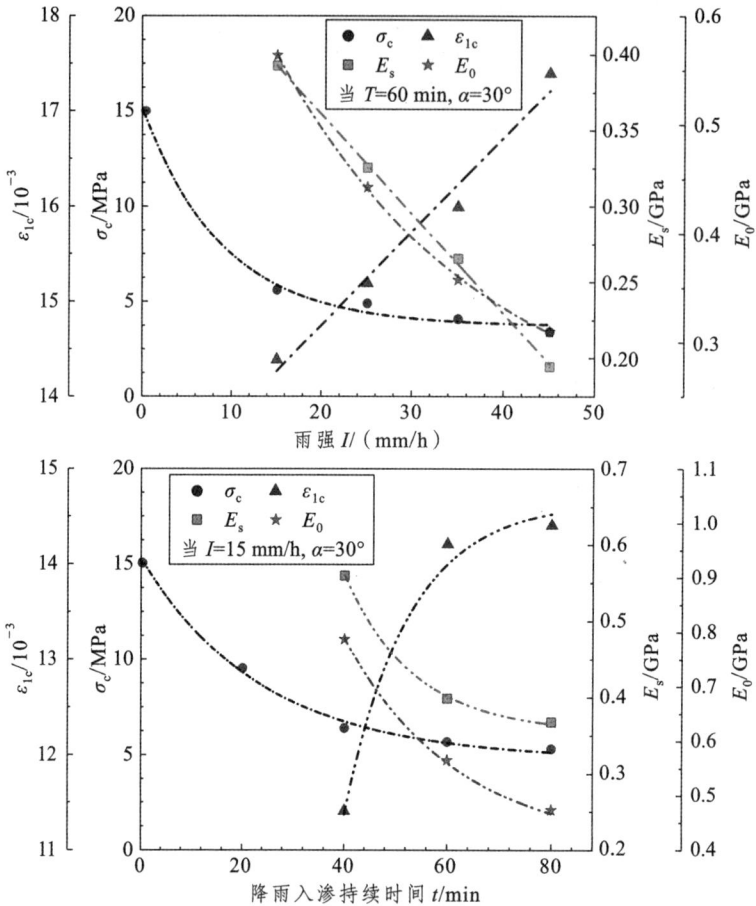

图 4-5　降雨强度和持续时间对红层软岩试样抗压强度参数的影响

表 4-3　不同降雨强度下 σ_c，ε_{1c}，E_s，E_0 的拟合公式

力学指标	因子	拟合公式	拟合参数		
			a	b	c
UCS（σ_c）/MPa	降雨强度，I（mm/h）	$\sigma_c = a + be^{cI}$	3.78	11.2	-0.111
峰值应变（ε_{1c}）/(10^{-3})		$\varepsilon_{1c} = a + bI$	12.81	0.098	—
弹性模量（E_0）/GPa		$E_0 = a + b*c^I$	0.217	0.673	0.957
变形模量（E_s）/GPa		$E_s = a - bI$	0.5	0.006 5	—

表 4-4 不同降雨持续时间下 σ_c，ε_{1c}，E_s，E_0 的拟合公式

力学指标	因子	拟合公式	拟合参数		
			a	b	c
UCS（σ_c）/MPa	降雨持续时间，T（min）	$\sigma_c = a + be^{cT}$	4.73	10.47	-0.042
峰值应变（ε_{1c}）/（10^{-3}）		$\varepsilon_{1c} = a + be^{cT}$	14.7	-80.64	-0.08
弹性模量（E_0）/GPa		$E_0 = a + be^{cT}$	0.4	2.29	-0.045
变形模量（E_s）/GPa		$E_s = a + be^{cT}$	0.354	3.9	-0.074

4.3.3 降雨入渗后红层软岩受压破坏模式分析

图 4-6 显示了降雨入渗后单轴压缩下红层软岩试样典型的最终破坏模式。它表明，预制裂缝周围的应力集中导致试样中微裂缝的起裂、扩展和穿透，且在压缩过程中裂缝起始具有一定的方向性。试样的裂缝起始和扩展类型可以分为 6 类，如图 4-6 所示：翼型裂缝（类型Ⅰ）、反翼型裂缝（类型Ⅱ）、轴向劈裂裂缝（类型Ⅲ）、翼型剪切裂缝（类型Ⅳ）、远场裂缝（类型Ⅴ）和次生裂缝（类型Ⅵ）。翼型裂缝和反翼型裂缝都起源于预制裂缝的两个尖端附近，与预制裂缝形成一定的角度 β 和 γ，然后逐渐偏转到轴向压力线上，并向试样的上下端扩展形成宏观主裂缝。然而，翼型裂缝的扩展方向与反翼型裂缝相反。在试样压缩过程中，翼型裂缝和反翼型裂缝通常会产生次生裂缝。翼型剪切裂缝也起源于预制裂缝尖端附近，大致沿预制裂缝方向扩展，最终形成剪切斜裂缝导致剪切破坏。轴向劈裂裂缝起源于预制裂缝中点附近，然后沿轴向压力线扩展，最终形成宏观主轴向劈裂裂缝。远场裂缝起源于试样边界附近，大致垂直扩展。从试样的断裂过程中可以推断，翼型裂缝、反翼型裂缝、轴向劈裂裂缝、远场裂缝和次生裂缝是张拉张开裂缝，而翼型剪切裂缝是剪切滑移裂缝。

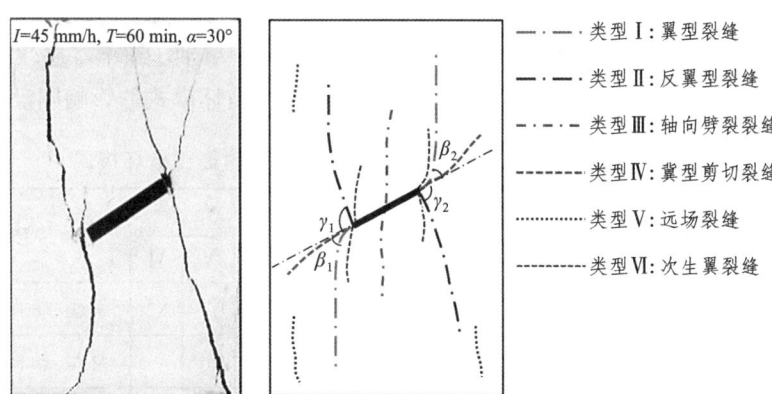

图 4-6 降雨入渗后红层软岩试样单轴压缩的典型破坏模式和裂缝类型

图 4-7 展示了预制裂缝倾角、降雨强度和持续时间对试样裂缝扩展角度变化的影响。当预制裂缝倾角从 15°增加到 60°时,翼型裂缝扩展角度减少了 39.5%,但反翼型裂缝扩展角度增加了 145%。可以看出,随着预制裂缝倾角的增加,翼型裂缝扩展角度略有减小,而反翼型裂缝扩展角度显著增加。这表明预制裂缝倾角对红色砂岩试样的裂缝扩展形态有显著影响。从图 4-7 中可以看出,翼型裂缝扩展角度随着降雨强度和持续时间的增加而增加;反翼型裂缝扩展角度随着降雨强度的增加而减小,但随着降雨持续时间的增加而增加。此外,降雨强度对裂缝扩展角度波动范围的影响大于降雨持续时间。

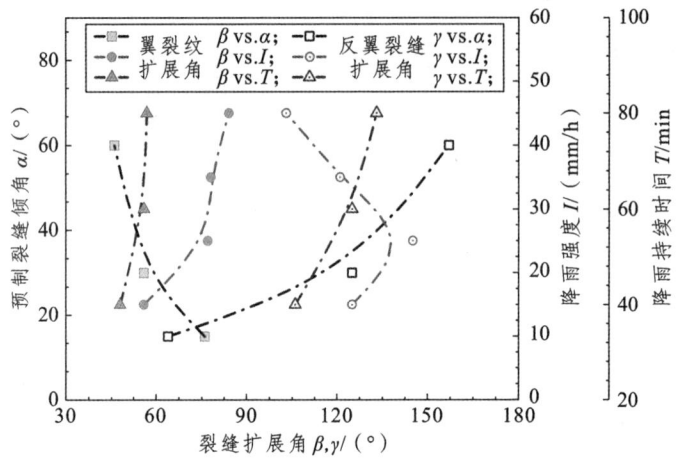

图 4-7 预制裂缝倾角、降雨强度和持续时间对裂缝扩展角度的影响

根据图 4-6 和图 4-7 可知,降雨入渗后红层软岩试样单轴压缩的最终破坏模式是上述 6 种裂缝类型的综合形式,见表 4-5。从表 4-5 可以看出,试样的最终破坏模式主要是翼型-轴向或翼型劈裂模式,但当裂缝倾角为 45°或 75°时,破坏模式为剪切破坏。同时,具有相同裂缝倾角的试样在不同的降雨强度或降雨持续时间下,最终破坏模式为翼型-轴向或翼型劈裂模式。因此,可以推断预制裂缝倾角对单轴压缩下红层软岩试样的最终破坏模式有显著影响,但降雨强度和持续时间对最终破坏模式的影响则没那么明显。

表 4-5 降雨入渗后红层软岩试样单轴压缩的最终破坏模式

试样特征		裂缝类型						最终破坏模式
		I	II	III	IV	V	VI	
不同裂隙倾角	$I = 15$ mm/h, $T = 60$ min, $\alpha = 15°$	√	√	√			√	翼型-轴向劈裂模式
	$I = 15$ mm/h, $T = 60$ min, $\alpha = 30°$	√	√	√				翼型-轴向劈裂模式
	$I = 15$ mm/h, $T = 60$ min, $\alpha = 45°$				√		√	剪切破坏模式

续表

试样特征		裂缝类型						最终破坏模式
		I	II	III	IV	V	VI	
不同裂隙倾角	$I=15$ mm/h, $T=60$ min, $\alpha=60°$	√				√	√	翼型劈裂模式
	$I=15$ mm/h, $T=60$ min, $\alpha=75°$				√			剪切破坏模式
不同降雨强度	$I=15$ mm/h, $T=60$ min, $\alpha=30°$	√	√	√				翼型-轴向劈裂模式
	$I=25$ mm/h, $T=60$ min, $\alpha=30°$					√		翼型劈裂模式
	$I=45$ mm/h, $T=60$ min, $\alpha=30°$					√		翼型劈裂模式
不同降雨持时	$I=15$ mm/h, $T=40$ min, $\alpha=30°$					√	√	翼型劈裂模式
	$I=15$ mm/h, $T=60$ min, $\alpha=30°$	√	√	√				翼型-轴向劈裂模式
	$I=15$ mm/h, $T=80$ min, $\alpha=30°$	√	√			√	√	翼型劈裂模式

为了在细观层面上理解降雨入渗后红层软岩试样单轴压缩破坏机制，使用体视显微镜观察了试样断裂面的细观形态，代表性结果如图 4-8 所示。翼型劈裂或翼型-轴向劈裂模式的断裂面具有相似的微观断裂特征。这些断裂面相对不平整，部分为矿物颗粒间沿晶拉伸断裂，即断裂发生在岩石骨架颗粒表面的相对薄弱胶结介质区域；部分为岩石骨架颗粒间黏土矿物胶结的剪切断裂或矿物颗粒穿晶断裂。当倾角 α 等于 45°时，试样的宏观破坏模式是剪切破坏，裂缝断裂相对平滑，断裂两侧的岩石沿裂缝发生相对滑移，这使得断裂面大多是颗粒断裂和黏土矿物胶结的滑移面。当岩石骨架颗粒的强度相对较高时，显示为局部颗粒间沿晶拉伸断裂。此外，断裂面的细观特征表明，随着降雨持续时间和强度的增加，断裂面的凹陷程度增加，黏土矿物胶结的结构更松散，雨水的软化作用下黏土矿物的胶结凝聚性能降低，宏观上表现为劈裂断裂特征和试样力学性能的劣化。

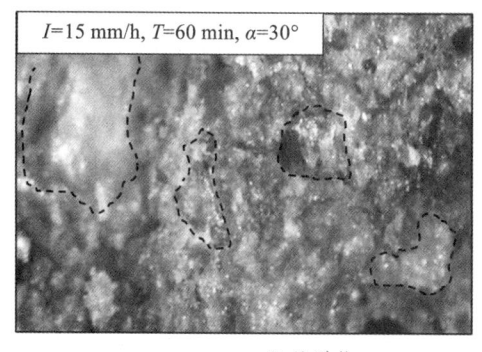
$I=15$ mm/h, $T=60$ min, $\alpha=30°$
— — — — 沿晶裂纹

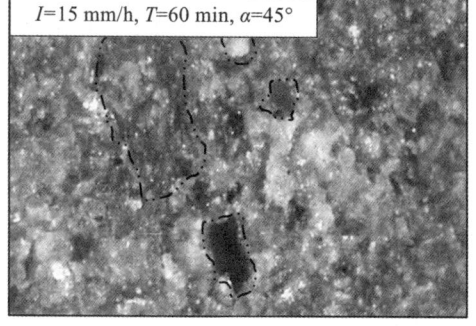
$I=15$ mm/h, $T=60$ min, $\alpha=45°$
—··—··— 穿晶裂纹或胶结质剪切滑移

图 4-8 降雨入渗后红层软岩试样单轴压缩破坏断裂面的典型细观形态

需要指出的是，一般来说，即使在岩石体的一个小范围内，内部裂缝的数量也可能很多，通常只有岩石体表层暴露的裂缝才能清晰观察到。对于岩石体中大量随机分布的裂缝，几乎不可能确定它们的具体分布。因此，准确研究裂缝群的随机分布及其相互之间的交互作用对岩石体力学性能的影响可能非常困难。本章聚焦于降雨入渗环境下简化的单裂缝模型中裂缝倾角对红层软岩试样强度和破坏特性的影响。单缺陷岩石试样的力学特性是理解复杂缺陷岩石体力学行为的基础。可能存在一种方法来研究岩石体中裂缝群随机分布对红层软岩力学行为的影响。换句话说，基于单预制裂缝试样的压缩结果，结合损伤力学、统计学和概率论，可以建立一个反映岩石试样内部裂缝群空间分布特征的损伤力学模型，并可能预测随机分布的裂缝对岩石强度和变形特性的影响。

4.4 本章小结

对含单裂缝缺陷的红层软岩试样进行了降雨入渗试验和单轴压缩试验。研究了预制裂缝倾角、降雨强度和降雨持续时间对红层软岩试样单轴压缩力学性能、破坏模式和裂缝特性的影响。可以得出以下结论：

（1）预制裂缝倾角、降雨强度和降雨持续时间对降雨入渗后红层软岩试样单轴压缩应力-应变特性有显著影响。红层软岩试样单轴受压的完整应力-应变曲线通常经历5个阶段：原生微裂缝闭合阶段、弹性变形阶段、裂缝稳定扩展阶段、裂缝不稳定生长和扩展阶段以及应变软化阶段。红层软岩试样中新裂缝的起始和扩展伴随着应力-应变曲线上的一定程度的应力下降现象。在原生微裂缝闭合阶段的轴向压缩变形占峰值应变的 10%~20%，并且随着降雨持续时间和降雨强度的增加而增加，但受预制裂缝倾角的影响较小。

（2）揭示了预制裂缝倾角 α、降雨强度 I 和降雨持续时间 T 对降雨入渗后红层软岩单轴抗压强度 σ_c、峰值应变 ε_{1c}、变形模量 E_s 和弹性模量 E_0 的影响机制，并提出了计算公式。单轴抗压强度 σ_c、变形模量 E_s 和弹性模量 E_0 随 α 的变化呈现"V"形发展趋势。当 α 为 45°时，红层软岩试样的抗压强度 σ_c、变形模量 E_s 和弹性模量 E_0 达到最小值，而峰值应变 ε_{1c} 在此时达到最大值。试样的单轴抗压强度 σ_c、变形模量 E_s 和弹性模量 E_0 与降雨强度 I 和降雨持续时间 T 呈负相关，而峰值应变 ε_{1c} 呈正相关趋势。

（3）探明了降雨入渗后红层软岩单轴压缩下裂缝起始和扩展的类型，可分为 6 类：翼型裂缝、反翼型裂缝、翼型剪切裂缝、轴向劈裂裂缝、远场裂缝和次生裂缝。降雨入渗后红层软岩单轴压缩的最终破坏模式可分为翼型-轴向劈裂破坏、翼型劈裂破坏和剪切破坏等模式。预制裂缝倾角对最终破坏模式和裂缝扩展形态有显著影响，但降雨强度和持续时间没那么明显影响。同时，降雨强度对裂缝扩展角度波动范围的影响大于降雨持续时间。

参考文献

［1］ FENG M M, WU J Y, MA D, et al. Experimental investigation on the seepage property of saturated broken red sandstone of continuous gradation[J]. Bulletin of Engineering Geology and the Environment，2018，77（3）：1167-1178.

［2］ LIU Y, CHEN Z Q, LI S, et al. Experimental study of the influence of seepage on mechanical properties of saturated broken sandstone[J]. Electronic Journal of Geotechnical Engineering，2012，17：2069-2077.

［3］ WANG M, CAO P, LI R C, et al. Effect of water absorption ratio on tensile strength of red sandstone and morphological analysis of fracture surfaces[J]. Journal of Central South University，2017，24：1647-1653.

［4］ ZHAO M H, ZOU X J, ZOU P X W. Disintegration Characteristics of Red Sandstone and Its Filling Methods for Highway Roadbed and Embankment[J]. Journal of Material in Civil Engineering，ASCE，2007，19（5）：404-410.

［5］ 刘长武，陆士良. 泥岩遇水崩解软化机理的研究[J]. 岩土力学，2000，21（1）：28-31.

［6］ SHI X C, CAI W Q, MENG Y F, et al. Weakening laws of rock uniaxial compressive strength with consideration of water content and rock porosity[J]. Arabian Journal of Geosciences，2016，9：369.

［7］ WONG L N Y, MARUVANCHERY V, LIU G. Water effects on rock strength and stiffness degradation[J]. Acta Geotechnica，2016，11（4）：713-737.

［8］ WANG L, LIU J F, PEI J L, et al. Mechanical and permeability characteristics of rock under hydro-mechanical coupling conditions[J]. Environmental Earth Sciences，2015，73（10）：5987-5996.

［9］ YAO Q L, LI X H, ZHOU J, et al. Experimental study of strength characteristics of coal specimens after water intrusion[J]. Arabian Journal of Geosciences，2015，8（9）：6779-6789.

[10] DOCHEZ S, LAOUAFA F, FRANCK C, et al. Multi-scale analysis of water alteration on the rockslope stability framework[J]. Acta Geophys, 2014, 62（5）: 1025-1048.

[11] ZHANG Z H, JIANG Q H, ZHOU C B, et al. Strength and failure characteristics of Jurassic red-bed sandstone under cyclic wetting-drying conditions[J]. Geophysical Journal International, 2014, 198（2）: 1034-1044.

[12] TANG S B, YU C Y, HEAP M J, et al. The influence of water saturation on the short- and long-term mechanical behavior of red sandstone[J]. Rock Mechanics and Rock Engineering, 2018, 51（9）: 2669-2687.

[13] JING J Q, YANG G L, LI L M, et al. Experimental Investigation on Mechanical Behavior of a Hexagonal-Wire-Reinforced Granular Soil[J]. Arabian Journal for Science and Engineering, 2018, 43（4）: 1655-1672.

[14] WU J Y, FENG M M, YU B Y, et al. Experimental investigation on dilatancy behavior of water-saturated sandstone[J]. International Journal of Mining Science and Technology, 2018, 28（2）: 323-329.

[15] ZHANG Z Z, GAO F. Experimental investigation on the energy evolution of dry and water-saturated red sandstones[J]. International Journal of Mining Science and Technology, 2015, 25（3）: 383-388.

[16] YANG S Q, JING H W, CHENG L. Influences of pore pressure on short-term and creep mechanical behavior of red sandstone[J]. Engineering Geology, 2014, 179（4）: 10-23.

[17] JING J Q, YANG G L. Field tests on mechanical characteristics and strength parameters of red-sandstone[J]. Journal of Central South University of Technology, 2010, 17（2）: 381-387.

[18] 赵明华, 苏永华, 刘晓明. 湘南红砂岩崩解机理研究[J]. 湖南大学学报（自然科学版）, 2006,（1）: 16-19.

[19] 吴道祥, 刘宏杰, 王国强. 红层软岩崩解性室内试验研究[J]. 岩石力学与工程学报, 2010, 29（S2）: 4173-4179.

[20] 刘晓明, 熊力, 刘建华, 等. 基于能量耗散原理的红砂岩崩解机制研究[J]. 中南大学学报（自然科学版）, 2011, 42（10）: 3143-3149.

[21] SHAN R L, BAI Y, DOU H Y, et al. Experimental study on the mechanical properties and damage evolution of red sandstone containing a single ice-filled flaw under triaxial compression[J]. Arabian Journal of Geosciences, 2020, 13: 630.

[22] BAI Y, SHAN R, JU Y, et al. Experimental study on the strength, deformation and crack evolution behaviour of red sandstone samples containing two ice-filled fissures under triaxial compression[J]. Cold Regions Science and Technology, 2020, 174: 103061.

[23] 蒋建清, 程超, 蔡晶垚, 等. 一种自循环式人工降雨模拟装置降雨特性的试验研究[J]. 湖南城市学院学报（自然科学版）, 2017, 26（2）: 1-5.

[24] JANEIRO R P, EINSTEIN H H. Experimental study of the cracking behavior of specimens containing inclusions (under uniaxial compression)[J]. International Journal of Fracture, 2010, 164（1）: 83-102.

[25] DU M R, JING H, SU H, et al. Strength and failure characteristics of sandstone containing two circular holes filled with two types of inclusions under uniaxial compression[J]. Journal of Central South University, 2017, 24（11）: 2487-2495.

[26] YILMAZ I. Influence of water content on the strength and deformability of gypsum[J]. International Journal of Rock Mechanics and Mining Sciences, 2010, 47（2）: 342-347.

第5章

红层软岩路堤填料推剪力学特性及计算方法

5.1 引 言

　　红层软岩风化体通常表现为一定强度且粒径较大的岩石颗粒与粒径较小的土颗粒的集合体。这种集合体的粒径分布较难控制，从而用风化红层软岩填筑的路堤、大坝等结构物的内部结构比较复杂。由于其含有不同大小、不同数量和不同分布形式的红层软岩块石颗粒而与一般土体的性质有较大差异，为了突出其物质组成和结构特性，这种填筑材料可归类为"土石混合体"。

　　国内外对土石混合体的研究有一定进展，但由于土石混合体组成物质种类繁多，对土石混合体特殊个案的力学特性研究仍然是工程界与学术界的研究热点。关于风化红层软岩这类型土石混合体的力学特性和强度参数的研究报道（特别是现场试验研究）至今都很少，这势必将影响这类岩土介质在红层地区公路工程、铁路工程以及大坝等工程中的大范围应用。

　　野外大尺度原位试验不存在试件采样和运输对土体的扰动影响，也不会改变路基填料压实后的颗粒级配与颗粒组合状态，是揭示红层软岩风化体力学特性的一种有效办法。因此，为进一步研究红层软岩的力学特性和强度参数，在湖南红层盆地高速公路红层软岩路堤上完成了 10 个大尺度现场推剪试验，分析了红层软岩路堤填料在推剪力作用下的变形和力学特性，以三维推滑平衡方法为理论基础，推导路堤填料在考虑三维滑动面时的强度参数计算公式，获得红层软岩粗粒土的强度指标（内摩擦角 φ 和黏聚力 c），分析了红层软岩路基填料强度的相关影响因素。同时，也用传统二维方法进行了对比分析。为深入研究红层软岩土石混合体路堤变形破坏机制、获取其强度参数具有重要意义，给红层地区红层软岩填料应用提供重要参考。

5.2 红层软岩路堤填料现场推剪试验

5.2.1 试验概况

现场试验路段位于湖南红层高速公路,地貌类型为丘陵地貌,微地貌为冲洪积平原,地形平缓,遍布农田、水塘,地面高程一般为 54~57 m。覆盖层厚 8~12 m。上部种植土褐色至灰褐色,稀软或松散,为水田表土或菜地土,厚度为 0.2~0.5 m,沿线均有分布;灰黄、褐黄、黄褐色亚黏土,一般呈可塑至硬塑状,局部软塑状或半坚硬状,厚度一般为 2.20~6.9 m,冲洪积成因;局部夹亚砂土褐黄色、黄褐色,可塑状,厚 0~3.2 m;卵石层呈灰褐至黄褐色,中密状,充填部分粗砂,主要分布于蒸水河北岸处,厚度 0~4.7 m,为冲洪积成因,局部含漂石;下部为钙泥质粉砂岩。

本次现场推剪试验一共完成了 10 个试样的剪切试验,1#~5#试样在里程 K124+620~K124+640 格宾加筋挡墙红层软岩填料路堤上开挖、制作,6#~10#试样在里程 K123+650~K123+680 土工格栅加筋挡墙红层软岩填料路堤上开挖、制作,试验现场及周边情况如图 5-1 和图 5-2 所示。

图 5-1 1#~5#试样试验现场

图 5-2 6#~10#试样试验现场

试验段路堤红层软岩填料多为钙泥质砂岩，易风化、易崩解，从现场开挖情况可以判断路堤填料颗粒粒径大部分在 120 mm 以下，但是也含有少量粒径 150~200 mm 的粗大颗粒，各试样含水量和压实度指标汇总于表 5-1 中。

表 5-1 试样含水量和压实度

试样编号	含水量/%	压实度/%	试样编号	含水量/%	压实度/%
1	12.8	94.9	6	12	95.3
2	14.5	93.8	7	11	95.9
3	13.5	94.2	8	13.9	93.9
4	15.1	93.7	9	12.3	95.1
5	13.0	94.5	10	11.5	95.5

5.2.2 试验方法

1. 试样开挖与准备

在路基中央选定试验场地，填料最大粒径最好不要大于 200 mm，本次试验一共选取了 10 个试验点进行原位剪切试验；由于填料粒径较大，测定压实度时不宜采用环刀法，可在开挖试验土坑前在三面临空处提前采用灌砂法测定填土压实度，并进行含水量测试和筛分。

据试验要求在预定深度处留出一个三面临空的长方形试验土体，土体两边各挖宽 40~60 cm 的小槽，正面留 50~60 cm 宽的槽，为与试验器材匹配，长方形试验土体都采用 80 cm × 120 cm × 150 cm（高×宽×长）的相同尺寸[见图 5-3（a）]。在用试样上沿推力方向打几列孔柱，灌进白色石灰，使之能在滑弧面处产生错动，以便协助三维破裂面的记录。

由于开挖后试样土体的竖向临空面难以保证平整，因此用黏土将试样土体的两个侧面抹平，待抹上的黏土风干后，将 12 mm 厚的钢化玻璃紧贴在土体两个侧面安置，并用木方或钢管将钢化玻璃加以支撑固定，以提供试样土体足够的侧向压力。同时，为减少侧面摩擦力，在钢化玻璃与土体接触侧面满涂润滑油。

2. 设备安装

紧贴试样正面临空面安装尺寸为 0.8 m × 1.2 m × 0.045 m（长×宽×厚）的钢板，并用钢管临时支撑钢板，以防其翻倒。

接着，将千斤顶的垫块安置于试样土体正面槽的底部正中，将千斤顶吊放至垫块上，千斤顶活塞轴向垂直已经安装的钢板，并且使千斤顶活塞与之接触紧密，然后将千斤顶与油箱连接。注意在安装千斤顶时，要使推力作用点位置在水平向居中、在垂直向距坑底高度为 1/3 土样高度处。接着将另外一块尺寸为 1.4 m × 1.5 m × 0.045 m（长×宽×厚）的钢板吊装安置在土样正面槽的后立面，并且使此钢板与千斤顶尾部紧密接触。此时，检查两钢板和与之接触的正面槽土体之间是否有比较明显的缝隙，若有则灌细沙并将沙插捣密实。

在土体正面开挖的土槽中打入两根钢管，在两钢管上安装位移计，指针垂直于前面的钢板，共安装 2 个，分两列沿钢板在垂直向距坑底高度为 1/3 土样高度处安装，每列百分比从左往右也分别在钢板水平向的 3 分点处，调节表的读数接近其量程。设备安装完毕示意以及安装结构可参考图 5-3（b）和图 5-3（c）。

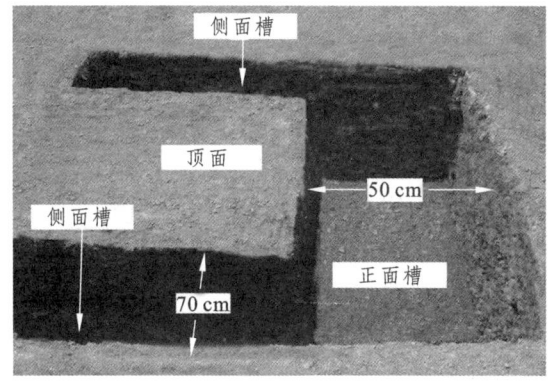

（a）试样开挖示意

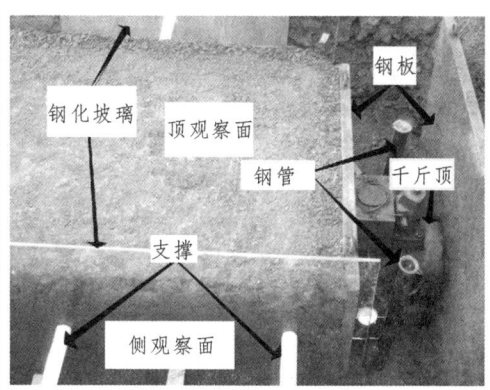

（b）试验设备安装示意

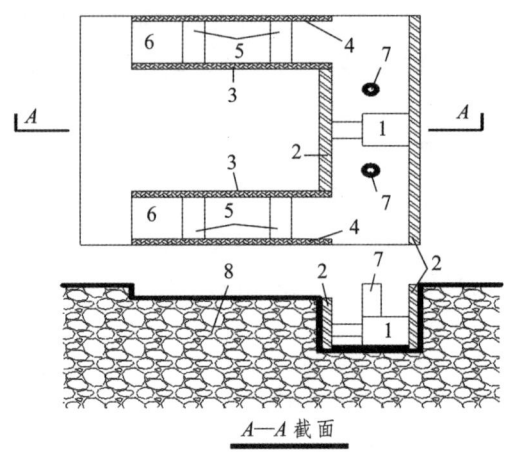

（c）试样构造详图
1—千斤顶；2—钢板；3—钢化玻璃；4—支撑面板；5—刚性支撑；
6—侧面槽；7—钢管；8—红砂岩填料。
图 5-3 红层软岩路堤现场水平推剪试验示意

3. 试验加载、卸载程序

将设备安装好后，徐徐施加水平推力，其加荷速度控制在每 15～20 s 内试样水平位移 2 mm 左右。控制位移计的读数，每 2 mm 左右读取一次千斤顶压力表数值。在加载过程中，通过侧面钢化玻璃和试样顶面观察裂缝的开展情况。当土体开始出现剪切面时，压力表上的读数达最大值，继续加荷，压力表读数不仅不增加，反而下降，此时认为土已被剪坏，记录压力表上的最大推力数，即为 P_{max} 值。停止加压后，使油压表读数后退并达到稳定值（也就是说滑动体达到极限平衡），此时的推力通常被认为是土的摩擦力，即为 P_{min}。

为了使滑动弧明显，可在土体剪坏后，反复施加推力和松开油阀，使挡板往返推动，以至试体的剪出部分与下部土层界线明显。拆卸试验设备，将上部滑体移掉，对滑动面进行描述。

5.3 红层软岩路堤填料推剪力学特性及计算分析

5.3.1 强度与变形特性

通过现场推剪试验，可以得到作用在试样上的水平推剪力与试样水平位移的对应关系，将其中 9 个试样的推力-位移曲线在图 5-4 给出。

通过对比各曲线变化趋势，结合裂缝开展过程的观测，具体分析红层软岩填料的强度与变形特性如下。在水平推剪过程中，红层软岩试样表现出明显的塑性变形特征，红层软岩风化土试样在水平推力作用下的推力–位移曲线发展呈现 4 个阶段（见图 5-5）：① 线弹性变形段（OA 段），推力随试样位移增长近似成比例增大，但试样在此阶段开始呈现一小段的非线性变形，这主要是试样初始的压密过程以及推力承载钢板与土体之间存在一定的空隙，对于压实度相对较低的试样而言该段变形较为明显（如1#、4#试样）。② 弹塑性变形段（AB 段），推力随试样位移增长继续呈增长趋势，但增长方式不同试样呈现不同的特点，其中一种增长方式接近线性增长（如 2#、3#、4# 和 9#试样），另一种增长方式非线性较为明显（如 1#、5#、6#、7#、8#等）。试样表面和侧面可以观察到少量破裂，但是在该阶段破裂传播速度比较缓慢，此时裂缝比较分散。③ 峰值屈服段（BC 段），该阶段曲线较为平缓，试样承载能力有一定幅度增长，随推力增大，试样位移速度明显增大，试样中作为粗颗粒充填成分的细颗粒黏结部分相继屈服、拉裂或剪裂，伴随有新的裂纹产生且裂纹有逐步连通趋势，继而，使其中原来没有接触的碎石颗粒特别是块石等粗颗粒发生接触，在水平推力的作用下，这些粗颗粒需要耗费较多能量被剪裂或者在没有被剪裂的情况下翻越相邻粗颗粒，导致试样强度再次增加，从而使试样土体内部产生较大膨胀，表现为试样表面隆起较为明显，试样表面和侧面的裂缝继续加宽、连通，并伴随着裂纹的扩展，破裂开始较快传播直至试样完全破坏，至 C 点达到试样的极限强度。④ 应变软化段（CD 段），峰值屈服段以后，试样承载能力逐渐下降，最后达到残余强度值，该阶段裂纹快速发展，并通过侧面钢化玻璃可观察到逐渐形成的宏观滑动面。

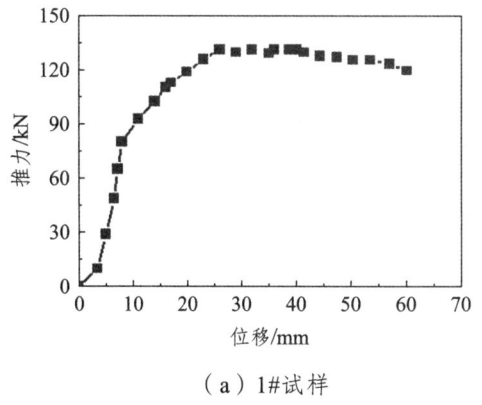

（a）1#试样

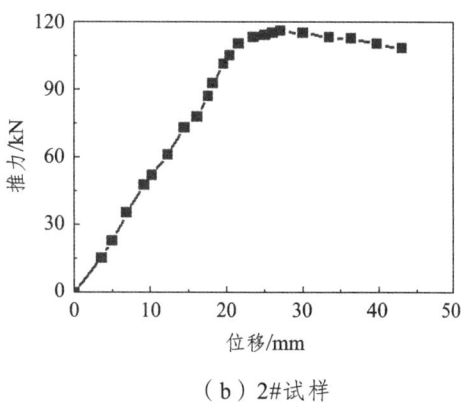

（b）2#试样

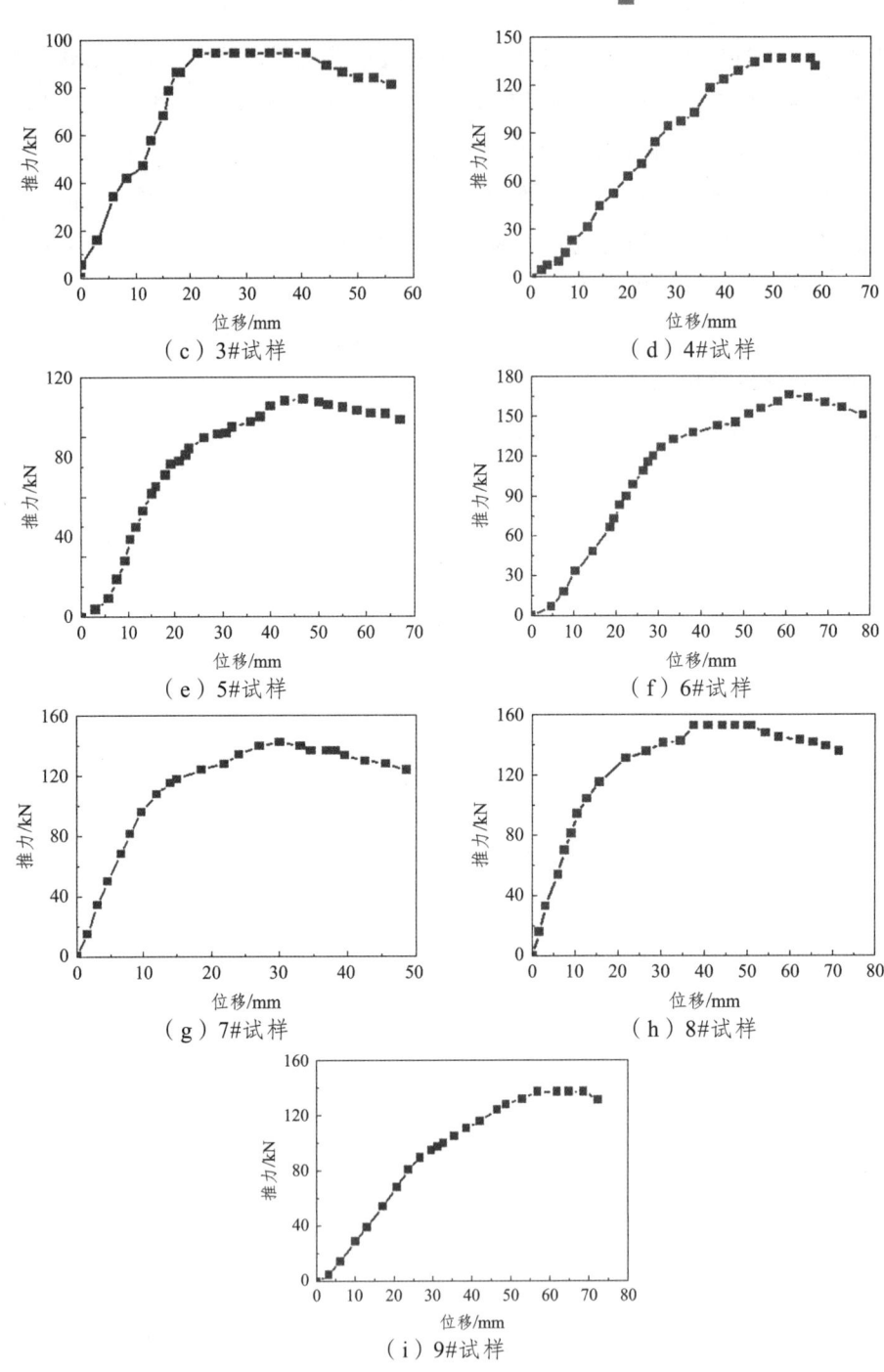

图 5-4 现场推剪试试验各试样推力-位移曲线

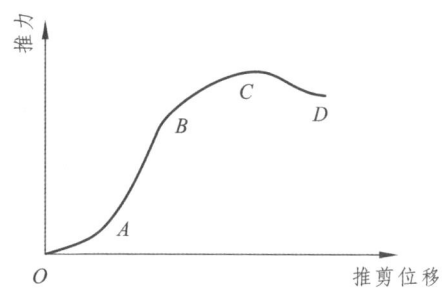

图 5-5　红层软岩路堤填料现场推剪试验典型推力-位移趋势线

通过对比各试样的曲线发现，虽然试验在同一地段进行，但推力–位移曲线还是有一定变化，峰值强度变化幅度稍大，如最小峰值推力是 95 kN（试样 3#），最大的峰值推力是 166 kN（试样 6#），这主要是由于各试样所在具体位置红层软岩填料的颗粒级配与分布、粗颗粒含量与形状、粗颗粒强度、试样含水量和压实度等的差别。

通过侧面钢化玻璃和试样顶面可监控试样的裂缝发展过程，侧面裂缝首先在试样局部出现，接下来随着各裂缝的开展而形成完整的滑动裂缝[见图 5-6（a）]，试样顶面首先观察到沿着推力方向纵向裂缝的开展，随着试样位移和表面隆起量的增加，逐渐在试样表面远离推力作用面的位置形成一条不规则的裂缝[见图 5-6（b）]。同时，在观察试样侧面和表面各裂缝开展过程也可以发现，当裂缝遇到较大的粗颗粒（如块石）时一般有两种发展趋势，其一就是裂缝通过块石将其剪裂，其二就是遇到强度较高的块石时裂缝从其旁绕过，可见混合体中粗颗粒特别是块石对试样的破坏形态及强度有较大影响。综合 10 个试样裂缝情况，可以发现试验段红层软岩路堤在水平推剪力作用下的破坏形态以裂缝穿过块石为主，仅有部分裂缝绕过强度较高的碎石发展，这使得试样的破坏一定程度类似土质边坡的圆弧滑动，从而在不同位置沿推力作用方向剖切滑动体时得到的滑动面近似为圆弧状，但各圆弧的半径不尽相同，使得三维滑动面并非单一的圆弧面，而是由半径不同的多个圆弧面相连接的不规则面（简化为组合圆弧滑动面），典型的三维滑动面如图 5-7 所示。

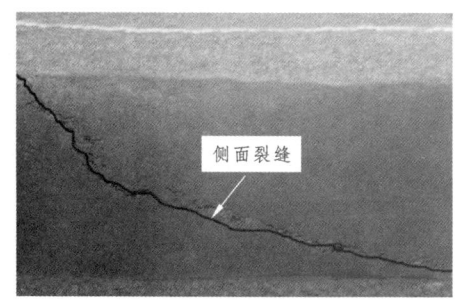

（a）试样侧面裂缝示意

（b）试样顶面裂缝示意

图 5-6　试样侧面和表面裂缝开展

图 5-7　试样典型三维滑动面图示

5.3.2　红层软岩填料强度参数的二维分析方法

通过现场推剪试验求取试样强度参数主要采用二维推滑平衡方法[1-3]，通过分析水平推力、滑动体自身重力以及滑动面上的抗力等力系的极限平衡，来计算试样填料内摩擦角和黏聚力等强度指标。

1. 二维简化滑动面

根据现场 10 个试样的推剪试验可知，块石等颗粒分布的不均匀性导致滑动面的不规则性，为简化问题可采用平均圆弧滑动面。平均圆弧滑动面的做法如下（见图 5-8）：在现场处理得到的三维滑动面上沿垂直推力方向每隔一定距离测量一滑动断面，对每一滑动断面按圆弧状处理求出其半径，然后将各个圆弧滑动断面半径的平均值作为平均滑动面半径，以此平均值为半径画圆即可得到平均圆弧滑动面，沿垂直推力方向拉伸此断面即可获得简化的圆弧滑动曲面，根据现场试验资料，分别绘制各试样滑动体的实测平均滑动断面如图 5-9 所示。以 $b-b$ 滑动断面为例说明圆弧滑动断面半径求解方法，如 $b-b$ 滑动断面所示连接滑动面 e、f 两端点，作线段 ef 的垂直平分线交线段 fd 的延长线于点 k，以 k 点为圆心，kf 为半径作圆即可得到滑动圆弧 $\overset{\frown}{ef}$，与实测滑动断面相比，简化的圆弧断面比较接近实测结果。

第 5 章　红层软岩路堤填料推剪力学特性及计算方法

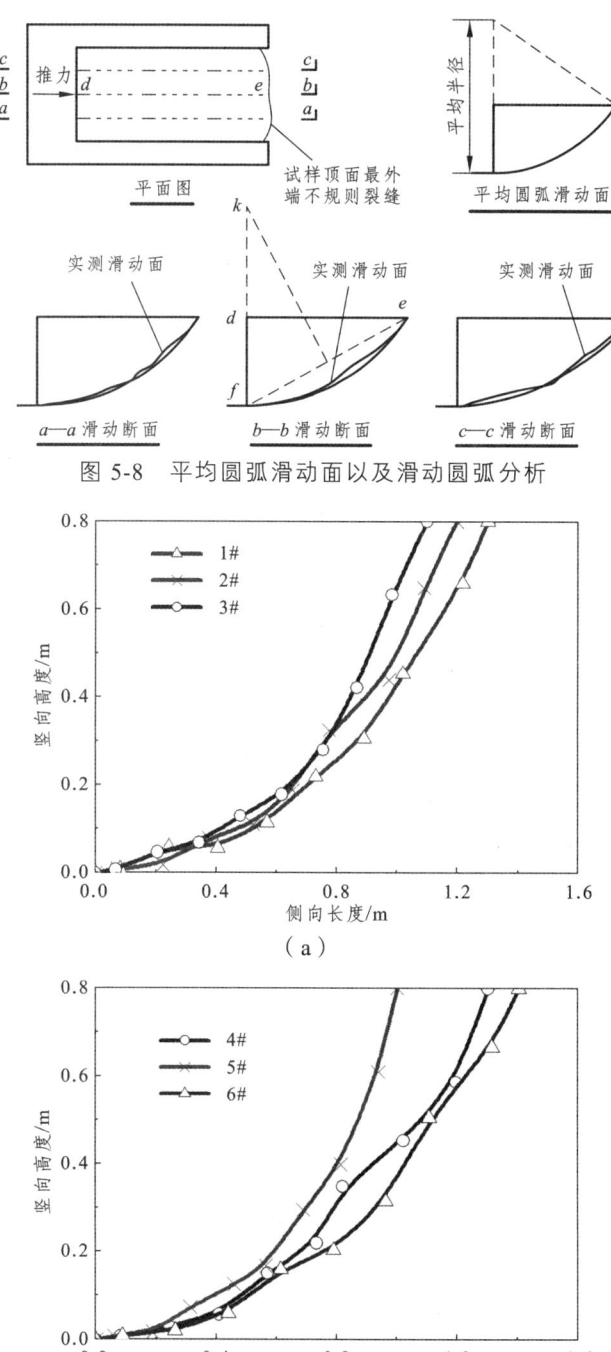

图 5-8　平均圆弧滑动面以及滑动圆弧分析

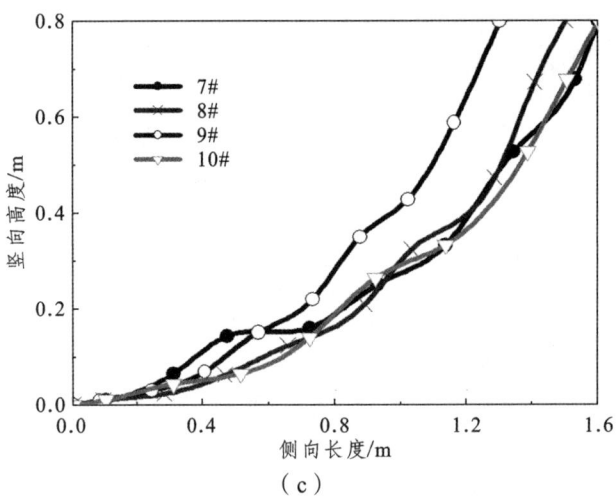

（c）

图 5-9　各试样实测平均滑动面图示

2. 滑动体极限平衡二维简化分析方法

已有的关于土石混合体推剪试验数据处理方法通常二维分析。对整个滑动体来说，与推力平衡的力系中除了滑动体自重、滑动面上的抗力，还有试样两侧面板与土体间的摩擦力，在本试验中，因两侧面板与土体之间采用了光滑化措施而很大程度上降低了两者间的摩擦力，为简化问题认为侧摩擦力等于零，因此，作用在滑动体上的有效推力即为千斤顶输出的推力。

得到作用在滑动体上有效推力后，以平均圆弧滑动面为脱离体、取单宽土体按照平面问题进行分析，等间距将平均圆弧滑动面划分为若干竖向条块，作用在平均圆弧滑动面上的力系如图 5-10 所示，图中各变量含义如下：$\overline{P}$ 为作用在单位宽度上的有效推力；$\overline{P}_i$ 为作用在第 i 条块的有效水平推力；N_i 为作用在第 i 条块滑动面处的法向反力；T_i 为作用在第 i 条块滑动面的切向摩擦力；g_i 为第 i 条块自重；$1 \sim n$ 代表 n 个竖向条块的序号；L 为平均圆弧滑动面顶面长度；L_i 为平均圆弧滑动面第 i 条块顶面长度；θ_{i0} 为平均圆弧滑动面第 i 条块弧长对应的圆心角；θ_i 为第 i 条块重力与第 i 条块滑动面处的法向反力的夹角；H 为试样高度；B 为试样宽度。

其中几个变量按下式计算：

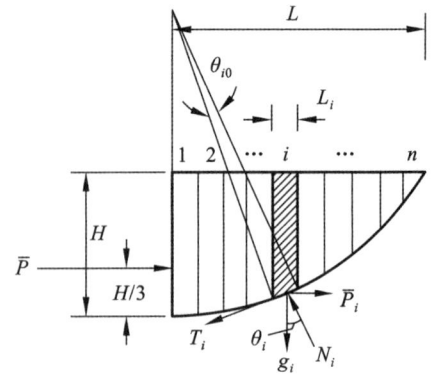

图 5-10　圆弧条块分析力系示意

$$\left.\begin{aligned}&\overline{P} = P/B \\ &\overline{P}_i = \overline{P}\, g_i/G \\ &g_i = \gamma B H_i L_i \\ &G = \sum_{i=1}^{n} g_i\end{aligned}\right\} \tag{5-1}$$

式中，P——现场推剪试验实测推力；

γ——土体容重（kN/m³）；

H_i，L_i——条块 i 的高、长（m）；

g_i，G——第 i 条块和整个滑弧体自重（kN）；

B，H——滑弧体宽度、高度（m）。

假定滑动体安全系数 FS 定义为滑动面抗剪强度 τ_f 与作用在其上剪切应力 τ_r 的比值，即 $FS = \tau_f/\tau_r$，根据作用于滑弧上的力系，建立第 i 条块在有效推力 $\overline{P}$ 作用时滑动面上安全系数表达式如下：

$$FS = \frac{N_i \tan\varphi + c l_i}{T_i} = \frac{\left(\dfrac{\overline{P}}{G} g_i \sin\theta_i + g_i \cos\theta_i\right)\tan\varphi + c l_i}{\dfrac{\overline{P}}{G} g_i \cos\theta_i - g_i \sin\theta_i} \tag{5-2}$$

试样在最小推力 $P_{\min}$ 作用时处于稳定的临界状态，即极限平衡状态，此时各条块安全系数 $FS = 1$，由此得到第 i 条块滑动面上的极限平衡方程：

$$\left(\frac{P_{\min}}{G} g_i \sin\theta_i + g_i \cos\theta_i\right)\tan\varphi + c l_i = \frac{P_{\min}}{G} g_i \cos\theta_i - g_i \sin\theta_i \tag{5-3}$$

将 n 个滑动条块极限平衡方程求和，得

$$\left(\frac{P_{\min}}{G}\sum_{i=1}^{n} g_i \sin\theta_i + \sum_{i=1}^{n} g_i \cos\theta_i\right)\tan\varphi + c\sum_{i=1}^{n} l_i = \frac{P_{\min}}{G}\sum_{i=1}^{n} g_i \cos\theta_i - \sum_{i=1}^{n} g_i \sin\theta_i \tag{5-4}$$

化简可得

$$\tan\varphi = \frac{\dfrac{P_{\min}}{G}\sum_{i=1}^{n} g_i \cos\theta_i - \sum_{i=1}^{n} g_i \sin\theta_i - c\sum_{i=1}^{n} l_i}{\dfrac{P_{\min}}{G}\sum_{i=1}^{n} g_i \sin\theta_i + \sum_{i=1}^{n} g_i \cos\theta_i} \tag{5-5}$$

水平推力峰值 $P_{\max}$ 和稳定值 $P_{\min}$ 之差反映滑动面上的黏聚摩擦能力[19]，因此，可知试样的黏聚力为

$$c = \frac{P_{\max} - P_{\min}}{B\sum_{i=1}^{n} l_i} \tag{5-6}$$

式中，$P_{\max}$——最大推力（峰值）、消除两侧摩阻力后有效推力（kN）；

$P_{\min}$——最小水平推力或稳定临界推力（kN）；

l_i——条块 i 的滑弧长（m）。

3. 二维分析算例

按照上述方法即可计算试样材料的强度指标（黏聚力 c 和内摩擦角 φ），分析时的具体步骤如下：第一步，根据现场实测的滑动面数据，确定平均圆弧滑动面；第二步，确定平均滑动面的划分条块数 n；第三步，对平均滑动圆弧进行分析，计算每一条块的自重 g_i、滑动体自重、每个条块重力与每个条块滑动面处的法向反力的夹角 θ_i、每一条块的滑弧长度 l_i；第四步，根据式（5-6）计算黏聚力；第五步，根据式（5-5）计算内摩擦角。

下面以试样 3 的分析为例，说明该方法的运用过程，试样基本数据如下：$H = 0.8$ m，$B = 1.2$ m，$L_0 = 1.5$ m，$L = 1.0$ m，$n = 8$，$\gamma = 18.65$ kN/m³，$P_{\max} = 95$ kN，$P_{\min} = 65$ kN。试样的实测平均滑动面数据如图 5-9 所示，试样的圆弧条块分析数据计算过程与结果列于表 5-2 中，抗剪强度参数 c、φ 计算过程与结果列于表 5-3 中。1#~10#各试样强度指标二维分析结果列于表 5-4 中。

表 5-2 3#试样剪切条块分析数据

条块序号	条块尺寸/m			条块重量 g_i/kN	l_i	$g_i\cos\theta_i$	$g_i\sin\theta_i$
	B	H_i	L_i				
1	1.2	0.792	0.125	2.217	0.125	2.168 8	0.295 3
2	1.2	0.783	0.125	2.190	0.127	2.121 4	0.425 5
3	1.2	0.751	0.125	2.101	0.131	1.970 2	0.665 7
4	1.2	0.702	0.125	1.964	0.138	1.744 6	0.863 2
5	1.2	0.632	0.125	1.768	0.150	1.446 8	0.995 0
6	1.2	0.535	0.125	1.497	0.169	1.079 3	1.029 3
7	1.2	0.399	0.125	1.119	0.207	0.650 7	0.911 7
8	1.2	0.189	0.125	0.530	0.335	0.182 9	0.509 6
总和				13.385	1.383	11.364 4	5.695 4

表 5-3 3#试样抗剪强度参数 c、φ 结果

试样序号	P_{max}/kN	P_{min}/kN	$\sum_{i=1}^{n}g_i\cos\alpha_i$/kN	$\sum_{i=1}^{n}g_i\sin\alpha_i$/kN	$c\sum_{i=1}^{n}l_i$/(kN/m)	c/kPa	φ/(°)
3	95.0	65.0	11.364 4	5.695 4	25.0	18.1	32.1

表 5-4 试样抗剪强度指标二维分析结果

试样序号	c/kPa	φ/(°)	试样序号	c/kPa	φ/(°)
1	26.8	31.7	6	30.2	37.3
2	22.4	30.0	7	17.9	44.8
3	18.1	32.1	8	30.1	28.3
4	29.1	26.3	9	26.3	32.8
5	21.3	32.2	10	20.4	41.7

5.3.3 红层软岩填料强度参数的三维分析方法

1. 试样滑动体的三维离散

三维极限平衡法目前已被广泛应用于边坡的稳定性研究中[4, 5]，本次水平推剪试验数据亦可基于三维极限平衡和简化三维滑动面进行分析。建立如图 5-11 所示的坐标系，x 轴的正方向与试样水平推力方向相同，y 的正方向与重力方向相反，z 轴的正方向按照右手法则确定，坐标原点选择试样右下角点。

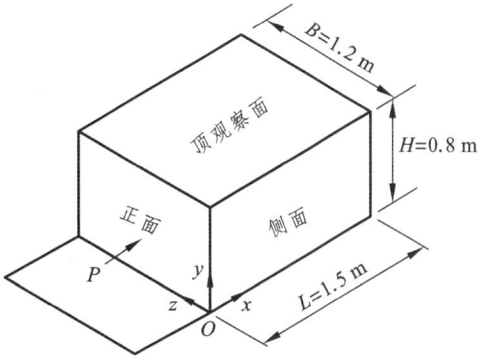

图 5-11 试样尺寸和坐标系

从现场三维滑动面测量结果可知，滑动面通常为不规则的三维曲面，且其与试样顶面的交线为一不规则曲线，但对此曲面沿推力作用方向剖切，得到的滑动线近似于圆弧状（见图 5-12）。因此，滑动体可被一系列平行和垂直于 xy 面的平面离散[见图 5-13（a）]，离散的每一列向滑动体底面可以简化为圆柱面，此圆柱面的确定方法如下：将试样宽度 B 均分为 m 列，每列滑动块与试样顶面的交线段平行于顶推面[见图 5-13（b）]；线段 l_{cd} 的垂直平分线 l_{ojf}，与 l_{de} 延长线的交点就是第 j 列滑动体的圆心[见图 5-13（c）]。

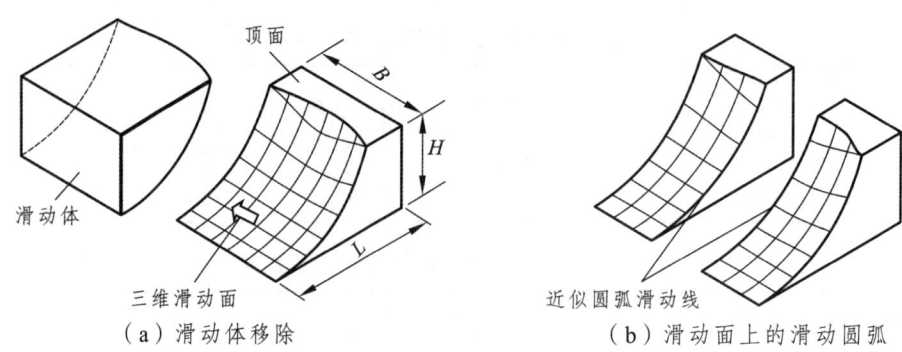

(a) 滑动体移除　　　　　(b) 滑动面上的滑动圆弧

图 5-12　典型三维滑动面示意

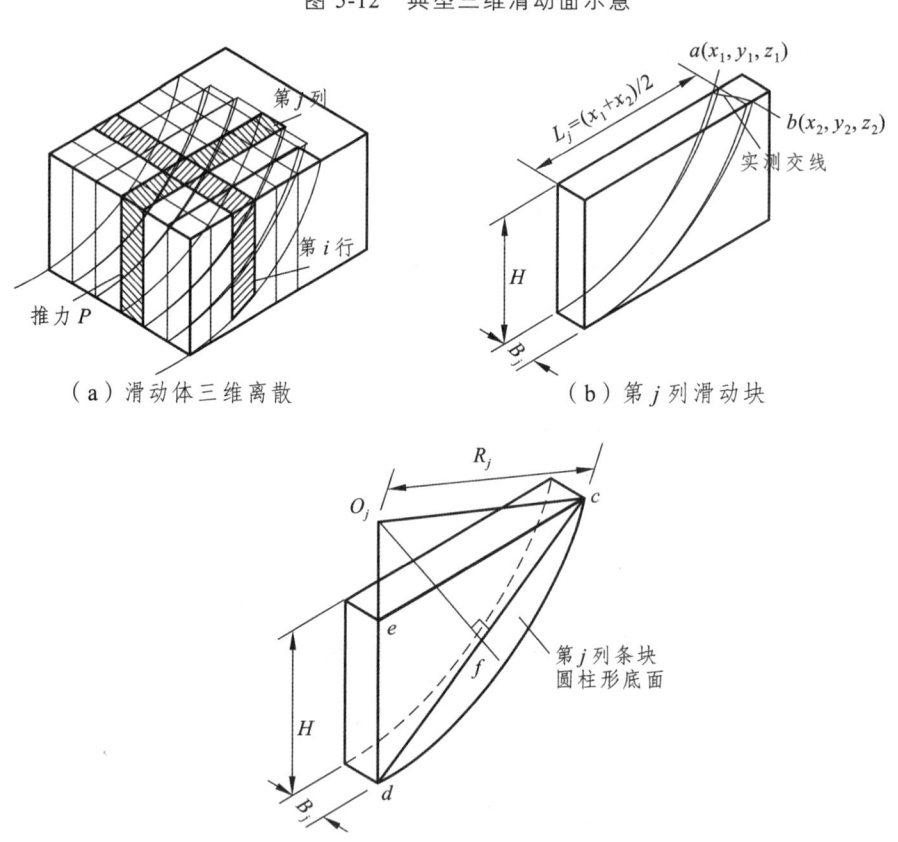

(a) 滑动体三维离散　　　　　(b) 第 j 列滑块

(c) 第 j 列滑块滑动圆心

图 5-13　滑动体三维离散方法

2. 滑动体极限平衡简化三维分析方法

在对试样受力分析时引入下面假设：在试样稳定临界水平推力 P_{min} 作用下试样处

于极限平衡状态；作用在各列滑动体的水平推力 (P_j) 与其自重占滑动体总重比例成正比；条块底面切向反力 T_{ij} 平行 xOy 平面(见图5-14)，图5-14中各变量含义如下：P_j 为作用在第 j 列滑动体的有效推力；P_{ij} 为作用在第 j 列滑动体第 i 条块的有效水平推力；N_{ij} 为作用在第 j 列滑动体第 i 条块滑动面处的法向反力；T_{ij} 为作用在第 j 列滑动体第 i 条块滑动面的切向摩擦力；g_{ij} 为第 j 列滑动体第 i 条块自重，按 $g_{ij} = \gamma B_{ij} H_{ij} L_{ij}$ 计算，B_{ij}、H_{ij} 为第 j 列滑动体第 i 条块的宽和高；1~n 代表第 j 列滑动体 n 个竖向条块的序号；L_j 为第 j 列滑动体顶面长度；L_{ij} 为第 j 列滑动体第 i 条块顶面长度；θ_i 为第 j 列滑动体第 i 条块弧长对应的圆心角；θ_{ij} 为第 j 列滑动体第 i 条块重力与第 i 条块滑动面处的法向反力的夹角；H 为试样高度；B 为试样宽度。

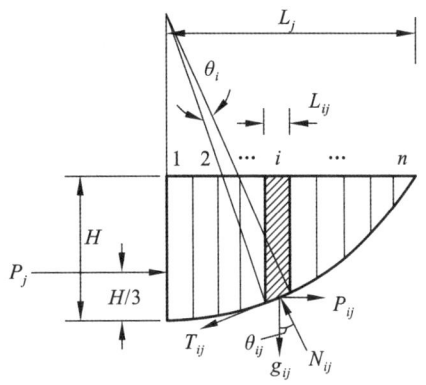

图 5-14　第 j 列滑动块受力分析

由二维分析可知试样的黏聚力可表述为

$$c = \frac{P_{\max} - P_{\min}}{\sum_{j=1}^{m}\sum_{i=1}^{n} A_{ij}} \tag{5-7}$$

式中，c 为试样的黏聚力；m 为滑动体的划分列数；n 为第 j 列滑动体的划分条块数(划分行数)；$A_{i,j}$ 为第 j 列、i 行滑动条柱底面的面积：

$$A_{ij} = B_j \cdot R_j \cdot \theta_i = B_j \cdot R_j \cdot \left\{\arcsin\left(\frac{i \cdot L_{ij}}{R_j}\right) - \arcsin\left[\frac{(i-1)L_{ij}}{R_j}\right]\right\} \tag{5-8}$$

B_j、R_j、L_{ij}、θ_i 含义如图 5-13 和图 5-14 所示。

定义安全系数 F_s 仍按二维分析方法的定义，对整个滑动体而言，滑动体安全系数可表述如下：

$$F_s = \frac{\sum_{j=1}^{m}\sum_{i=1}^{n}(cA_{ij} + N_{ij}\tan\varphi)}{\sum_{j=1}^{m}\sum_{i=1}^{n} T_{ij}} = \frac{c\sum_{j=1}^{m}\sum_{i=1}^{n} A_{ij} + \left(\dfrac{P}{G}\sum_{j=1}^{m}\sum_{i=1}^{n} g_{ij}\sin\theta_{ij} + \sum_{j=1}^{m}\sum_{i=1}^{n} g_{ij}\cos\theta_{ij}\right)\tan\varphi}{\dfrac{P}{G}\sum_{j=1}^{m}\sum_{i=1}^{n} g_{ij}\cos\theta_{ij} - \sum_{j=1}^{m}\sum_{i=1}^{n} g_{ij}\sin\theta_{ij}} \tag{5-9}$$

式中，P 为现场实测推力；l_{ij} 为第 j 列第 i 条块滑动弧长度；G 为滑动体的总重力；φ 为试样的内摩擦角。

当试样达到稳定临界状态，即 P_{min} 作用时处于极限平衡状态，此时安全系数 $F_s=1.0$，代入式（5-9）得内摩擦角 φ 计算公式：

$$\tan\varphi = \frac{\dfrac{P_{min}}{G}\sum_{j=1}^{m}\sum_{i=1}^{n}g_{ij}\cos\theta_{ij} - \sum_{j=1}^{m}\sum_{i=1}^{n}g_{ij}\sin\theta_{ij} - c\sum_{j=1}^{m}\sum_{i=1}^{n}A_{ij}}{\dfrac{P_{min}}{G}\sum_{j=1}^{m}\sum_{i=1}^{n}g_{ij}\sin\theta_{ij} + \sum_{j=1}^{m}\sum_{i=1}^{n}g_{ij}\cos\theta_{ij}} \quad (5\text{-}10)$$

3. 三维分析算例

三维分析计算试样材料的强度指标的步骤与二维分析步骤类似：第一步，根据现场实测的滑动面数据，确定三维滑动面；第二步，确定滑动体的划分列数 m 和划分行数 n，并对滑动体三维离散；第三步，计算每一条块的自重 g_{ij}、滑动体自重、每个条块重力与每个条块滑动面处的法向反力的夹角 θ_{ij}、每一条块的滑弧长度 l_{ij}；第四步，根据式（5-7）计算黏聚力；第五步，根据式（5-10）计算内摩擦角。

为与二维方法对比，下面仍以试样 3 的分析为例，说明三维分析方法的运用过程，试样基本数据如下：$H=0.8$ m，$B=1.2$ m，$L_0=1.5$ m，$m=5$，$n=8$，$L_1=0.55$ m，$L_2=0.6$ m，$L_3=1.2$ m，$L_4=1.2$ m，$L_5=1.3$ m，$\gamma=18.65$ kN/m³，$P_{max}=95$ kN，$P_{min}=65$ kN。试样的实测三维滑动面与简化滑动面比较如图 5-15 所示，可见，上述三维滑动面简化方法得到的简化三维滑动面与实测结果接近，简化滑动体的三维离散如图 5-16 所示。3#试样各列滑动体条块分析数据计算过程与结果分别列于表 5-5～表 5-9 中，抗剪强度参数 c、φ 计算过程与结果列于表 5-10 中。1#～10#各试样强度指标三维分析结果及其与二维结果的对比列于表 5-11 中。

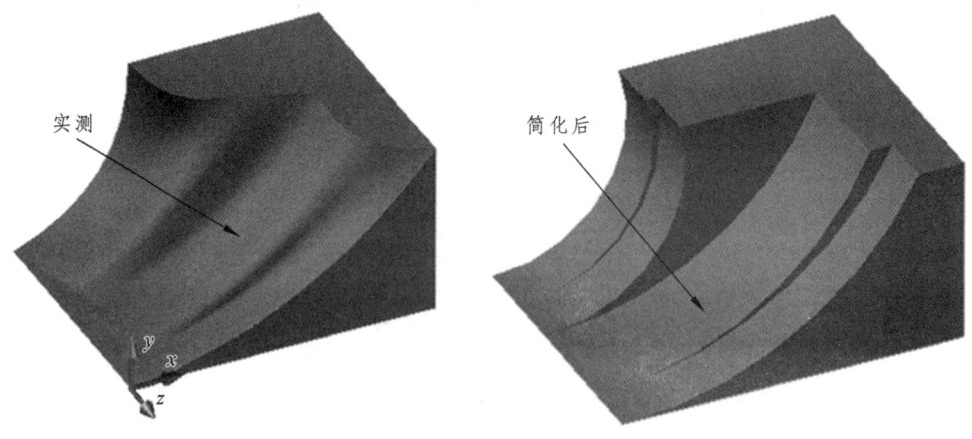

图 5-15 3#试样简化和实测三维滑动面对比

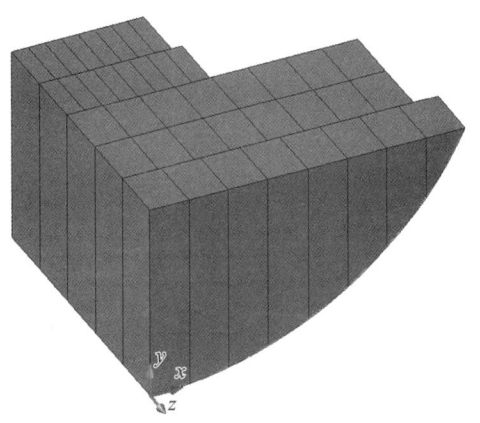

图 5-16 3#试样简化三维滑动体三维离散

表 5-5 3#试样第 1 列滑动体条块分析数据

条块序号	条块尺寸/m			条块重量 g_{ij}/kN	A_{ij}/m²	$g_{ij}\cos\theta_{ij}$	$g_{ij}\sin\theta_{ij}$
	B_{ij}	H_{ij}	L_{ij}				
11	0.24	0.796	0.068 8	0.245	0.016 5	0.243 3	0.028 59
21	0.24	0.791	0.068 8	0.243	0.016 8	0.239 6	0.042 61
31	0.24	0.774	0.068 8	0.238	0.017 3	0.227 9	0.069 53
41	0.24	0.749	0.068 8	0.230	0.018 1	0.210 3	0.094 10
51	0.24	0.712	0.068 8	0.219	0.019 4	0.156 5	0.125 11
61	0.24	0.663	0.068 8	0.204	0.021 6	0.126 3	0.140 89
71	0.24	0.595	0.068 8	0.183	0.025 5	0.099 2	0.158 84
81	0.24	0.496	0.068 8	0.153	0.035 1	0.053 8	0.153 54
总和				1.715	0.170 3	1.356 9	0.813 21

表 5-6 3#试样第 2 列滑动体条块分析数据

条块序号	条块尺寸/m			条块重量 g_{ij}/kN	A_{ij}/m²	$g_{ij}\cos\theta_{ij}$	$g_{ij}\sin\theta_{ij}$
	B_{ij}	H_{ij}	L_{ij}				
12	0.24	0.795	0.075	0.267	0.018 0	0.265 1	0.032 05
22	0.24	0.790	0.075	0.265	0.018 3	0.260 8	0.047 72
32	0.24	0.771	0.075	0.259	0.018 9	0.247 0	0.077 67
42	0.24	0.742	0.075	0.249	0.020 0	0.226 1	0.104 65
52	0.24	0.701	0.075	0.235	0.021 4	0.168 1	0.137 08

续表

条块序号	条块尺寸/m			条块重量 g_{ij}/kN	A_{ij}/m²	$g_{ij}\cos\theta_{ij}$	$g_{ij}\sin\theta_{ij}$
	B_{ij}	H_{ij}	L_{ij}				
62	0.24	0.645	0.075	0.216	0.024 0	0.132 6	0.152 81
72	0.24	0.566	0.075	0.190	0.029 0	0.098 9	0.168 23
82	0.24	0.447	0.075	0.150	0.043 5	0.045 5	0.155 18
总和				1.831	0.193 1	1.444 1	0.875 39

表 5-7　3#试样第 3 列滑动体条块分析数据

条块序号	条块尺寸/m			条块重量 g_{ij}/kN	A_{ij}/m²	$g_{ij}\cos\theta_{ij}$	$g_{ij}\sin\theta_{ij}$
	B_{ij}	H_{ij}	L_{ij}				
13	0.24	0.791	0.137 5	0.531	0.036 1	0.527 7	0.061 30
23	0.24	0.780	0.137 5	0.524	0.036 6	0.516 0	0.090 68
33	0.24	0.745	0.137 5	0.500	0.037 6	0.478 8	0.144 24
43	0.24	0.689	0.137 5	0.463	0.039 4	0.423 4	0.186 89
53	0.24	0.611	0.137 5	0.410	0.042 2	0.320 6	0.223 01
63	0.24	0.505	0.137 5	0.039	0.046 7	0.231 9	0.225 03
73	0.24	0.360	0.137 5	0.242	0.054 8	0.139 8	0.201 21
83	0.24	0.151	0.137 5	0.102	0.073 6	0.031 0	0.107 80
总和				2.811	0.367 0	2.669 2	1.240 16

表 5-8　3#试样第 4 列滑动体条块分析数据

条块序号	条块尺寸/m			条块重量 g_{ij}/kN	A_{ij}/m²	$g_{ij}\cos\theta_{ij}$	$g_{ij}\sin\theta_{ij}$
	B_{ij}	H_{ij}	L_{ij}				
14	0.24	0.791	0.137 5	0.531	0.036 1	0.527 7	0.061 30
24	0.24	0.780	0.137 5	0.524	0.036 6	0.516 0	0.090 68
34	0.24	0.745	0.137 5	0.500	0.037 6	0.478 8	0.144 24
44	0.24	0.689	0.137 5	0.463	0.039 4	0.423 4	0.186 89
54	0.24	0.611	0.137 5	0.410	0.042 2	0.320 6	0.223 01
64	0.24	0.505	0.137 5	0.039	0.046 7	0.231 9	0.225 03
74	0.24	0.360	0.137 5	0.242	0.054 8	0.139 8	0.201 21
84	0.24	0.151	0.137 5	0.102	0.073 6	0.031 0	0.107 80
总和				2.811	0.367 0	2.669 2	1.240 16

第5章 红层软岩路堤填料推剪力学特性及计算方法

表 5-9 3#试样第 5 列滑动体条块分析数据

条块序号	条块尺寸/m			条块重量 g_{ij}/kN	A_{ij}/m^2	$g_{ij}\cos\theta_{ij}$	$g_{ij}\sin\theta_{ij}$
	B_{ij}	H_{ij}	L_{ij}				
15	0.24	0.791	0.162 5	0.575	0.039 1	0.571 7	0.064 19
25	0.24	0.779	0.162 5	0.567	0.039 6	0.558 9	0.094 90
35	0.24	0.742	0.162 5	0.540	0.040 6	0.518 4	0.150 60
45	0.24	0.684	0.162 5	0.498	0.042 4	0.458 2	0.194 40
55	0.24	0.603	0.162 5	0.439	0.045 2	0.349 3	0.230 27
65	0.24	0.493	0.162 5	0.359	0.049 5	0.253 4	0.230 29
75	0.24	0.346	0.162 5	0.252	0.056 9	0.153 4	0.202 67
85	0.24	0.141	0.162 5	0.102	0.072 3	0.036 1	0.105 72
总和				3.332	0.385 6	2.899 4	1.273 04

表 5-10 3#试样抗剪强度参数 c、φ 结果

试样序号	$P_{\max}$/kN	$P_{\min}$/kN	$\sum_{j=1}^{5}\sum_{i=1}^{8}g_{ij}\cos\alpha_{ij}$/kN	$\sum_{j=1}^{5}\sum_{i=1}^{8}g_{ij}\sin\alpha_{ij}$/kN	$c\sum_{j=1}^{5}\sum_{i=1}^{8}A_{ij}$/(kN/m)	c/kPa	φ/(°)
3	95.0	65.0	11.038 8	5.441 9	25.0	20.2	26.89

从表 5-11 二维和三维分析两种结果可以看出，三维分析分析方法计算得到的强度参数小于传统的二维分析方法结果，三维分析结果的方差也明显小于二维分析结果，由于三维分析方法充分考虑了滑面的三维形态特征，使得计算结果更为可靠。因此，在通过原位试验获得红层软岩的强度参数时，宜采用三维分析方法。

表 5-11 各试样抗剪强度指标二维与三维分析结果比较

试样序号	三维方法		二维方法	
	c/kPa	φ/(°)	c/kPa	φ/(°)
1	21.81	30.35	26.82	31.71
2	20.00	26.05	22.41	30.04
3	20.20	26.89	21.28	32.15
4	19.82	25.75	29.14	26.32
5	20.41	27.32	21.68	32.27

续表

试样序号	三维方法		二维方法	
	c/kPa	φ/(°)	c/kPa	φ/(°)
6	23.22	32.48	30.28	37.39
7	24.13	33.74	23.00	44.80
8	20.10	26.59	30.15	28.35
9	22.15	30.72	26.36	32.81
10	23.81	32.98	24.07	41.73
均值	21.56	29.29	25.25	33.76
方差	2.84	9.63	12.27	34.11

5.4 本章小结

在湖南红层盆地高速公路红层软岩路堤上完成了10个大尺度现场推剪试验,研究了红层软岩路堤填料的变形和力学特性,基于二维和三维极限分析方法,推导推剪试验中红层软岩路堤填料强度参数计算公式,获得红层软岩路堤填料的强度指标。从中主要可以得到以下结论:

(1)大尺度现场剪切试验是揭示红层软岩路堤填料变形和力学特性、确定其强度指标的一种有效办法。

(2)红层软岩路堤填料具有明显的应力屈服和塑性变形特征,并表现出全应力-应变曲线特征,在水平推力作用下的推力-位移曲线发展呈现线弹性变形段、弹塑性变形段、峰值屈服段和应变软化段等4个阶段。

(3)红层软岩路堤填料推剪试样的破坏一定程度类似土质边坡的圆弧滑动,但试样三维滑动面并非单一的圆弧面,可简化为由半径不同的多个圆弧面相连接的不规则面曲面。

(4)通过传统方法和三维方法计算,得到现场红层软岩路堤填料黏聚力和内摩擦角的均值分别为25.25 kPa和33.76°、21.56 kPa和29.29°,黏聚力和内摩擦角的方差分别为12.27和34.11、2.84和9.63。可见,采用三维方法计算现场推剪试验试样的强度参数,其结果的离散性明显小于传统的二维方法,采用三维方法计算的结果更加可靠。

（5）同一地段红层软岩路堤填料的强度参数 c、φ 值有一定幅度的波动，因此，在进行此类路堤边坡的稳定性分析时，应该在试验基础上确定其内摩擦角和黏聚力变化幅度后，选取最不利的 c、φ 值组合进行分析。

参考文献

[1] 徐文杰，胡瑞林，谭儒蛟，等. 虎跳峡龙蟠右岸土石混合体野外试验研究[J]. 岩石力学与工程学报，2006，25（6）：1270-1277.

[2] 油新华，汤劲松. 土石混合体野外水平推剪试验研究[J]. 岩石力学与工程学报，2002，21（10）：1537-1540.

[3] 常士骠. 工程地质手册[M]. 3 版. 北京：中国建筑工业出版社，1992.

[4] 陈祖煜，弥宏亮，汪小刚，等. 边坡稳定三维分析的极限平衡方法[J]. 岩土工程学报，2001，23（5）：525-529.

[5] 张发明，陈祖煜，弥宏亮. 三维极限平衡理论及其在块体稳定分析中的应用[J]. 水文地质工程地质，2002，29（4）：33-35.

第6章

红层软岩加筋土力学特性及宏细观加固机理分析

6.1 红层软岩加筋土力学特性三轴试验及宏观加固机理

红层软岩在红层区域公路、铁路和坝基等结构中是常用的填筑材料。目前，已有较多关于红层软岩用于工程，特别是公路和铁路工程应用的报道。但工程实践表明[1-4]，红层软岩粗粒土填筑路基路段通常存在较多的路基破坏病害。究其原因，主要是由于其力学性质不能满足要求。通常可以采用物理改性方法对红层软岩填料进行加固，而加筋是物理改性一种常用的方法。由于可以改善结构承载能力、增加结构强度和刚度、减少沉降以及节约投资和施工时间[5-8]，加筋土被广泛应用于岩土工程，如公路和铁路路基建设、边坡稳定、软基加固等[9-13]。然而，要在红层软岩粗粒土中合理地运用加筋技术，则需正确评价其加筋体的强度、变形特性以及加筋效果。但在加筋加固条件下，红层软岩填料物理力学性能的改变规律研究非常少，毫无疑问这种状态将极大地影响红层软岩粗粒土在工程中的应用，特别是高填方路基、挡墙等结构中的应用。

目前关于加筋土的研究，其重点是加筋土的强度和力学机理、筋材类型、筋材形状和布置以及承载能力。Rajagopal[14]对加入单个或多个格室的粗粒土进行大量的三轴试验，研究了土工格室的围压效果对粗粒土强度和刚度的影响。Zhang 等人[15]对未加筋干砂、水平加筋砂和 3D 筋材加筋砂开展了系列三轴试验。在后续的研究中，Zhang 等人[16]引入了 H-V 加筋方式并为这种加筋土提出了一种强度模型。Xie[17]提出了一种新加筋材料（加筋环），并将其力学效果等效为作用在环内的土体侧压力。Arenicz 和 Choudhury[18]通过系列试验研究了不同类型筋材随机布置对土强度的影响。Yetimoglu 和 Salbas[19]通过直剪试验研究了随机分布纤维加筋砂的剪切强度。黄仙枝等人[20]通过土工带加筋碎石垫层原位静载荷试验，探讨了加筋垫层地基的工作机理，分析了加筋层数、首层加筋间距、加筋带间距、加筋线密度对加筋地基的强度和变形。李晓俊等人[21]通过碎石土和加筋碎石土的大型三轴试验,分析了土工带加筋碎石土的变形特性和土工带加筋对碎石土应力-应变关系的影响,建立了土工带加筋碎石土的非线性模型。赵川等人[22]在大型三轴仪上进行了素碎石土和加筋碎石土的三轴排水剪切试验,探讨了加筋碎石土的强度及变形特性,分析了塑料土工格栅的加筋机理,为加筋碎石土的理论计算提供了依据。保华富等人[23]采用高压大型三轴仪对风化程度不同的两种碎石土进行了加筋与不加筋固结排水三轴试验研究,并引入了等效围压、加筋效果系数等概念,对碎石土加筋效果、加筋机理、试验围压、土料性质等因素进行了分析研究。

但是,迄今为止,关于格宾网加筋土的试验研究相关工作仍很欠缺。Voottipruex 在曼谷建造了一座长宽比为 1.0 的格宾网加筋足尺试验路堤[24],Bergado[25]利用 $FLAC^{2D}$ 和 $FLAC^{3D}$ 有限差分程序对此试验路堤进行了数值模拟。Teerawattanasuk[26]通过拉拔试验研究了格宾网的拔出能力以及格宾网与淤泥砂的相互作用的解析表达和数值模型。目前,关于格宾网加筋土剪切强度、力学行为和加筋效果的标准大三轴试验仍无明显进展和报道,用格宾网加强红层软岩粗粒土的加筋效果如何、其强度和变形特性如何等,这些问题尚需进一步研究。显然,格宾网加筋土的研究远落后于其工程应用要求。大型三轴剪切试验仪是研究粗粒料工程特性较理想的试验设备,虽其不能反映中主应力作用,因其试验原理和操作方法相对简单而得到广泛使用。

在本次试验研究中,采用格宾网和土工格栅加固红层软岩填料。针对格宾网和土工格栅加筋红层软岩粗粒土,开展了不同加筋层数、不同压实度和不同含水量的一系列大比例三轴试验。主要研究加筋对红层软岩粗粒土强度和应力-应变特性的改善,分析红层软岩加筋土的力学机理,并引入强度比参数分析其加筋效果。对未加筋和加筋红层软岩粗粒土的应力-应变关系和抗剪强度进行了对比。讨论了土的含水量和压实度、加筋层数以及围压对加筋红层软岩粗粒土强度的影响。得出了加筋层数、含水量与加固体的内摩擦角、黏聚力之间的关系,研究了其强度特性。而且将格宾网与土工格栅加筋方案进行了对比,为更好地掌握加筋红层软岩填料力学特性、加筋机理、变形特点及其相关影响因素提供可靠依据,为加筋红层软岩路基的填筑设计和施工提供重要参考。

6.1.1　红层软岩加筋土三轴试验

1. 试验概况

在粗粒土大三轴试验仪器上完成所有试样的三轴剪切实验,仪器最大轴向荷载

1 500 kN，最大周围压力 1.0 MPa，测量最大孔隙压力 3.0 MPa，最大轴向行程 300 mm，轴向变形速率 0.1~30 mm/min 无级调速，能进行三轴的不固结不排水剪切试验、固结不排水剪切试验及固结排水剪切试验，试验设备系统如图 6-1 所示。试验仪器系统的主要包括三部分：压力室系统、测量系统、加压系统。压力室允许加入最大尺寸为 $\phi 300 \times h600$ 大比例圆柱形粗粒土土样，压力室与仪器底座采用螺栓连接，接缝处设置有密封圈，保证压力室在围压作用下不漏水。压力室内土样饱和采用上端排水，并与排水测量管连接。压力室下端与孔隙水压力量测元件连接，可以观测试验过程中土样孔隙水压力变化。测量系统在试验过程中，测量土样随时间变化的轴向压力、围压、孔隙水压力、土样轴向应变以及体积应变。加压系统提供稳定的试验围压和试验轴压。

图 6-1　大三轴试验装置

为探索红层软岩填料不同工况下的受力特点，分别进行了格宾网加筋和未加筋红层软岩粗粒土不固结不排水和固结不排水大三轴试验，三轴试样尺寸统一为高度 600 mm、直径 300 mm，格宾网不固结不排水试验主要工况汇总在表 6-1 中。为了丰富红层软岩填料加固方案，同时制作了土工格栅加筋红层软岩三轴试样，进行对比试验，土工格栅不固结不排水试验主要工况汇总在表 6-2 中。由于红层软岩粗粒土大三轴试样饱和、固结过程耗时长，因此在固结不排水三轴试验中仅进行如表 6-3 所示的试验工况。

第6章 红层软岩加筋土力学特性及宏细观加固机理分析

表 6-1 格宾网加筋试样不固结不排水试验工况

试验工况序号	加筋材料	土样含水量/%	土样压实度/%	筋材布置 层数	筋材布置 每层高度/mm	试验围压
1～5	无	14	87	—	—	每一工况分别进行了100 kPa、200 kPa、300 kPa、400 kPa四种围压的试验
	无	14	90			
	无	14	93			
	无	17	93			
	无	22	93			
6～12	格宾网	14	87	2	200	
	格宾网	14	90	2	200	
	格宾网	14	93	1	300	
	格宾网	14	93	2	200	
	格宾网	14	93	3	150	
	格宾网	17	93	2	200	
	格宾网	22	93	2	200	

表 6-2 土工格栅加筋试样不固结不排水试验工况

试验工况序号	加筋材料	土样含水量/%	土样压实度/%	筋材布置 层数	筋材布置 每层高度/mm	试验围压
13～17	土工格栅	14	93	1	300	每一工况分别进行了100 kPa、200 kPa、300 kPa、400 kPa四种围压的试验
	土工格栅	14	93	2	200	
	土工格栅	14	93	3	150	
	土工格栅	17	93	2	200	
	土工格栅	22	93	2	200	

表 6-3 固结不排水试验工况

试验工况序号	加筋材料	土样压实度/%	筋材布置 层数	筋材布置 每层高度/mm	试验围压
18、19	无	93	无	无	每一工况分别进行了100 kPa、200 kPa、300 kPa、400 kPa四种围压的试验
	格宾网	93	2	200	

2. 试验材料

1) 红层软岩粗粒土

试验用红层软岩粗粒土选用湘南衡阳盆地红层软岩风化体，多为紫红色钙泥质砂岩，棱角锐，易风化，浸水易崩解，在外力作用下较易破碎，将其运至实验室风干，并测定风干含水量。

采用颗粒级配的算术平均法确定土样的代表性级配[27]。选取一定质量土样置于橡皮板上风干，用木槌将附着在粗颗粒土上的细粒土敲散，应避免破坏土的天然颗粒。将选取土样依次过筛，按 > 60 mm、60 ~ 40 mm、40 ~ 20 mm、20 ~ 10 mm、10 ~ 5 mm、<5 mm 将土样颗粒分组，并称量各粒组土颗粒质量，计算各粒组含量百分数，从而得到土样的一组颗粒级配。依照此过程，共进行了 10 组土样的筛分，其颗粒分布如图 6-2 所示。按算术平均法计算得出十组级配的平均级配如图 6-3 所示。

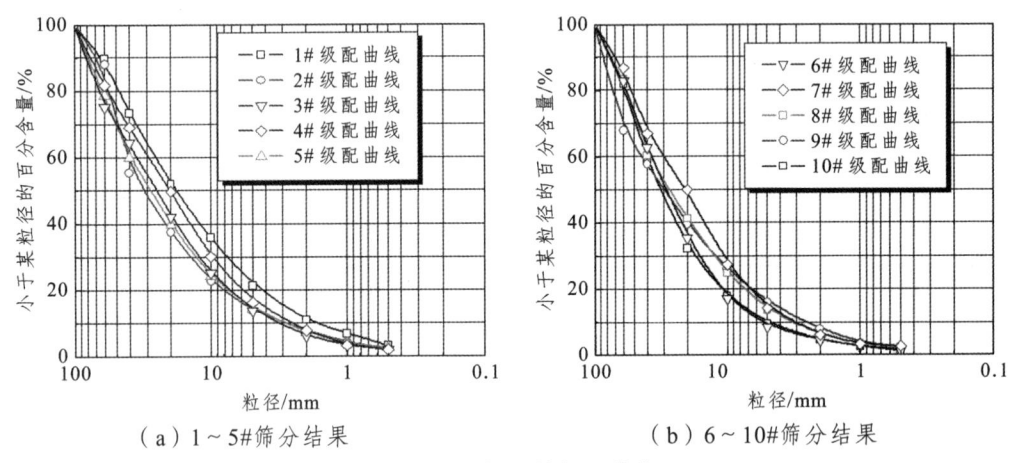

(a) 1 ~ 5# 筛分结果　　　　(b) 6 ~ 10# 筛分结果

图 6-2　10 组颗粒级配曲线

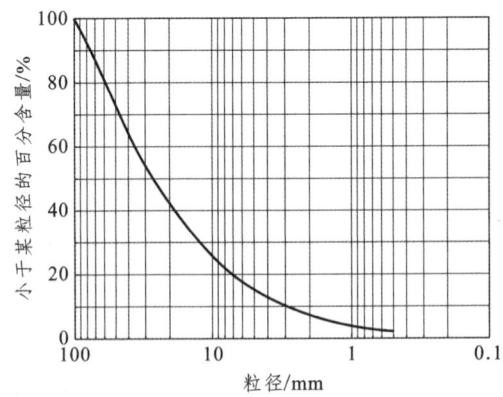

图 6-3　平均级配曲线（代表性级配）

在粗粒土三轴试验中，填料中最大粗颗粒直径 d_{max} 与试样直径 D 比值对试验结果的影响称为粗粒土尺寸效应。许多研究工作者对粗粒土的尺寸效应进行了研究，提出了一些建议值。例如，郭庆国通过 8 种试料的 85 个试样的三轴试验，发现 $D/d_{max}=5$ 为宜；霍尔茨（W. Holtz）完成了直径为 35～230 mm 的 183 个试样，认为 $D/d_{max} \leqslant 3\sim 4$；佐伊（J. Zeue）进行了直径范围 80～505 mm 的 146 个试样的三轴试验，认为 $D/d_{max}=5$；富科卡（Fukuaka）通过实验研究认为 $D/d_{max}=6$。因此，可以发现，大多数的研究成果均表明 $D/d_{max}=5$ 左右。为了使用方便，本次试验采用 $D/d_{max}=5$，也就是说，控制试样中粗颗粒最大直径为 $d_{max}=D/5=60mm$。

通过筛分试验可知，运至实验室的红层软岩粗粒土代表性级配中，有粒径超过 60 mm 的超径粒存在，需要对其进行处理。目前，对超径粒的常用处理方法有如下几种：剔除法、等量替代法、相似级配法，各种处理方法各有其优缺点。本书采用等量替代法，即根据仪器允许的最大粒径 d_{max} 至粒径大于 5 mm 的粗粒部分各粒级颗粒按比例加权平均替换超粒径颗粒，替换后满足仪器要求的各粒级的颗粒含量按下式计算：

$$P_{5i} = \frac{P_5}{P_5 - P_0} P_{05i} \tag{6-1}$$

$$P_5 = \sum_1^n P_{5i} = \sum_1^n P_{05i} + P_0 \tag{6-2}$$

式中，P_5——粗料含量（%）；

P_{5i}——处理后 $d>5$ mm 某一粒级含量（%）；

P_{05i}——处理前与 P_{5i} 对应的粒级含量（%）；

P_0——超径料含量（%）。

经过等量代替超径粒后，可以得到土样的试验级配（见图 6-4），其限制粒径 d_{60} 和有效粒径 d_{10} 分别为 17.18 和 0.9，不均匀系数 C_u 和曲率系数 C_c 分别为 19.09 和 2.99，颗粒最大粒径 60 mm，土样级配良好，严格按照代表性级配称量各粒组土料质量用于试样配制。通过击实试验得土样击实曲线如图 6-5 所示。

通过常规土工试验，测得红层软岩粗粒土的主要物理指标见表 6-4。从试验级配用红层软岩风化体的颗粒组成看，粒径大于 0.075 mm 颗粒含量质量大于总质量的 50%，粒径在 2～60 mm 颗粒含量在 85%左右，根据水利部《土工试验规程》[28]，可将其归于砾类粗粒土，为表述方便，本书称之为红层软岩粗粒土。需要注意的是红层软岩粗粒土中的细粒含量会随时间逐渐增加，工程力学性质也将相应发生变化。

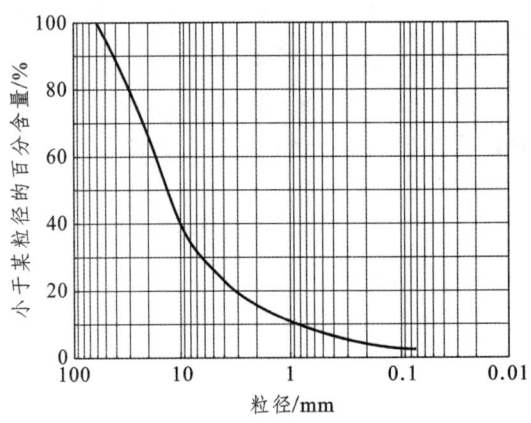

图 6-4　土样颗粒级配曲线

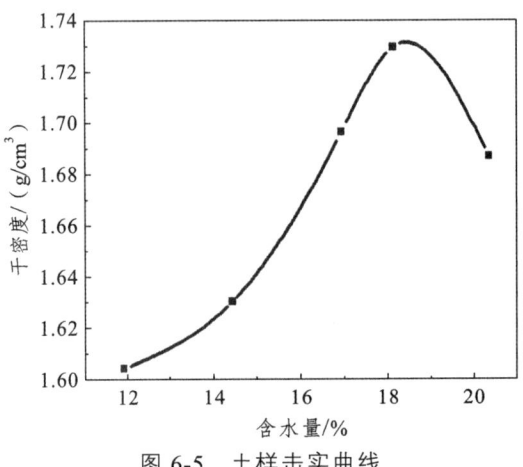

图 6-5　土样击实曲线

表 6-4　红层软岩粗粒土的主要物理指标

液限 w_L/%	塑限 w_P/%	塑性指数 I_p	粗料含量 P_5/%	最优含水量/%	最大干密度/(g/cm³)
34.50	22.50	12.00	74.6	18.13	1.73

2）加筋材料

加筋材料主要选用格宾网和土工格栅两种。格宾网由钢丝直径为 2.2 mm 的双绞合金属丝六边形单元组成，用于试验中的格宾网单元如图 6-6 所示。参照《公路土工合成材料试验规程》[29]课题组对格宾网进行了材料拉伸试验，试验采用了专门的夹具，如图 6-7（a）所示，在筋材的每一端采用两片相同的夹具夹紧，利用螺栓卡住格宾网每一网孔，从而将其紧紧固定在两片夹具上，采用材料试验机 MTS 以 6 mm/min 匀速张拉，如图 6-7（b）所示。通过拉伸试验测得格宾网在 2%、5%、10%伸长率时的拉伸强度分别为 15.8 kN/m、19.9 kN/m 和 26.4 kN/m，极限抗拉强度 34.7 kN/m，最大负荷下的伸长率为 17.5%。

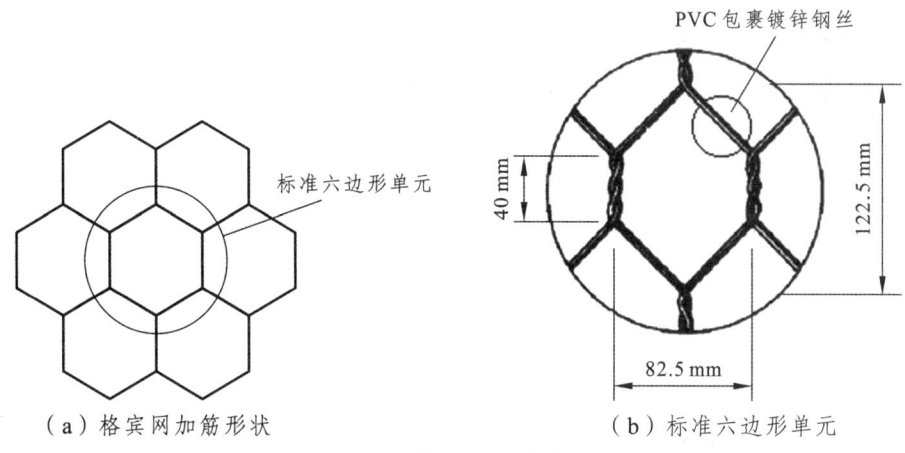

图 6-6 格宾网加筋单元

土工格栅选用高密度聚乙烯（HDPE）单向整体拉伸格栅（Tensar-80RE），试验用格栅卷长 50 m、卷宽 1.0 m，其主要规格尺寸如图 6-8（a）所示，在每卷格栅中剪出用于试验的圆盘形土工格栅单元，其直径略小于试样直径，如图 6-8（b）所示。

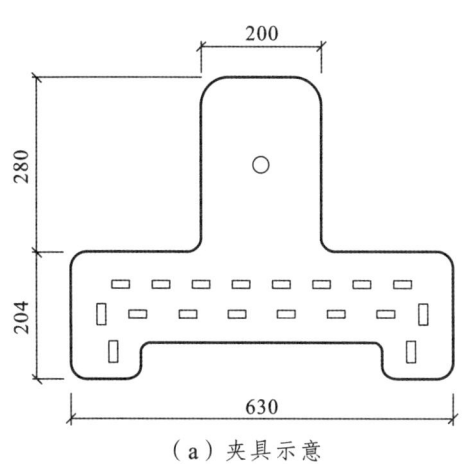

图 6-7 格宾网拉伸试验

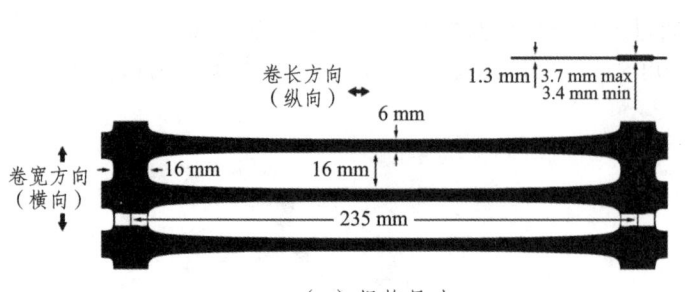 

（a）规格尺寸　　　　　　　　（b）土工格栅加筋形状

图 6-8　土工格栅加筋单元

3. 试样制备

试样制备过程主要控制好试验用土料各粒组质量、试样含水量控制和试样成型。

1）确定各粒组质量

按下列两式计算单个试样所需风干土质量和某粒组应取风干土质量。

（1）单个试样所需风干土总质量为 m，按下式计算：

$$m = m_1 + m_2 \quad (6\text{-}3)$$

式中，m_1——粒径大于 5 mm 风干土质量（kg），按 $m_1 = V\rho_d P_5(1+w_1)$ 计算；

m_2——粒径小于 5 mm 风干土质量（kg），按 $m_2 = V\rho_d(1+w_2)(1-P_5)$ 计算；

V——试样体积（cm³）；

ρ_d——试样压实度对应的干密度（g/cm³）；

P_5——大于 5 mm 粒径土的含量（%）；

w_1——粒径大于 5 mm 风干含水量（%）；

w_2——粒径小于 5 mm 风干含水量（%）。

（2）某粒组应取质量 m_i（风干状态）按下式计算：

$$m_i = \frac{P_i}{P_5} m_1 \quad (6\text{-}4)$$

式中，m_i——某粒组风干土质量（kg）；

P_i——某粒径组含量（%）。

各粒组风干土样的称量一定要准确称取，这对试验结果将有一定影响，本次试验采用高精度电子称称量各粒组质量，取得良好效果。

2）非饱和试样含水量控制

风干土样的含水量不一定满足试验方案各设计工况试样的含水量，因此，需要在风干土样中加入一定水，以达到方案要求的含水量。

将按压实度要求和试验级配称量好各粒组的土样拌和均匀，平铺在不吸水的橡皮垫板上，按试样含水率要求用下式计算加水量：

$$m_w = \frac{0.01m}{1+0.01w_0}(w^* - w_0) \tag{6-5}$$

$$w_0 = w_1 P_5 + w_2(1-P_5) \tag{6-6}$$

式中，m_w——土样所需加水量（kg）；

w_0——风干土样总含水率（%）；

w^*——试验方案要求制样含水率（%）。

计算好达到规定含水量所需加水量后，用喷雾器均匀地将水喷洒到土样，边洒水充分拌和。所需水量全部加完后，将土样用不透水橡皮膜覆盖，充分湿润 24 h。

3）试样成型

打开三轴仪器底座进水阀门将底座充水，在底座上垫上土工布，然后，套上乳胶膜并将其扎紧在底座。接下来，安装成型筒，把乳胶膜临时固定在其上。之后，在乳胶膜内层放置两层橡皮膜，以防止土样中的尖锐颗粒在击实和加载过程中刺破乳胶膜。

将每个试样的土样分层填入成型筒。成型筒样式及安装如图 6-9 所示。用锤击实，下层土样压实后，其表面刨毛，再加上层土样击实，如图 6-10 所示。其他各层用相同法进行击实，每层土样应击实至预定高度，并在指定的高度加筋。筋材的布置的位置、形状如图 6-11 所示，土工格栅的布置位置同格宾网。

 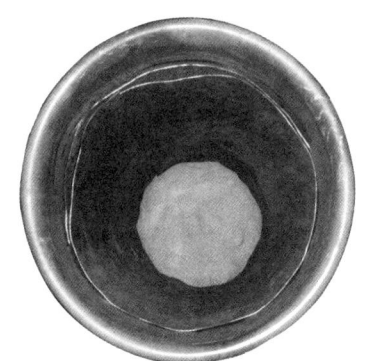

（a）成型筒安装固定　　　　（b）筒内橡皮垫

图 6-9　试样成型筒

图 6-10 土样击实和加筋

土样按压实度要求击实成型后,拆去成型筒,测定其直径 D_0 及高度 H_0,在试样顶部放上顶帽,并将其与乳胶膜扎紧。检查各进水、排水、排气线路后,安装压力室,向压力室充满水后将其密封,将整个压力室移至加载装置处,安装好百分表等加载所需仪器。接下来即可按照试验方案进行饱和、固结、排水、加载等试验。

4. 试验加(卸)载

本次试验主要完成了饱和土样的固结不排水和非饱和土样的不固结不排水两大类试验。其加载、卸载主要注意以下几个方面:

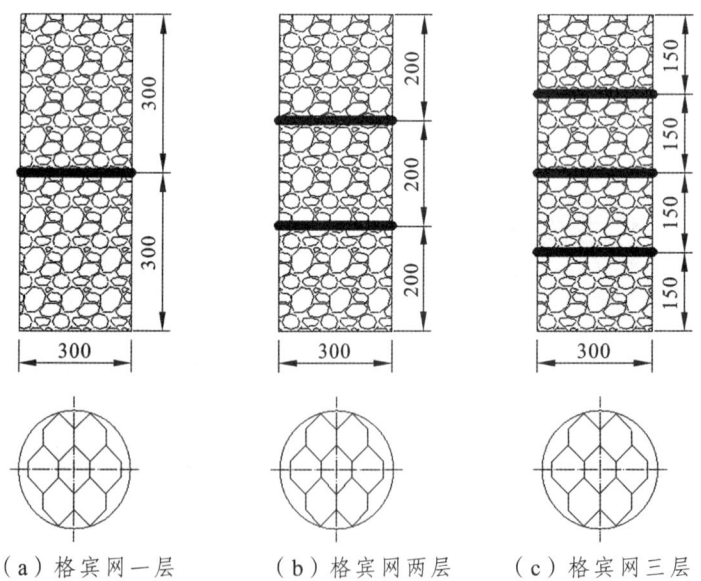

(a) 格宾网一层　　(b) 格宾网两层　　(c) 格宾网三层

图 6-11 格宾网加筋层的布置(单位:mm)

1）试样饱和

本试验采用抽气饱和和水头饱和两种方法。抽气饱和是在试样顶部利用真空泵抽气，试样内形成负压，测量记录进水量管水位读数后，徐徐开进水阀。试样在负压作用下，水由下而上逐渐饱和试样。待试样上部出水后，再保持 20 min 左右，停止抽气。徐徐打开周围压力阀施加周围压力 σ_3（≤30 kPa），并开试样上部排气（水）阀释放负压。提高进水管水位，用水头饱和法进行饱和。

若孔隙压力系数 B 大于或等于 0.95 时，可以认为试样已达到饱和。若 B 小于 0.95 时，则应继续饱和。B 值的计算按规程用下式进行计算。

$$B = \frac{u}{\sigma_3} \tag{6-7}$$

式中，u——试样在周围压力下产生的初始孔隙压力（kPa）。

若未达到要求仍按上述方法延长饱和时间至符合要求为止。

2）固　结

试样饱和后，使量水管水面位于试样中部，测记读数。关排水阀，测记孔隙压力的起始读数。施加周围压力至预定值，并保持恒定，测定孔隙压力稳定后的读数。

同时开排水阀和秒表，在 0 min、0.15 min、1 min、4 min、9 min、16 min、25 min、36 min、49 min 等时刻测量、计量水管水位和孔隙压力计读数。在固结过程中随时绘制固结排水量 ΔV 与时间 t 对数（或平方根曲线）或绘制孔隙压力消散度 U 与 t 时间对数曲线。正常情况下，排水量应趋于稳定，即曲线的下段趋于水平，即认为固结完成。

3）剪　切

关进水阀、排水阀，开周围压力阀施加周围压力至预定值，并保持恒定。周围压力的大小采用 100 kPa、200 kPa、300 kPa、400 kPa。按文献[28]中关于粗粒土三轴试验的规定加载，绝大部分试样均加载至轴向应变达到 15%，并按要求采集相关数据。

4）卸　载

试验结束后，卸去轴向压力，再卸去周围压力，开压力室排气孔和排水阀，排去压力室内的水，卸除压力室罩，擦干试样周围余水，去掉橡皮膜，拆掉试样，并对剪后试样进行描述。

6.1.2　红层软岩加筋土宏观力学特性及加固机理

1. 加筋层数对加筋红层软岩粗粒土强度和应力-应变特性的影响

图 6-12（a）所示为不同加筋层数的试件，在 93%压实度、14%含水量条件下的一组应力-应变曲线。由图可知，轴向应变较小时，格宾网加筋试样与素土试样的应力-

应变曲线几乎重合。当轴向应变增大到 1.2%左右时，各应力-应变曲线逐渐开始分离，说明筋材的作用要土体变形达到一定幅度后才发挥，随后加筋试样主应力差随轴向应变增长逐渐增大；而素土试样主应力差增大到一定程度后，随轴向应变增长而逐渐降低，呈随应变软化模式。因此，加筋改变了红层软岩粗粒土的应力-应变特性，加筋后土的应变软化得到改善，土体延性提高。同样可以看出，试样最大主应力差随着加筋层数的增加而增大，峰值强度也相应得到一定幅度的提高。

从图 6-12（b）可以看出，与素土试样相比，格宾网加筋一、二、三层黏聚力分别增长 16 kPa、34.87 kPa、46.74 kPa，加筋后试样的黏聚力得到不同幅度提高。但加筋对内摩擦角的提高贡献不大，加筋后内摩擦角的增量范围仅为 0°～4°，p-q 平面内的强度包络线基本平行[图中 p、q 分别代表 $(\sigma_1+\sigma_3)/2$ 和 $(\sigma_1-\sigma_3)/2$，σ_1 和 σ_3 分别是最大轴压和围压]。

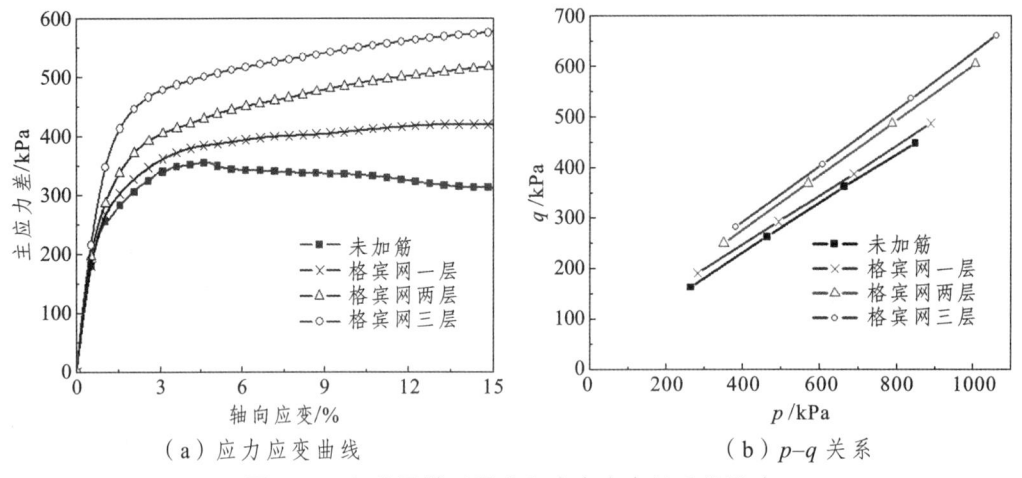

图 6-12　加筋层数对强度和应力应变关系的影响

2. 含水量对加筋红层软岩粗粒土强度和应力-应变的影响

为了比较直观地说明含水量对应力应变曲线的影响，绘制 93%压实度时不同含水量试样的应力-应变曲线，如图 6-13（a）所示。在相同围压下，主应力差随含水量的增加而降低。含水量为 14%，加筋和未加筋试样最大主应力差分别为 519 kPa 和 345 kPa；含水量为 17%时，加筋和未加筋试样最大主应力差分别为 440 kPa 和 300 kPa；当含水量提高到 22%时，加筋和未加筋试样最大主应力差分别为 350 kPa 和 258 kPa。可见，含水量的变化对加筋和未加筋试样的力学性质影响都比较大，其原因主要是：试样含水量越大，一方面红层软岩颗粒表面水膜就越厚，起到了润滑的作用，使得颗粒之间以及格宾网与颗粒之间的摩擦阻力就越小，从而压缩性就越强；另一方面，红层软岩颗粒在压缩时越易受到水的作用而解体、破碎，从而强度进一步降低。

第6章 红层软岩加筋土力学特性及宏细观加固机理分析

从图 6-13（b）和图 6-13（c）可以看出，在同一压实度下，加筋试样和未加筋试样的黏聚力随含水量变化呈现非线性变化关系，且在最佳含水量附近达到峰值。当含水量小于最佳含水量时，黏聚力随含水量增加而增大，其增长幅度在加筋前后变化不大；当含水量大于最佳含水量时，随含水量增加内聚力迅速减小，其减小趋势在加筋后更为明显。p-q 平面内试样强度包络线的倾角随含水量降低有少量的增加，其增长幅度在加筋前后变化不大。

3. 压实度对加筋红层软岩粗粒土强度和应力-应变的影响

图 6-14（a）所示为不同压实度的格宾网加筋红层软岩粗粒土试样，在 14%含水量、格宾网二层条件下的应力-应变曲线。对素土试样和加筋试样而言，其峰值应力均随压实度的提高而增加。在压实度为 87%时，素土试样随着轴向应变的增大，主应力差逐渐增大，其应力-应变曲线呈现随应变硬化型；随着压实度的提高，素红层软岩试样的应力–应变曲线出现明显的峰值，峰值后强度降低明显，呈随应变软化型；压实度为 93%的素土试件，峰值后抗剪强度降低幅度最大，残余强度只有峰值强度的 88%。

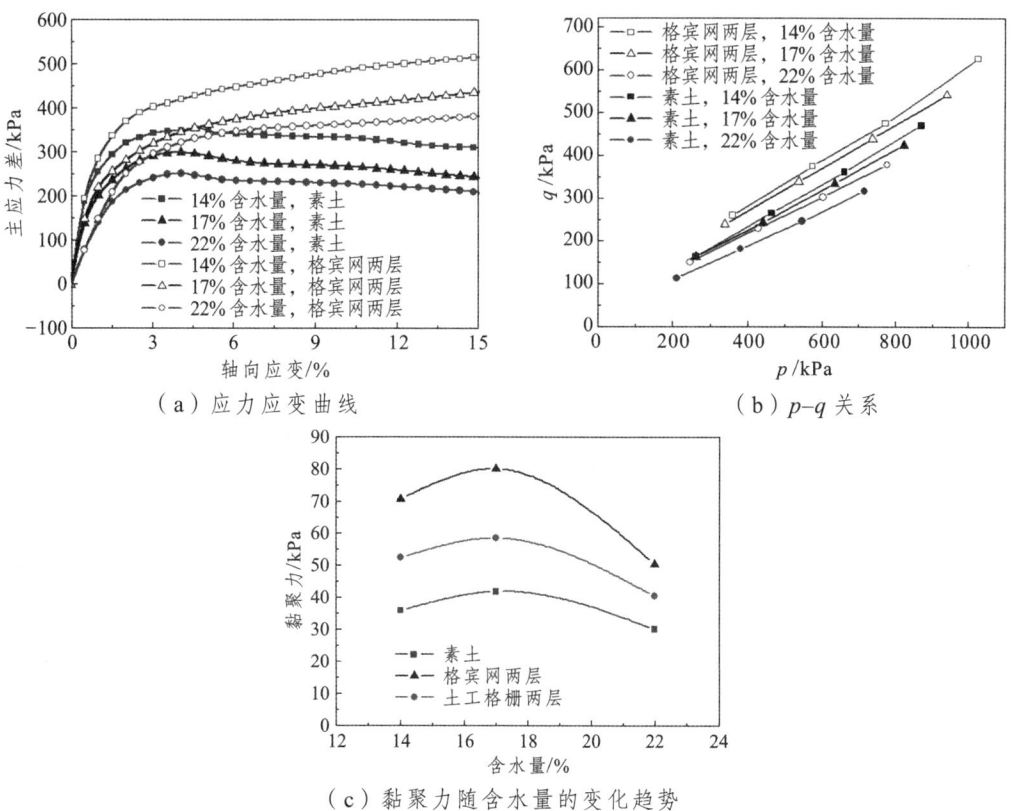

（a）应力应变曲线　　　　（b）p-q 关系

（c）黏聚力随含水量的变化趋势

图 6-13　含水量对强度和应力应变关系的影响

可以看出，加筋后试样的应力应变曲线变得平缓，主应力差明显大于素土试样，与素土试样相比，格宾网加筋试样应力-应变曲线在低压实度和高压实度时均表现为明显的应变硬化型。其主要原因如下：当试样处于密实状态时，大小颗粒相互填充密实，颗粒挤得很紧，在剪切过程中，颗粒间的摩擦力大，在剪切破坏的过程中，颗粒在剪切面要发生移动或滚动，甚至翻越邻近颗粒，必然发生剪胀变形，克服剪胀变形做功的咬合力增大，形成应力值增高，至峰点达最大值；但在峰点后，因剪胀变形的增大，结构变松，剪胀变形引起的咬合力逐渐降低直至消失，形成应力减小现象，这是素土试样在高压实度时应力应变关系呈软化型的原因。然而，对于格宾网加筋试样，在高压实度时格宾网六边形网孔的"环箍"效应有效约束试样的剪胀变形，使得其主应力随应变增长而逐渐增大，这是格宾网加筋试样在高压实度时应力应变关系呈硬化型的原因。相反，试样压实度低时，剪切中呈剪缩变形，试样密度逐渐增加，应力值相应增高，应力应变曲线表现为硬化型，没有明显的峰值强度，相比之下强度较小。

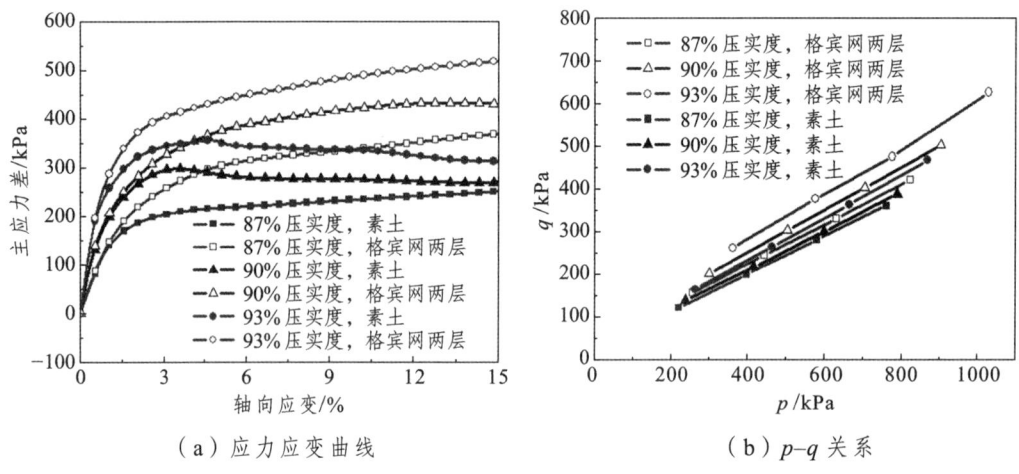

（a）应力应变曲线　　　　　　　　（b）p-q 关系

图 6-14　压实度对强度和应力应变关系的影响

从图 6-14（b）可以看出，在同一含水量下，格宾加筋试样和素土试样的强度参数（C 和 φ）随试样压实度的增加而增大。当压实度在 87%~93%变化时，加筋试样和未加筋试样的黏聚力变化范围分别为 39~70.87 kPa 和 26~36 kPa，加筋试样黏聚力受土体压实度的影响程度明显大于非加筋试样；加筋试样和未加筋试样的内摩擦角变化范围分别为 28°~33°、26°~30°，压实度对试样内摩擦角也产生了一定的影响。

4. 围压对加筋红层软岩粗粒土应力-应变的影响

图 6-15 所示为 14%含水量、格宾加筋二层、压实度 93%的试样，在不同围压作用

下的一组应力-应变曲线。可以看出,对于素土试样,围压越大,在剪切过程中对土体颗粒的约束力越大,应力达到最大值时的应变值越大,应力应变关系为硬化型;相反,围压越小,对土颗粒的阻力越小,在较小的应变下应力达到最大值,应力应变关系呈软化型。由于格宾网对试样侧向变形和剪胀的约束,加筋试样围压从 100 kPa 增长至 400 kPa,其应力应变关系均呈硬化型。

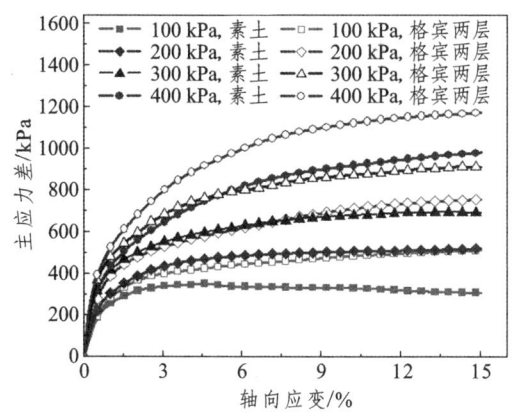

图 6-15 不同围压下加筋和未加筋试样应力应变曲线

5. 加筋效果评价与分析

引入评价加筋效果的强度比参数 R_σ,并将其定义为

$$R_\sigma = (\sigma_1 - \sigma_3)_f^R / (\sigma_1 - \sigma_3)_f$$

式中,$(\sigma_1 - \sigma_3)_f^R$ 为格宾网加筋试样主应力差最大值,$(\sigma_1 - \sigma_3)_f$ 为素红层软岩粗粒土试样主应力差最大值。根据上面的公式可计算出各组试样的强度比参数,如图 6-16 所示。

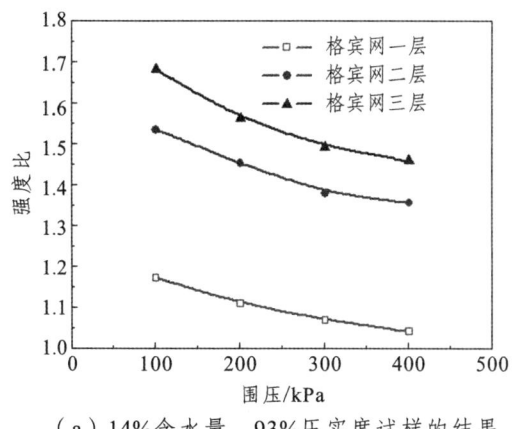

(a) 14%含水量、93%压实度试样的结果

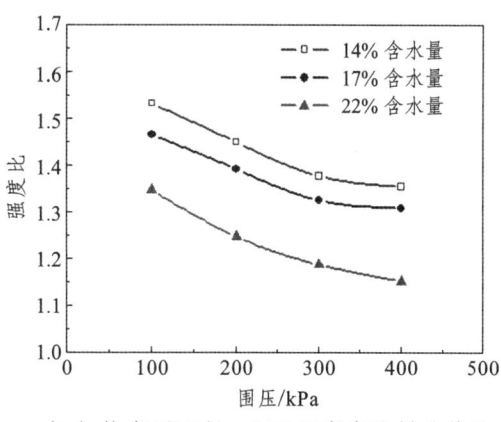

(b) 格宾网两层、93%压实度试样的结果

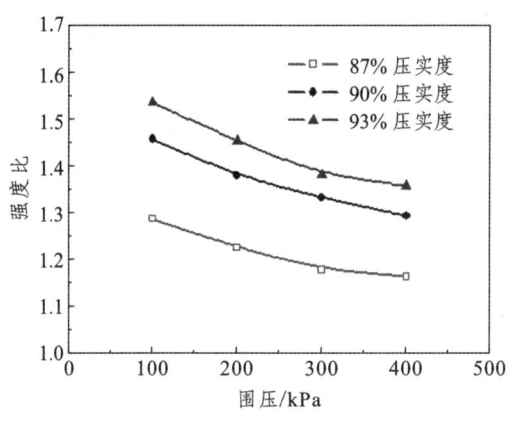

（c）格宾网两层、14%含水量试样的结果

图 6-16　强度比参数与围压相关图

从图 6-16 可以看出：

（1）格宾网加筋红层软岩粗粒土的强度加筋效果系数随着围压的增大而减小，可见在低围压下加筋的效果更好。这是由于低围压时试样的侧向变形较大，加筋材料发挥加筋作用比在高围压下要早些，加筋对土体的约束力也越大，所以加筋效果更好。

（2）从图 6-16（a）可以看出，随着加筋层数增加，强度比参数不断增大。当加筋层数由一层变为二层时，强度比参数增长幅度明显大于其由二层变为三层的情况，这种规律当试样围压较大时变得缓和。

（3）从图 6-16（b）、图 6-16（c）可以看出，在相同的围压作用下，强度比参数随试样压实度增加提高、随含水量增加而降低。

加筋试样和未加筋试样试验完成后（均达到15%的轴向应变）典型的状态如图6-17所示。从侧面观察，未加筋试样侧向变形中间大、上下端小，其变化是渐变的，呈鼓状；格宾网加筋试样在筋材位置附近侧向变形明显减小，清楚地表明格宾网对土体侧向变形的约束作用，鼓胀程度明显降低。也就是说，在同等轴向应变条件下，格宾网加筋红层软岩粗粒土的侧向应变要小于未加筋土体的侧向应变，那么在红层软岩粗粒土中铺设格宾网可以有效地约束土体的侧向剪胀变形，从而可以增强土体的内部稳定性。这主要是两方面的原因：第一，因为加筋土是由土与筋材组成的复合体，它们共同受力、协调变形。当受到轴向荷载作用时，土体发生侧向膨胀，产生侧向剪应变，由于格宾网的弹性模量远高于土体的弹性模量，致使土体与格宾网之间产生相互错动或有相互错动趋势，从而在土体与加筋材料的交界面上产生了一个平行于界面的切向力，相当于由于加筋作用而得到一个同围压 σ_3 方向一致、分布形式相同的 $\Delta\sigma_3$ 的作用。

当加筋层数增多时，$\Delta\sigma_3$ 的值也在增大，故减小了试样的侧向剪胀变形。第二，由于格宾网是由六边形单元组成的网状结构，其网孔限制了孔内土体的向往扩散，形成了一定的"环箍"作用，孔内的受限土体与其上下的自由土体间产生较大的摩擦阻力，形成了土体加强区域，增强了对试件的侧向约束作用，从而使试样的抗压强度得到了明显提高。

   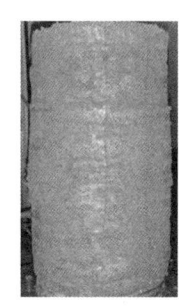

（a）未加筋　　（b）一层格宾网　　（c）二层格宾网　　（d）三层格宾网

图 6-17　三轴试验后试样形态

6. 与土工格栅加筋方案比较

14%含水量、93%压实度的格宾网加筋红层软岩试样和土工格栅加筋试样在不同围压下的应力-应变曲线如图6-18所示，从图可以看出，围压从100 kPa增长至400 kPa，土工格栅加筋试样应力应变关系表现与格宾网加筋试样相似，土工格栅加筋后峰值强度得到提高，土体延性得到改善，均呈硬化型趋势。但是，其他条件相同的状态下，格宾网加筋试样获得了比土工格栅加筋试样更高的主应力差。

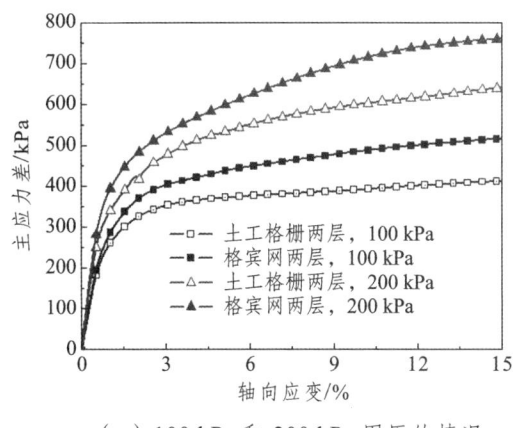 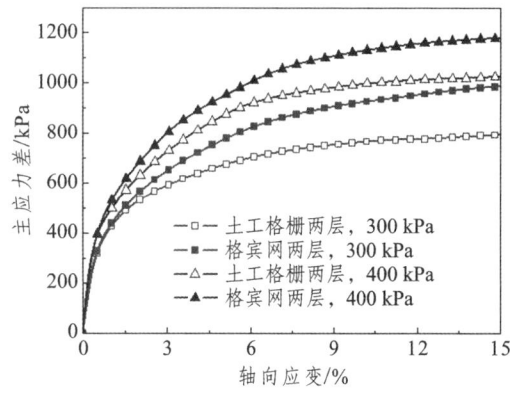

（a）100 kPa 和 200 kPa 围压的情况　　（b）300 kPa 和 400 kPa 围压的情况

图 6-18　不同材料加筋试样应力应变曲线对比

从不同材料加筋后试样试验后形态（见图 6-19）可知，与素土试样相比，土工格栅和格宾网加筋试样的侧向鼓胀明显减小。但同时也可以发现，格宾网对试样侧向变形的约束效果更为明显。也就是说，与土工格栅加固方案相比，格宾网加固红层软岩获得了更好的强度特性、更佳的约束土体变形的能力。

  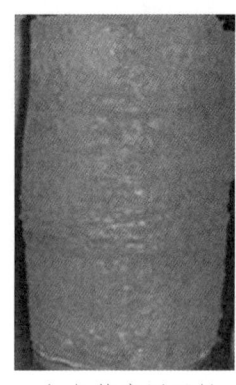

（a）未加筋　　　　　　（b）土工格栅两层　　　　　（c）格宾网两层

图 6-19　不同材料加筋试样试验后形态

图 6-20 描述了 14%含水量、93%压实度、100 kPa 围压时不同土工格栅加筋层数的应力-应变关系比较，结合相同状态下格宾网不同加筋层数结果（见图 6-12），可以发现：当加筋试样与素土试样应力-应变曲线逐渐分离后，试样在相同的竖向荷载作用下，加筋土体产生的轴向压缩变形小于未加筋土体，而且随竖向荷载的增加，两者轴向压缩变形差有逐渐增大的趋势，加筋试样表现出更高的轴向抗压刚度，随加筋层数增加轴向抗压刚度提高越来越明显。这说明加筋的作用不仅提高了试样的强度，同时也提高了其刚度，从而减小试样的变形和土体的不均匀沉降，这对治理红层软岩粗粒土路基的常见病害将显得尤为重要。

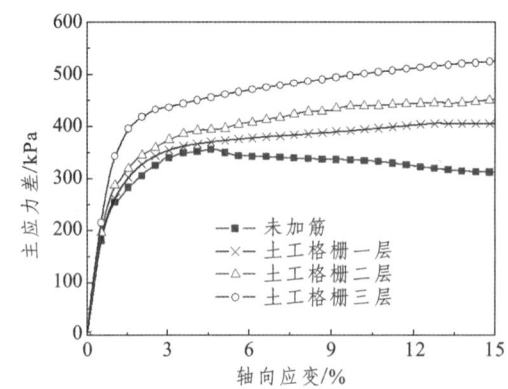

图 6-20　不同土工格栅加筋层数应力应变关系比较

7. 饱和试样大三轴试验结果与分析

图 6-21 所示为饱和加筋、饱和素土、非饱和加筋以及非饱和素土的应力-应变特性的对比（以两层格宾网加筋、93%压实度试样为例）。从图 6-21（a）和图 6-21（b）可以看出，饱和试样与非饱和试样应力-应变的发展趋势有相似的特点。但对于饱和素土试样而言，低围压下的应变软化像更为明显。例如，围压等于 100 kPa 时，饱和素土试样达到峰值强度后，随轴向应变增加其主应力下降很快，以致轴向应变为 7.5%时就停止了加载。试样从含水量 14%变化为饱和后，峰值强度下降非常明显，而且，饱和加筋试样与饱和素土相比，饱和加筋试样峰值强度降低更加显著。

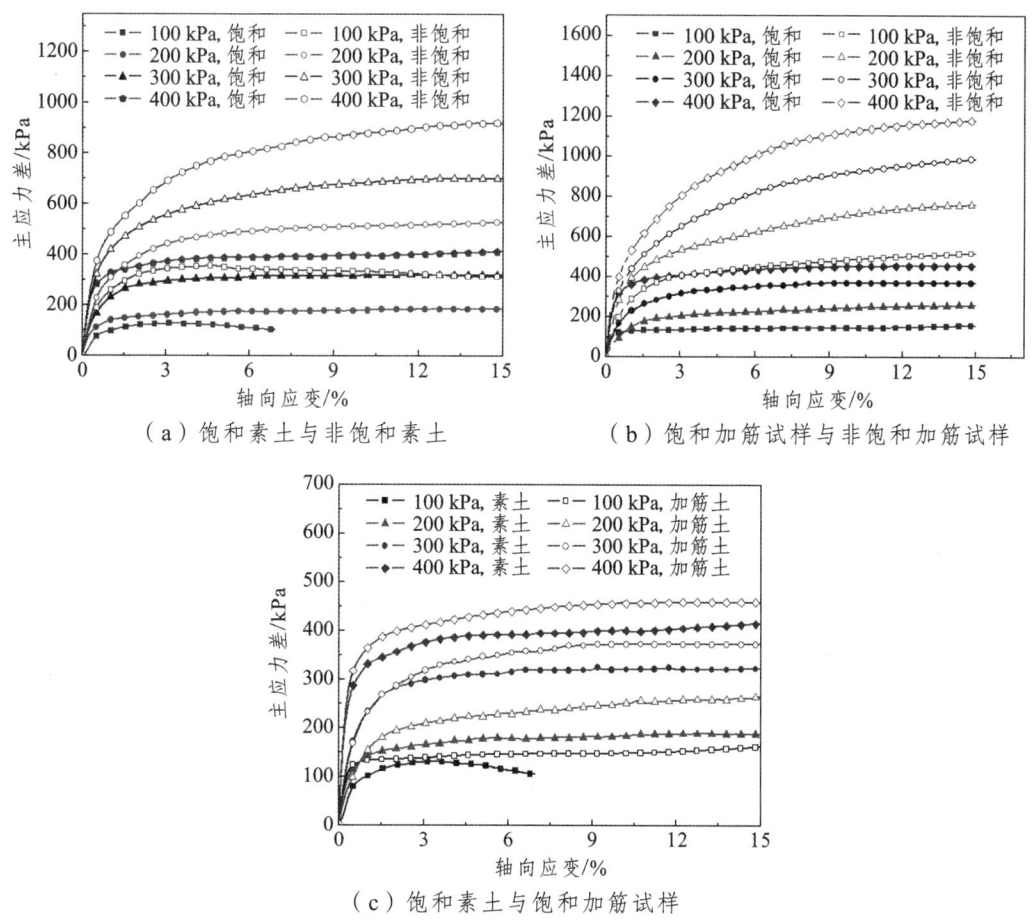

(a) 饱和素土与非饱和素土

(b) 饱和加筋试样与非饱和加筋试样

(c) 饱和素土与饱和加筋试样

图 6-21 饱和试样与非饱和试样应力应变曲线比较

从图 6-21（c）可以看出，饱和不排水状态下，加筋后试样的峰值强度增长不多，饱和素土与饱和加筋土试样的抗剪强度包络线（见图 6-22）也进一步说明了在不排水状态下的强度加筋效果较差。此时，加筋后试样的黏聚力增大了 15%、内摩擦角提高 5%，加筋效果不理想，其主要原因可从以下几个方面分析。第一，饱和不排水状态时，筋材和土颗粒之间的相互作用性能变差，筋材对土体变形约束能力不强，格宾网的"环箍"效应减少，从而导致加筋体整体性能下降，加筋效果不明显。第二，饱和不排水试样承受轴向压力时，由于孔隙水不能排出，从而产生较大超孔隙水压力，使得筋材作用局部被超孔隙水压力代替。例如，从图 6-23 知，在试验过程中可以观测到轴向应变达到一定值以后，加筋试样内的超孔隙水压力达到素土试样的 1.45 倍左右，并随轴向应变增长有增大趋势。

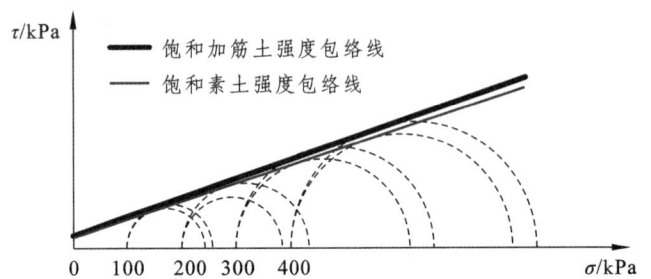

图 6-22　饱和素土和饱和加筋土三轴固结不排水抗剪强度包络线

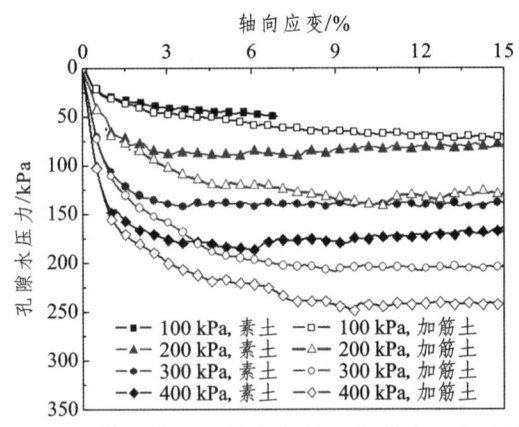

图 6-23　饱和素土与饱和加筋土孔隙水压力比较

图 6-24 反映了饱和试样与最优含水量试样的抗剪强度包络线（以两层格宾网加筋、93%压实度试样为例），饱和素土试样的黏聚力 C 和内摩擦角 φ 分别为最优含水量素土相应指标的 47.6%和 64.3%，分别下降 52.4%和 35.7%；饱和加筋土试样的黏聚力 C 和内摩擦角 φ 分别为最优含水量加筋土试样相应指标的 28.7%和 63.3%，分别下降

71.3%和 36.7%。图 6-22 进一步说明了含水量的变化（特别是饱和后）对红层软岩粗粒土三轴抗剪强度指标影响显著，同时也表明试样黏聚力受含水量的影响比内摩擦角更明显。饱和试样的抗剪强度指标远低于最优含水量试样，表明含水量的变化对红层软岩填料性能、加筋效果的影响至关重要，迄今发现的红层软岩路基的不均匀变形沉降、路基滑坡等病害，一定程度上与路基填料在外界作用下含水量变化有着密切的关系。因此，红层软岩粗粒土应用于加筋路基、加筋挡墙等工程时，一定要注意和重视土体排水构造设计，使土体内空隙水能及时排出，减小孔隙水压力，提高加筋效果。

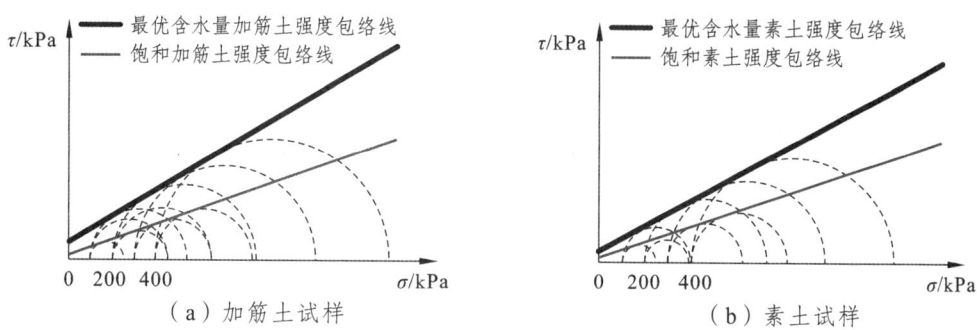

图 6-24 饱和试样和最优含水量试样抗剪强度包络线

6.2 红层软岩加筋土力学特性离散元模拟及细观加固机理

在岩土工程中，许多复杂的工程问题通常采用连续介质假设。例如，建筑地基、地下开挖、隧道、支挡工程以及边坡稳定等。基于连续介质力学假设的各种本构模型也已经运用于描述土体力学响应与变形分析中。然而，岩土材料是一种介于连续介质和非连续介质之间的多孔介质材料，在显微镜下呈现颗粒集聚特征，其力学性质一般均比较复杂，表现出较强的非连续性、各向异性、非均质性、非线性等。基于连续介质假设的本构关系，通过特定数学模型反映了系统宏观的反应，但不能代表系统局部不连续的本质特征，这使得连续介质力学建立的模型难以模拟土体的局部不稳定性、微细观破坏等不连续行为。

考虑土体不连续结构本质的离散元方法，为土体微细观力学行为研究提供了崭新思路，使工程师和研究人员能从土体颗粒尺度出发分析岩土工程问题。在正确设定材料的微观力学参数（如土颗粒法向刚度、切向刚度、摩擦系数及黏结强度等）的基础上，土体宏观力学响应（如变形、强度、膨胀等）能够通过离散元方法重现[30-32]。

本章主要基于 PFC^{3D} 三维离散颗粒流分析平台，利用 FISH 语言编写程序进行二次开发和数值试验，以加筋红层软岩粗粒土室内大三轴试验、加筋材料拉伸试验等为基础，分析红层软岩粗粒土及其加筋土的细观力学参数与材料宏观力学参数的相互关系，在此基础上，通过红层软岩粗粒土及其加筋土颗粒流模型模拟其应力-应变特性，并进一步分析加筋红层软岩粗粒土细观加筋机理，为从细观层面理解加筋红层软岩粗粒土的力学特性提供依据和参考。

6.2.1 颗粒离散元基本原理

1. PFC^{3D} 离散颗粒流程序简介

PFC^{3D} 颗粒流程序是 Itasca 咨询公司开发的系列软件之一，利用显式差分算法和离散元理论开发的微/细观力学程序。它是从介质的基本粒子结构的角度考虑介质的基本力学特性，并认为给定介质在不同应力条件下的基本特性主要取决于颗粒之间接触状态的变化，适用于研究粒状集合体的破裂和破裂发展问题，以及颗粒的流动（大位移）问题。PFC 已经在采矿、土木、石油、化工及废料隔离等领域应用了几十年。

PFC^{3D} 颗粒流方法把岩土体离散为有限个球形颗粒的集合，根据每一时刻各颗粒间的相互作用和牛顿运动定律的交替反复运用，预测离散结构的力学行为。其运算法则是以运动方程的有限差分方程为基础，理论核心是颗粒间相互作用模型。

与以离散块体为基本单元的 UDEC 和 3DEC 方法相比，PFC 有以下优点：① 它有潜在的高效率，因为确定颗粒间的接触特性比不规则块体容易；② 颗粒流程序有能力对成千上万个颗粒的相互作用问题进行动态模拟；③ 颗粒流程序可以有效地模拟大变形问题；④ 颗粒流模拟的块体通过团聚命令实现，并使之具有开裂功能，而 UDEC 和 3DEC 中块体是没法模拟块体破裂的；⑤ PFC 方法按显式方法计算，其优点是所有矩阵不需要存储，所以大量的颗粒单元仅需适中的计算机内存。

但是，在 PFC 模型中几何特征、物理特性及边界条件不能像 UDEC 程序那样直接指定。在 PFC 中，一般压缩密实状态是没法预先指定的，试样压实度是通过使一定数量颗粒系统达到指定的孔隙率来实现的；初始应力状态必须在达到了一定压实度的颗粒集合体内实现；PFC 边界条件的设定比其他连续程序要复杂得多，因为边界条件可能不是由平面组成的，颗粒流中边界条件是通过边界颗粒或者边界墙与边界颗粒的相互作用实现的。通过颗粒流程序进行材料力学特性的模拟，必须多次调整颗粒间细观接触参数，从而再现材料宏观力学特性。

在岩土工程应用方面，PFC^{3D}既可直接模拟球形颗粒的运动与相互作用问题，也可以通过任一颗粒与其直接相邻的颗粒连接形成任意形状的组合体（簇单元）模拟实际土颗粒形状。颗粒单元的直径可以均布，也可按高斯分布随机给定，同时也可实现室内试验的土颗粒分布级配，当然要完全按实际颗粒级配计算对计算机的性能要求极高。通过调整颗粒单元直径，可以调节试样内部孔隙率，从而模拟岩土材料的压实度。颗粒间接触相对位移的计算，不需要增量位移而直接通过坐标来计算。通过重力或移动墙（即定义颗粒模型范围的边界）来模拟加载过程，墙可以用任意数量的线段或者面来定义，墙与墙间可有任意连接方式，墙也可以有任意的线速度或角速度。当然，其内置的FISH语言使得研究人员可以实现诸多复杂工程的模拟。

在针对一个实际问题进行研究时，均需要首先确定物理模型，然后需要对影响因素进行敏感性分析。因为颗粒流计算规模过大后，计算效率较低，所以在建立数学模型时，应尽量简化处理，这样才能快捷方便地解决问题。用颗粒流方法进行数值模拟时，根据不同研究目的通常可采取图6-25所示步骤。

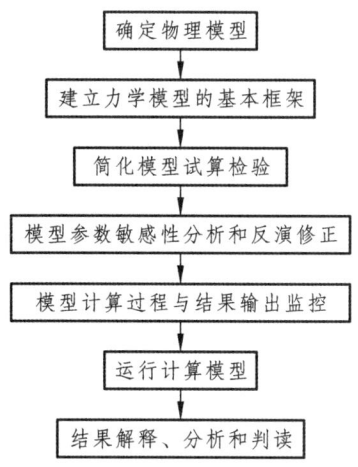

图6-25 颗粒流分析过程基本框架

2. 颗粒流程序物理模型

在PFC^{3D}计算时步循环中，如果某个颗粒受到与它接触的周围颗粒的合力和合力矩不为零，则不平衡力和不平衡力矩促使该颗粒按照牛顿第二运动定律运动。同时，运动的颗粒又遇到邻接颗粒接触模型的阻力。如此，在整个模型中反复地运用运动法则、力-位移法则，直到每个颗粒的不平衡力和不平衡力矩小于平衡设定门槛值为止。其基本计算流程如图6-26所示。

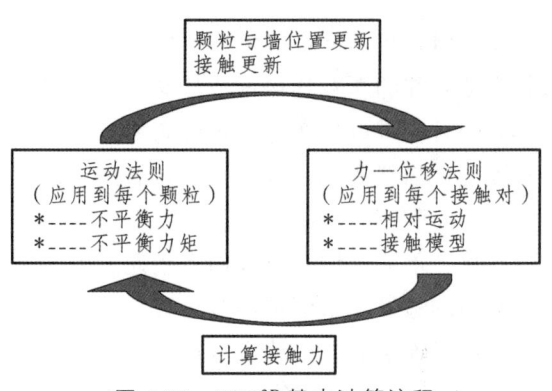

图 6-26 PFC³ᴰ 基本计算流程

同时，颗粒流程序在计算过程中有如下假设：① 颗粒单元为刚性体；② 接触发生在很小的范围内（点接触、面接触）；③ 接触特性为柔性接触，接触处允许有一定的"重叠"量；④ 接触处有特殊的黏接强度；⑤ 颗粒单元为圆盘形或球形。

1）接触力-位移法则

力-位移定律反映了两个实体之间的相对位移和其相互作用接触力之间的关系，这里所指的实体主要包括颗粒球体-球体以及颗粒球体-墙体两种类型。接触点所在接触面的法向按如下规则确定：对于"球-球"接触，单位法向向量 n_i 是沿着两接触颗粒中心连线的方向；对于"球-墙"接触的情况，单位法向向量 n_i 是沿着颗粒中心到墙体最短距离的直线方向。实体接触如图 6-27 所示，其中 R 表示颗粒球半径，x 表示坐标位置，U^n 表示球体颗粒重叠量，A、B、b 表示颗粒球体编号，w 表示墙体。两个实体间的接触力可以分解为法向分量和在接触平面内的切向分量，其量值由力-位移定律通过接触处的法向刚度 k^n 和切向刚度 k^s 确定。法向刚度 k^n 与总位移和力有关，为割线模量；剪切刚度 k^s 与增量位移和力有关，为切线模量，由于颗粒所受的剪切力与颗粒运动和加载的历史或途径有关，所以对剪切力以增量形式计算。当接触形成时，总的切向接触力 F_i^s 初始化为零，随后相对位移引起的切向接触力增量累加到现值而求出总的切向接触力。具体来说，实体间法向接触力 F_i^n、切向接触力 F_i^s 表述如下：

$$F_i^n = K^n U^n n_i \tag{6-8}$$

$$F_i^s = \{F_i^s\}_{\text{rot},2} + \Delta F_i^s \tag{6-9}$$

式中，$\{F_i^s\}_{\text{rot},2} = \{F_i^s\}_{\text{rot},1}(\delta_{ij} - e_{ijk}\langle\omega_k\rangle\Delta t) = F_j^s(\delta_{ij} - e_{ijk}e_{kmn}n_m^{[\text{old}]}n_n)(\delta_{ij} - e_{ijk}\langle\omega_k\rangle\Delta t)$；

$\Delta F_i^s = -k^s \Delta U_i^s = -k^s V_i^s \Delta t$；

$V_i = \left(\dot{x}_i^{[\varphi^2]} + e_{ijk}\omega_j^{[\varphi^2]}(x_k^{[C]} - x_k^{[\varphi^2]})\right) - \left(\dot{x}_i^{[\varphi^1]} + e_{ijk}\omega_j^{[\varphi^1]}(x_k^{[C]} - x_k^{[\varphi^1]})\right)$。

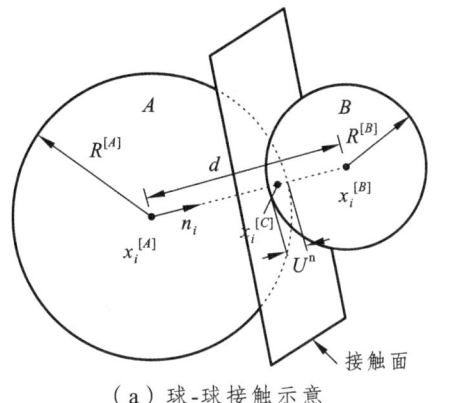 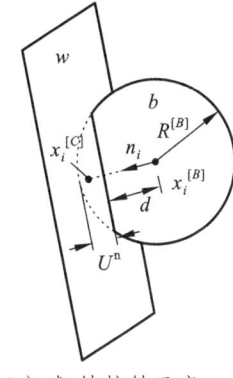

（a）球-球接触示意　　　　　　（b）球-墙接触示意

图 6-27　颗粒流模型接触示意

2）颗粒运动法则

根据接触力-位移法则，可以由式（6-8）和式（6-9）分别计算出由于颗粒相对位移而产生的作用力和力矩。与此同时，由牛顿第二运动定律可以计算出由不平衡力及力矩而引起的颗粒平移加速度和转动角加速度，通过逐次积分就可以确定颗粒的平移速度和转动角速度、平移位移和转动量。颗粒运动方程由如下两部分组成：

其一是确定颗粒受到的合力与颗粒平移运动的关系：

$$F_i = m(\ddot{x}_i - g_i) \tag{6-10}$$

式中，F_i——该颗粒所受外力的合力；

m——颗粒总质量；

$\ddot{x}_i$——颗粒平移加速度；

g_i——重力加速度。

其二是确定颗粒受到的合力矩与旋度的关系，分别表示如下：

$$M_i = \dot{H}_i \tag{6-11}$$

式中，M_i——作用在颗粒上的合力矩；

H_i——颗粒角动量。

该式建立在以颗粒质点为原点的局部坐标系下。如果该局部坐标系坐标轴方向与颗粒惯性主轴同轴，对于球颗粒则可被简化为全局坐标系，式（6-11）退化为欧拉运动方程：

$$M_i = I\dot{\omega}_i = \left(\frac{2}{5}mR^2\right)\dot{\omega}_i \tag{6-12}$$

对于运动方程式（6-10）和式（6-12），可通过关于时步 Δt 的中心差分格式进行积分，从而计算出各积分时步中点 $t\pm n\Delta t/2$ 对应的颗粒平移速度 $\dot{x}_i$ 和角速度 ω_i，以及积分时步端点 $t\pm n\Delta t$ 对应的相应变量 x_i、$\ddot{x}_i$、$\dot{\omega}_i$、F_i、M_i。因此，颗粒在时刻 t 的平动和旋转加速度可表述如下：

$$\ddot{x}_i^{(t)} = \frac{1}{\Delta t}\left(\dot{x}_i^{\left(t+\frac{\Delta t}{2}\right)} - \dot{x}_i^{\left(t-\frac{\Delta t}{2}\right)}\right) \quad (6\text{-}13)$$

$$\dot{\omega}_i^{(t)} = \frac{1}{\Delta t}\left(\omega_i^{\left(t+\frac{\Delta t}{2}\right)} - \omega_i^{\left(t-\frac{\Delta t}{2}\right)}\right) \quad (6\text{-}14)$$

将式（6-13）代入式（6-10）、式（6-14）代入式（6-12），可得到颗粒在时刻 $t\pm n\Delta t/2$ 的运动速度分量，表述如下：

$$\dot{x}_i^{\left(t+\frac{\Delta t}{2}\right)} = \dot{x}_i^{\left(t-\frac{\Delta t}{2}\right)} + \left(\frac{F_i^{(t)}}{m} + g_i\right)\Delta t \quad (6\text{-}15)$$

$$\omega_i^{\left(t+\frac{\Delta t}{2}\right)} = \omega_i^{\left(t-\frac{\Delta t}{2}\right)} + \left(\frac{M_i^{(t)}}{I}\right)\Delta t \quad (6\text{-}16)$$

最后，可通过式（6-15）和式（6-16），更新颗粒的球心坐标：

$$x_i^{(t+\Delta t)} = x_i^{(t)} + \dot{x}_i^{(t+\Delta t/2)}\Delta t \quad (6\text{-}17)$$

颗粒最新球心坐标位置确定后，可以运用接触力-位移法则，求得作用在颗粒上的下一时刻作用力 $F_i^{(t+\Delta t)}$、$M_i^{(t+\Delta t)}$，从而又可以按照运动法则进入下一个计算时步，如此反复循环求解，直到满足计算要求为止。

3. 颗粒流程序计算时步模型

PFC^{3D} 颗粒流程序采用显式中心差分法对运动方程进行积分，计算颗粒的运动速度和位移。运动方程的求解稳定性要求计算时间步长不超过颗粒系统临界时间步长，而临界时间步长与系统的最小特征周期有关。但是，对于 PFC^{3D} 内部结构每一时步均有变化的颗粒流体系而言，全局特征值分析几乎是难以实现的。所以，在求解的每一循环开始就必须要采用一种简化方法，用以确定计算的临界时间步长。

PFC^{3D} 颗粒流体系通常可从单质点和多质点情况来分析其临界时间步长（见图 6-28）。对于单质点-弹簧系统[见图 6-28（a）]，质点质量为 m，弹簧刚度为 k。那么，该质点运动控制方程如下：

$$-kx = m\ddot{x} \tag{6-18}$$

其临界临界时步可通过二阶有限差分方式给出[Bathe，Wilson（1976）]：

$$t_{\text{critical}} = \frac{T}{\pi} = 2\sqrt{\frac{m}{k}} \tag{6-19}$$

对于多质点-弹簧体系[见图 6-28（b）]，当体系内质点同步相对运动时，体系将产生最小运动周期，此时弹簧中心将维持不变，这个体系的临界时间步可表述如下：

$$t_{\text{critical}} = 2\sqrt{\frac{m}{4k}} = \sqrt{\frac{m}{k}} \tag{6-20}$$

式中，k——各个弹簧的刚度。

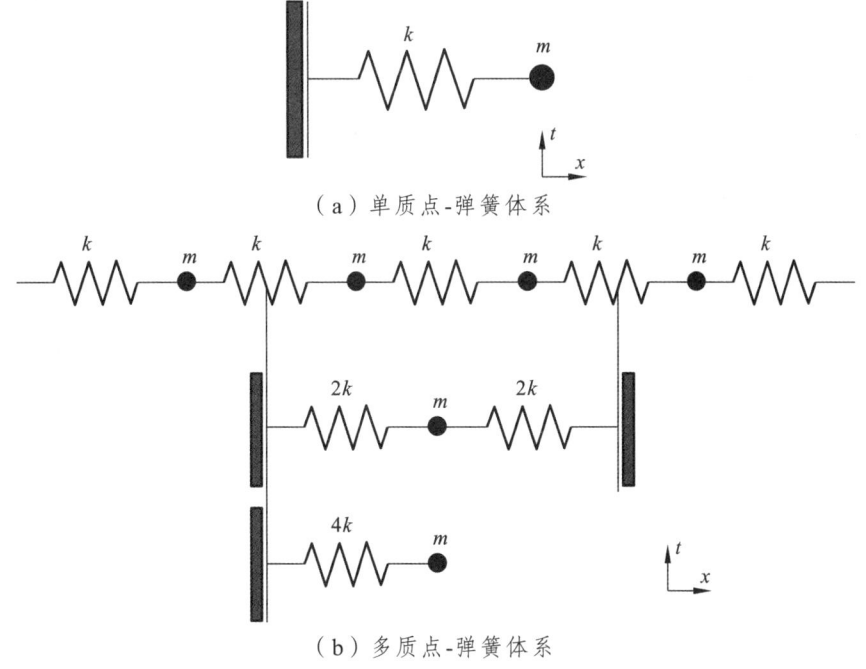

（a）单质点-弹簧体系

（b）多质点-弹簧体系

图 6-28　颗粒质点-弹簧体系

对于广义无限系列的质点-弹簧系统而言，临界时间步骤为表示为

$$t_{\text{critical}} = \begin{cases} \sqrt{\dfrac{m}{k_{\text{tran}}}} \\ \sqrt{\dfrac{I}{k_{\text{rot}}}} \end{cases} \tag{6-21}$$

式中，k_{tran}，k_{rot}——弹簧的平动刚度和旋转刚度；

m，I——颗粒的质量和惯性矩。

PFC^{3D} 颗粒流体系中每一颗粒的质量和刚度都可能不一样，对于每个实体的临界时步可以由式（6-20）计算得到。体系刚度可通过颗粒系统内各接触的贡献叠加得到。最终的临界时步是所有颗粒不同自由度临界时步计算结果的最小值。

4. 颗粒流程序阻尼力学模型

PFC^{3D} 颗粒流体系中能量是通过摩擦滑动方式消散的。但是，在特定的模型中，滑动摩擦可能没被激活，或者即使被激活，在合理的循环次数下，颗粒系统也可能达不到稳定状态。因此，在 PFC 计算程序中，通过使用阻尼项于系统运动方程，从而有效地消散能量。PFC 中常用的阻尼形式有如下几种：非黏滞局部阻尼、复合阻尼和黏滞阻尼，简要分述如下。

1）非黏滞局部阻尼

在颗粒流运动方程中增加非黏滞局部阻尼力项后，其运动方程更新如下：

$$F_{(i)} + F_{(i)}^{d} = M_{(i)} A_{(i)} \quad i = 1 \sim 6$$

$$M_{(i)} A_{(i)} = \begin{cases} m\ddot{x}_{(i)} & i = 1 \sim 3 \\ I\omega_{(i-3)} & i = 4 \sim 6 \end{cases} \quad （6-22）$$

式中，$F_{(i)}$、$F_{(i)}^{d}$、$M_{(i)}$ 和 $A_{(i)}$ 分别表示颗粒所受广义力、阻尼力、颗粒质量以及加速度。其中阻尼力 $F_{(i)}^{d}$ 可以表示为

$$F_{(i)}^{d} = -\alpha \left| F_{(i)} \right| \mathrm{sign}(\upsilon_{(i)}) \quad i = 1 \sim 6$$

$$符号函数\, \mathrm{sign}(y) = \begin{cases} +1 & y > 0 \\ 0 & y = 0 \\ -1 & y < 0 \end{cases} \quad （6-23）$$

式中，$\upsilon_{(i)}$ 为颗粒广义速度，可以表示如下：

$$\upsilon_{(i)} = \begin{cases} \dot{x}_{(i)} & i = 1 \sim 3 \\ \omega_{(i-3)} & i = 4 \sim 6 \end{cases} \quad （6-24）$$

2）复合阻尼

上述局部阻尼模型只在速度分量符号改变时才起作用，对于颗粒流系统内部有明显一致运动的结构颗粒而言（如基础球颗粒集），局部阻尼将局部失效，因而没有发生

能量消散。因此，PFC^{3D} 颗粒流程序提供了一种可供替换的阻尼方式——组合阻尼。对于单自由度系统下的简谐振动，不平衡力正比于最小的速度，也就是，如果颗粒运动满足下式：

$$v = a\sin(\omega t) \qquad (6\text{-}25)$$

那么

$$\frac{d^2 v}{dt^2} = -a\omega^2 \sin(\omega t) \qquad (6\text{-}26)$$

因此，dF/dt 与颗粒速度 v 成比例。然而，对于振荡系统，即使颗粒的平均速度不为零，dF/dt 的均值也可能趋于零。PFC^{3D} 颗粒流程序中，复合阻尼模型结合系统运动方程速度项和 dF/dt 同时提供阻尼力，从而克服局部阻尼缺陷，使具有刚体移动和振荡特性的颗粒流系统的能量，在求解过程中可以合理的消散。但值得注意的是，复合阻尼相较于基于速度的局部阻尼能量消散效率较低。因此，多数情况下，应优先选用局部阻尼模型求解。

3）黏滞阻尼

另一种常用的阻尼为黏滞阻尼，黏滞阻尼模型通常在每个接触处增加法向和切向阻尼器，并分别平行于现存相应方向的接触，与其共同发挥作用。例如图 6-29 所示线性接触模型情况，阻尼力 D_i 均被加入到接触力中，其值按下式计算：

$$D_i = C_i |V_i| \qquad (6\text{-}27)$$

式中，C_i——阻尼常数（i=n：法向；i=s：切向）；

V_i——接触点处相对速度（i=n：法向；i=s：切向）。

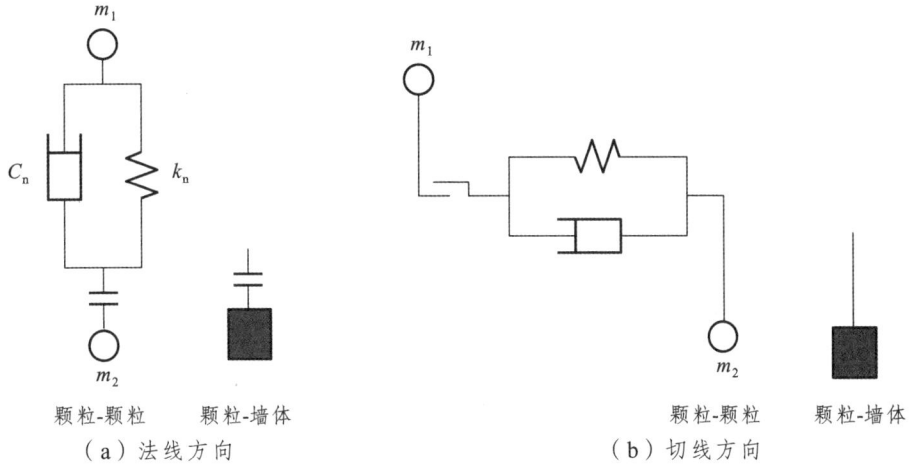

（a）法线方向　　　　　　　　　　（b）切线方向

图 6-29　黏滞阻尼线性接触模型

但需要注意的是，阻尼力矢量方向与运动方向相反。阻尼常数通过临界阻尼比和临界常数间接给出：

$$C_i = \beta_i C_i^{critical} \quad (6-28)$$

式中，β_i——系统临界阻尼比；

$C_i^{critical}$——临界阻尼常数，由下式给定：

$$C_i^{critical} = 2m\omega_i = 2\sqrt{mk_i} \quad (6-29)$$

式中，ω_i——颗粒流无阻尼系统的自振频率（i=n：法向；i=s：切向）；

k_i——接触刚度（i=n：法向；i=s：切向）；

m——系统有效质量。在球-墙接触中，m被认为是球颗粒质量；而球-球接触中，m按两个球的平均质量求取。

5. 颗粒流程序颗粒接触模型

在PFC模型中，每种材料的所有物理力学行为都是通过颗粒间接触模型模拟的。在每一个接触位置，常用的接触模型有三大类：① 刚度模型，提供了接触力和相对位移的弹性关系；② 滑动模型，通过设置摩擦系数给定两个接触球颗粒间剪切接触力和法向接触力之间的关系，并给出发生相对滑移的条件；③ 黏结模型，给出颗粒间接触能承受的极限法向力和剪切力的关系。

1）刚度模型

接触刚度将法向和剪切方向的接触力和相对位移通过下列方程联系起来：

$$\left. \begin{array}{l} F_i^n = K^n U^n \boldsymbol{n}_i \\ \Delta F_i^s = -k^s \Delta U_i^s \end{array} \right\} \quad (6-30)$$

式中，K^n——颗粒接触法向刚度；

U^n——颗粒接触处法向位移或法向重叠量；

k^s——颗粒接触切向刚度；

ΔU_i^s——颗粒接触处切向相对位移增量。

PFC接触刚度模型中颗粒接触刚度被赋予的具体值，要由程序所选用的接触刚度模型来确定。PFC^{3D}软件内置了两种接触刚度模型：线性接触刚度模型和简化的Hertz-Mindlin接触刚度模型。但是，产生接触关系的两个球颗粒使用不同接触刚度模型是不允许的，考虑本书模拟的实际情况，采用线性接触刚度模型模拟颗粒间的接触刚度行为。

线形接触模型通过两个接触实体间的法向和剪切刚度定义，假定两个接触实体串联，则线形接触模型的接触刚度通过下式确定：

$$\left.\begin{array}{l} K^n = \dfrac{k_n^{[A]} k_n^{[B]}}{k_n^{[A]} + k_n^{[B]}} \\[2mm] k^s = \dfrac{k_s^{[A]} k_s^{[B]}}{k_s^{[A]} + k_s^{[B]}} \end{array}\right\} \qquad (6-31)$$

式中，上标[A]、[B]分别表示接触处的不同实体（颗粒球体或墙体）。

2）滑动模型

滑动模型是相互接触实体的一种固有特性，滑动模型在实体接触处不能抗拉，但允许颗粒在其抗剪强度范围内发生滑动。PFC^{3D}中滑动模型是通过两接触实体间最小摩擦系数 μ 定义，模型定义的最大容许剪切接触力按下式计算：

$$F_{max}^s = \mu |F_i^n| \qquad (6-32)$$

如果实体间的切向接触力大于最大容许剪切力，即 $|F_i^s| > F_{max}^s$，那么实体将发生相对滑动，但在下一计算时步初，按下式确定确定剪切接触力：

$$F_i^s \leftarrow F_i^s (F_{max}^s / |F_i^s|) \qquad (6-33)$$

在应用滑动模型时，要注意到如果同时应用黏结模型的话，滑动模型将失效，只有当黏结模型被破坏后，滑动模型才会重新激活。但是，滑动模型可以跟平行黏结模型同时被激活。

3）黏结模型

PFC模型允许颗粒在接触处一定范围内黏结在一起，PFC^{3D}程序提供了两种黏结模型：一种是接触黏结模型，只在接触点很小范围内实现黏结，此时，接触黏结只能传递力，不能传递力矩；另一种是平行黏结模型，平行黏结在接触颗粒间有一定厚度的圆盘内实现黏结，平行黏结可同时传递力和力矩。

PFC^{3D}程序中，接触黏结类似一对有恒定法向刚度与切向刚度的弹簧作用在颗粒接触点处，并且这些弹簧具有一定的抗拉与抗剪强度，又称其为点黏结模型。只要接触黏结没有破坏就没有颗粒间滑动发生，即切向接触力不满足式（6-32）。同时，当颗粒间重叠量 $U_n < 0$ 时，允许在接触处出现张力，但是法向接触张力不能超过接触黏结抗拉强度。

具体接触力-位移的关系如图6-30所示，其中 F^n 表示法向接触力，当 $F^n > 0$ 时表示在接触处受到张拉力作用；U^n 表示颗粒相对法向位移，$U^n > 0$ 表示相互接触的两个颗粒发生重叠；F^s 表示总的切向接触力；U^s 表示颗粒接触点总的切向位移量。

从图 6-30 可知，如果法向接触拉力的大小等于或者超过法向黏结强度，则黏结破裂，并且法向和剪切接触力置零。如果剪切接触力的大小等于或者超过剪切接触黏结强度，则黏接破裂，但是如果剪切力小于容许摩擦力，则接触力维持恒定。

平行黏结模型用以模拟颗粒间类似胶结材料的黏结特性，此模型可与前述滑动模型或接触连接模型同时存在。平行黏结功能通过一组有恒定法向刚度与切向刚度的弹簧均匀分布于接触圆盘内实现。

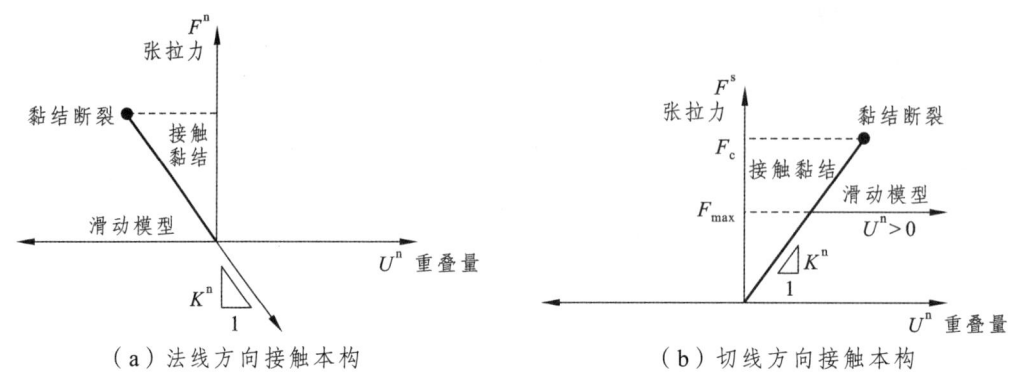

（a）法线方向接触本构　　　　　　　（b）切线方向接触本构

图 6-30　接触黏结模型图示

平行黏结模型由法向刚度 $\bar{k}^n$、切向刚度 $\bar{k}^s$、法向强度 $\bar{\sigma}_c$、切向强度 $\bar{\tau}_c$ 和连接半径 $\bar{R}$ 五个参数定义。这些参数在 PFC^{3D} 中，分别通过 property 命令辅以 pb_kn, pb_ks, pb_nstrength、pb_sstrength 以及 pb_radius 五个关键字实现。由于平行黏结刚度的存在，接触处相对运动在平行黏结圆盘内产生力和力矩，与之相对应的总接触力和力矩通常分别用 $\bar{F}_i$ 和 $\bar{M}_i$ 表示，如图 6-31 所示。平行黏结处总的接触力可沿接触面分解为切向分量和法向分量，表示如下：

$$\left. \begin{array}{l} \bar{F}_i = \bar{F}_i^n + \bar{F}_i^s \\ \bar{M}_i = \bar{M}_i^n + \bar{M}_i^s \end{array} \right\} \qquad (6\text{-}34)$$

式中，$\bar{F}_i^n$、$\bar{M}_i^n$ ——平行黏结接触力法向分量；

$\bar{F}_i^s$、$\bar{M}_i^s$ ——平行黏结接触力切向分量。

其中，各分量均可表示为标量形式：

$$\left. \begin{array}{l} \bar{F}_i^n = (\bar{F}_j n_j) n_i = \bar{F}^n n_i \\ \bar{M}_i^n = (\bar{M}_j n_j) n_j = \bar{M}^n n_i \end{array} \right\} \qquad (6\text{-}35)$$

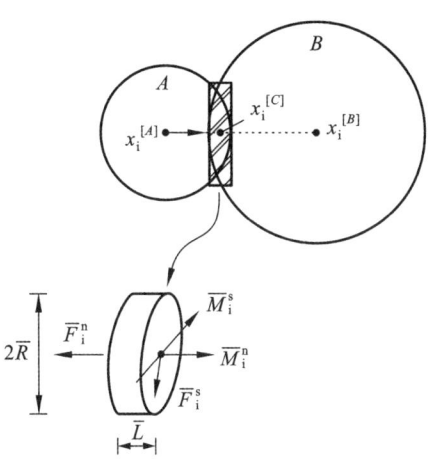

图 6-31 平行黏结模型图示

当平行黏结连接形成时，$\bar{F}_i$ 和 $\bar{M}_i$ 均初始化为零，在后续计算过程里，接触处由位移增量和旋转增量引起的弹性力和力矩增量将叠加在当前值中。在每个时步内，弹性力增量、力矩增量分别按式（6-36）和式（6-37）计算：

$$\begin{aligned}\Delta \bar{F}_i^n &= (-\bar{k}^n A \Delta U^n)n_i \\ \Delta \bar{F}_i^s &= -\bar{k}^s A \Delta U^s \\ \Delta U_i &= V_i \Delta t\end{aligned} \quad (6\text{-}36)$$

$$\begin{aligned}\Delta \bar{M}_i^n &= (-\bar{k}^s J \Delta \theta^n)n_i \\ \Delta \bar{M}_i^s &= -\bar{k}^n I \Delta \theta^s \\ \Delta \theta_i &= (\omega_i^{[B]} - \omega_i^{[A]})\Delta t\end{aligned} \quad (6\text{-}37)$$

式中，V_i——接触颗粒速度；

A——接触连接面积；

I——接触面相对于过接触点沿 $\Delta \theta_i^s$ 方向轴的惯性矩。

接触力增量得到后，按下式进行迭代计算：

$$\begin{aligned}\bar{F}_i^n &\leftarrow \bar{F}^n n_i + \Delta \bar{F}_i^n \\ \bar{F}_i^s &= \{\bar{F}_i^s\}_{\text{rot},2} + \Delta \bar{F}_i^s \\ \bar{M}_i^n &\leftarrow \bar{M}^n n_i + \Delta \bar{M}_i^n \\ \bar{M}_i^s &= \{\bar{M}_i^s\}_{\text{ront},2} + \Delta \bar{M}_i^s\end{aligned} \quad (6\text{-}38)$$

6.2.2 红层软岩土三维颗粒流离散元模拟

1. 室内大三轴试验环境的 PFC^{3D} 实现

由大三轴试验描述可知,试验系统主要有压力室系统、加压系统、测量系统,如何较好地模拟试验系统的三个主要组成部分,将是获得大三轴试验颗粒流单元合理模拟效果的关键之一。

压力室系统约束三轴试样的空间结构由一个柔性橡胶膜和上下两个施加轴向载荷平面刚性加载压盘组成。可通过三个 WALL 单元模拟压力室的这种构造,其中柔性橡胶膜由小刚度圆筒形墙体模拟、刚性加载盘由刚度相对较大的两片无限平面墙模拟,调整墙体摩擦系数以模拟试样与压力室约束间的摩擦程度。压力室系统约束三轴试样的空间结构在 PFC^{3D} 中的全貌如图 6-32 所示。

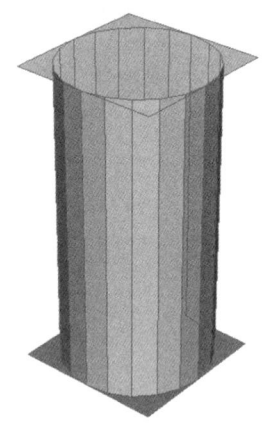

图 6-32 压力室核心空间结构模拟

加压系统主要为围压施加和轴向荷载施加两部分。通过控制上下两个刚性加载盘的速度来实现应变控制加载。在加载计算过程的每一个循环,所有墙体的压力均达到围压状态(上下墙体和圆柱体侧壁墙),调节柔性圆筒的径向运动速度,以保证施加给试样的围压保持基本不变。这一过程可通过 FISH 编写数值伺服程序来实现,目的就是保持常围压,数值伺服过程主要计算逻辑如下。

为在加载过程中实现恒定围压,圆筒围压墙体运动速度可以按下式确定:

$$\dot{u}^w = G(\sigma^m - \sigma^r) = G\Delta\sigma \tag{6-39}$$

式中,σ^m 为测得应力;σ^r 为目标围压;G 控制参数,可由如下过程求得。

在一个计算时步过程中,由于墙体位移引起的最大墙体受力的增量可表达为

$$\Delta F^w = k_n^w N_c \dot{u}^w \Delta t \tag{6-40}$$

式中，N_c——土颗粒与围压墙接触的数量；

k_n^w——此 N_c 个接触的平均刚度；

Δt——计算时间步长。

因此，围压墙的平均应力增量为

$$\Delta \sigma^w = \frac{k_n^w N_c \dot{u}^w \Delta t}{A} \tag{6-41}$$

式中，A 为围压墙的侧面积。

为保证求解过程的稳定性，墙体应力改变的绝对值须小于测量值与目标应力值之差的绝对值，这样一来就可以阻止过快地得到目标应力，而失去稳定，即

$$|\Delta \sigma^w| < \alpha |\Delta \sigma| \tag{6-42}$$

在编程的过程中，采用松弛因子 α（一般设置为 0.5）来确保稳定的加载过程，将式（6-39）和式（6-41）代入式（6-42），可以得到恒定围压控制参数 G：

$$G \leq \frac{\alpha A}{k_n^w N_c \Delta t} \tag{6-43}$$

因此，计算的每一时步中，先通过式（6-43）计算得到控制参数 G，然后通过式（6-39）计算围压墙的移动速度。

在试样的特殊部位设置测量圈，从而获得试样的应力和应变，材料的宏观力学响应是通过跟踪应力和应变的变化量来计算得到。试样轴向应变可按下式计算：

$$\varepsilon = \frac{L - L_0}{\frac{1}{2}(L + L_0)} \tag{6-44}$$

式中，L——试样当前轴向高度；

L_0——试样初始轴向高度。

2. 大三轴试样颗粒生成

在颗粒流平台生成压实颗粒集合的方法有多种，本章采用半径膨胀法，逐个生成颗粒筛分试验各粒组颗粒，在每一颗粒组粒径分布服从平均分布。颗粒生成关键是要使得到的颗粒集合体达到试验试样的压实度或孔隙率，这个过程也通过 FISH 编程实现，主要计算逻辑如下。

定义试样孔隙率：

$$n = 1 - \frac{V_b}{V} \tag{6-45}$$

式中，V_b——试样颗粒体积总和；

V——试样总体积。

因此，下式成立：

$$\sum_{i=1}^{n} R^3 = \frac{3V(1-n)}{4\pi} \tag{6-46}$$

式中，$\sum_{i=1}^{n} R^3$——试样所有颗粒半径总和。

若用 n_0 来表示初始孔隙率、用 n 来表示目标孔隙率。那么，通过式（6-45）和式（6-46）可以建立了如下关系：

$$\frac{\sum_{i=1}^{m} R^3}{\sum_{i=1}^{m} R_0^3} = \frac{1-n}{1-n_0} \tag{6-47}$$

式中，R_0——颗粒初始半径。

如果对所有的颗粒使用相同的半径放大率，那么颗粒最终半径为 $R = mR_0$，即半径膨胀法采用的半径放大系数 m 可以表述如下：

$$m = \sqrt[3]{\frac{1-n}{1-n_0}} \tag{6-48}$$

根据以上公式，首先确定某一粒组颗粒的数量：

$$N_{\text{loi-hi}} = \frac{P_{\text{loi-hi}} \times V_b}{4\pi \left(\frac{R_{\text{loi}} + R_{\text{hi}}}{2}\right)^3 \bigg/ 3} \tag{6-49}$$

式中，$P_{\text{loi-hi}}$——土颗粒半径范围（$R_{\text{loi}} \sim R_{\text{hi}}$）粒组所占百分比。

然后，将各粒组半径缩小一定比例，通过 GENERATE 颗粒生成器产生所有土颗粒，接着按式（6-45）计算实际初始孔隙率 n_0，代入式（6-48）计算半径放大系数 m，将所有颗粒半径放大 m 倍即可得到目标孔隙率（压实度）的试样。经过一定的计算时步平衡后，得到压实的颗粒集合体如图 6-33 所示。

第6章 红层软岩加筋土力学特性及宏细观加固机理分析

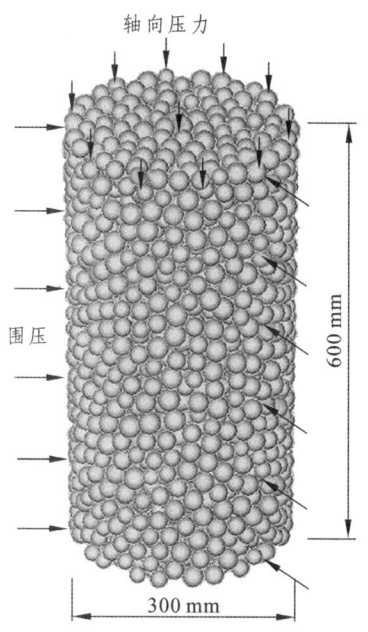

图 6-33 大三轴试样颗粒集合体示意

3. 红层软岩土应力-应变关系细观模拟

按上述方法建立相应试样 PFC^{3D} 颗粒流数值模型,以红层软岩土大三轴试验为背景校正模型细观参数,模拟其应力-应变关系曲线。基本模型的主要细观参数汇总在表 6-5 中,数值模型试样高度和直径分别为 600 mm 和 300 mm,与室内试验一致,为简化分析问题、节约计算时间,在颗粒半径选择时主要为实验级配中半径 5~15 mm 的颗粒成分。

由于室内试验采用红层软岩粗粒土接近黏性粗粒土,故在 PFC^{3D} 数值模型中分别选用刚度模型模拟材料的弹性反应、摩擦滑动模型模拟材料的内摩擦特性、接触黏结模型模拟材料黏性。生成试样初始状态时,要依次检查漂浮颗粒、初始锁定接触力,已保证充分均匀压实的颗粒集合体。分别在 100 kPa、200 kPa、300 kPa、400 kPa 四种围压下固结平衡后,按恒定的加载速度给数值模型施加轴向荷载,并记录相应数据。

表 6-5 红层软岩粗粒土大三轴试样 PFC^{3D} 基本模型细观参数

颗粒半径范围	粒径放大系数	摩擦系数	颗粒接触法向刚度/Pa	颗粒接触刚度比	颗粒法向黏结强度/kN	颗粒切向黏结强度/kN	初始锁定应力/Pa	漂浮颗粒比例
5~15 mm	1.91	1.0	3×10^6	1.0	0.1	0.1	100×10^3	0.05

以围压 300 kPa、400 kPa 情况为例，计算得到相应应力-应变关系曲线如图 6-34 所示。与室内大三轴试验相比表明，三维颗粒模型较好地重现了试样室内试验现象，说明数值模型参数取值合理以及应用三维颗粒流方法模拟红层软岩粗粒土细观力学特性的可行性。

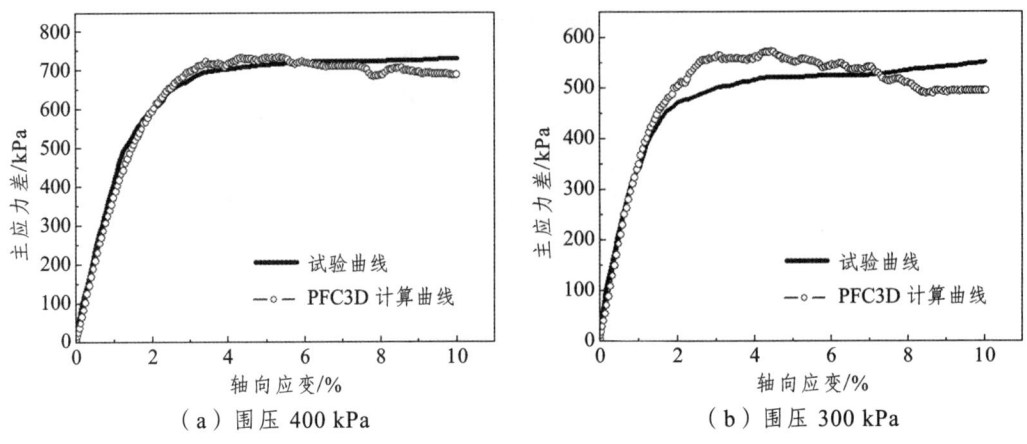

图 6-34　PFC³ᴰ 颗粒流试样与红层软岩土大三轴试样的应力-应变曲线比较

6.2.3　红层软岩加筋土三维颗粒流离散元模拟

1. 格宾网加筋材料颗粒流离散元建模

本节主要分析格宾网加筋红层软岩粗粒土的细观力学特性，试验用格宾网的具体规格见第 3 章相关内容。试验用格宾网几何形状通过 PFC³ᴰ 程序中可变形刚性球体颗粒构造，其力学特性（包括拉伸强度、法向与切向刚度等）通过在球颗粒间安装平行黏结实现。图 6-35 表示了试验用格宾网的颗粒流模型，图 6-36 表示了格宾网颗粒流模型中的平行黏结分布。

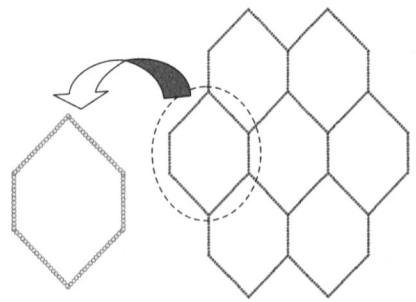

图 6-35　格宾网加筋单元颗粒模型

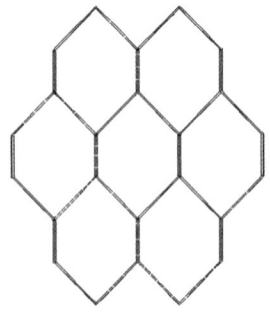

图 6-36　格宾网颗粒流模型接触分布

通过模拟格宾网材料室内拉伸试验，校正格宾网颗粒模型细观力学参数。为简化计算，数值拉伸试验以三轴试验用格宾网为对象。将其一端颗粒设置为固定端，另一端设置为拉伸端，按室内拉伸试验的恒定速度对格宾网数值试样进行平面内单向拉伸。其试验模型如图 6-37 所示，拉伸计算一定时步后格宾网颗粒流的速度场和位移场如图 6-38 所示。格宾网颗粒模型拉伸试验基本结果见表 6-6，与室内拉伸试验结果基本吻合，说明此颗粒模型能较好地体现试验用格宾网的力学特性，可以应用到下一步加筋红层软岩粗粒土大三轴试验颗粒流模型试样中。

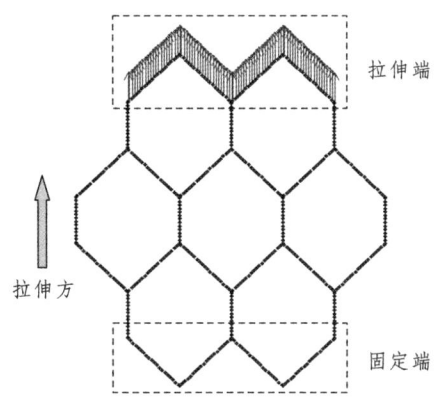

图 6-37　格宾网拉伸试验颗粒流模型

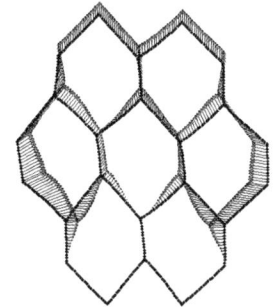 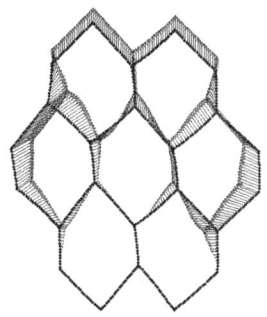

（a）格宾网拉伸速度矢量场　　　　　（b）格宾网拉伸位移矢量场

图 6-38　格宾网拉伸试验过程

表 6-6　格宾网颗粒模型拉伸结果与室内拉伸试验结果比较

工况	拉伸强度/（kN/m）		
	2%伸长率	5%伸长率	10%伸长率
格宾网室内拉伸试验	15.8	19.9	26.4
格宾网颗粒模型拉伸试验	16.1	20.2	26.9

2. 红层软岩格宾网加筋土颗粒流离散元建模

格宾网加筋红层软岩粗粒土大三轴颗粒流试样的数值环境，与前节中建立的数值环境一致。首先，按试验真实尺寸生成大三轴试样的维护结构（圆筒墙体模拟试样橡胶膜；上下平面墙模拟试样两个加载盘），为简化模拟过程，接下来先在维护墙内部空间相应位置按试验方案生成格宾网颗粒模型（见图 6-39），然后按前节相应步骤生成整个加筋土试样，加筋试样颗粒流集合未压实前、后的剖面模型如图 6-40 所示，加载后格宾网与周边土颗粒嵌锁关系如图 6-41 所示。

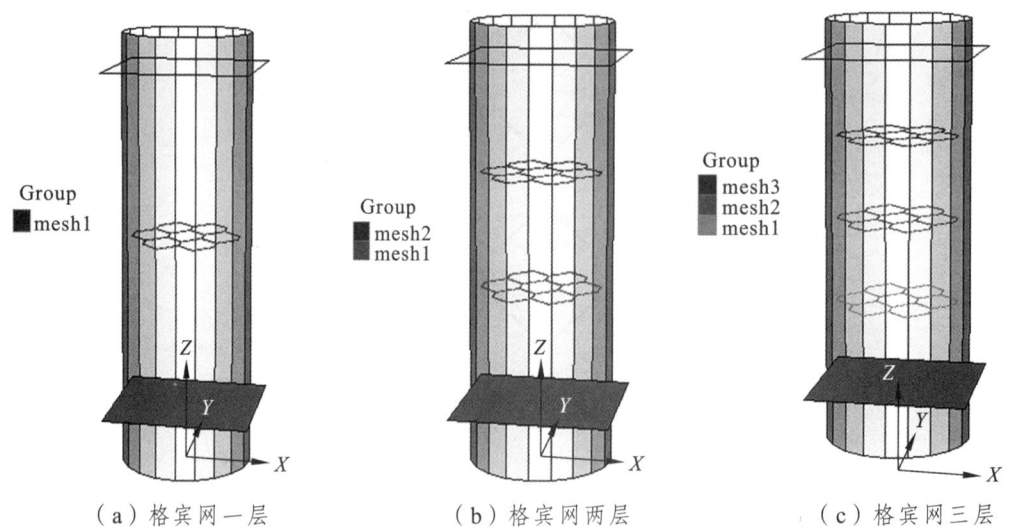

图 6-39 不同层数格宾网颗粒模型安装

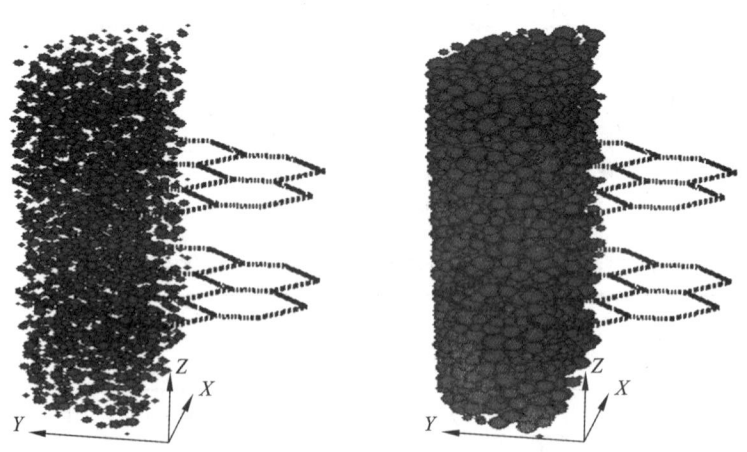

（a）格宾网一层加筋土试样

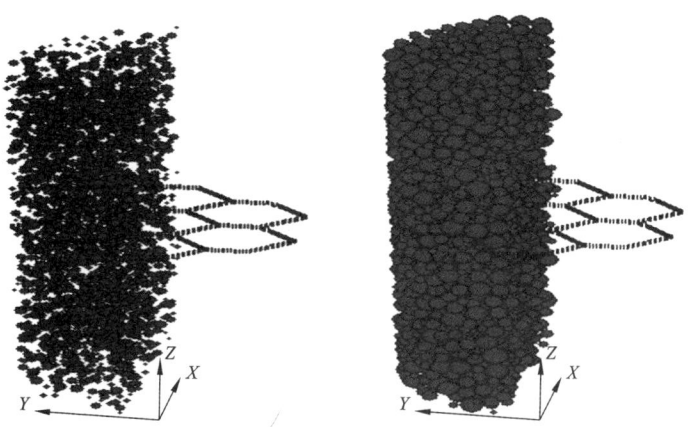

(b)格宾网二层加筋土试样

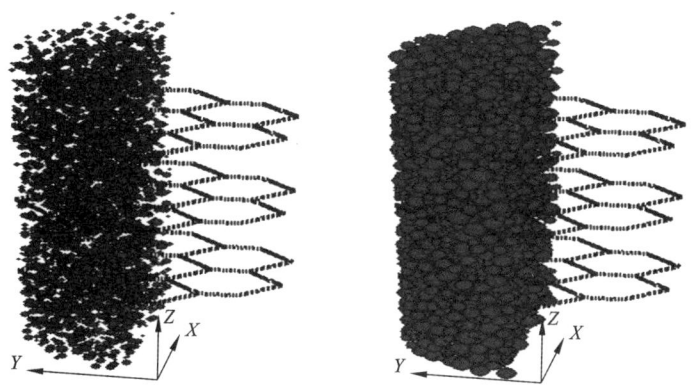

(c)格宾网三层加筋土试样

图 6-40　不同层数格宾网加筋土试样颗粒模型

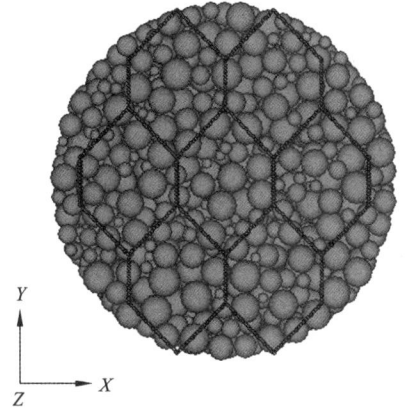

图 6-41　格宾网与周边土颗粒嵌锁关系

3. 红层软岩格宾网加筋土应力-应变关系细观模拟

以不同层数格宾网加筋土颗粒流模型为基础，对格宾网加筋试样颗粒流模型在不同围压下进行三轴试验仿真。图 6-42 与图 6-43 表示了通过 PFC^{3D} 模拟的不同围压、不同加筋层数下应力-应变曲线。

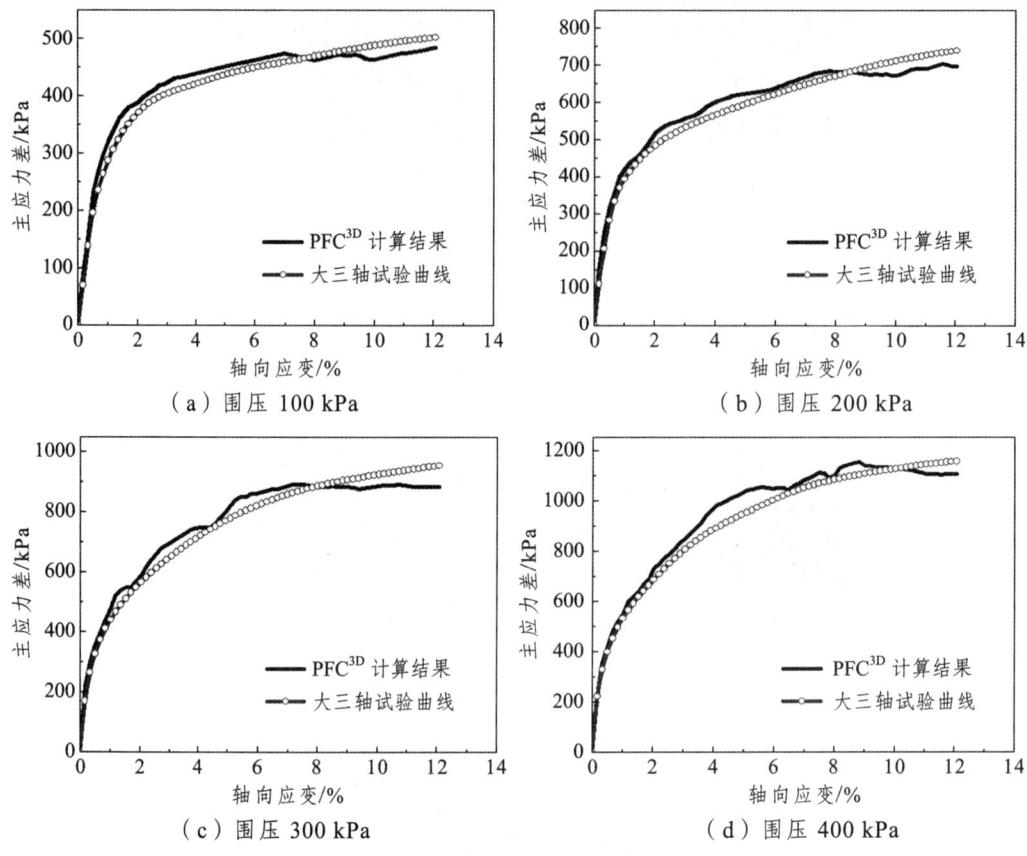

图 6-42　不同围压下格宾网加筋土颗粒流试样应力-应变曲线

从模拟结果可以看出，PFC^{3D} 程序可以较好地模拟格宾网加筋土大三轴试验，PFC^{3D} 程序模拟得出的应力-应变曲线与试验的应力-应变曲线拟合度较高。PFC^{3D} 程序模拟得到的格宾网加筋土试样的初始弹性模量与试验结果差别很小。进入非线性段后，颗粒模拟得到的主应力差随轴向应变增长而有一定幅度的波动，这应该主要是由于颗粒流模型的黏结和滑动模型的渐进且不一致破坏引起的。同时，也可以看到，颗粒流模拟的应力-应变曲线在峰值强度以前有阶梯上升的趋势，这反映了随着试样轴向应变的增长，格宾网颗粒流模型在逐渐发挥其加筋效果。从颗粒流的模拟曲线与试验曲线的比较可以看出,模拟曲线在峰值后的强度比试验结果偏小,这主要是颗粒流试样颗粒单元全部为理想的球形,所以和试验数据存在一定差异。但总体来说 PFC^{3D} 模型较好地模拟了格宾网加筋土的三轴试验,模拟结果可以作为其力学特性研究的重要参考。

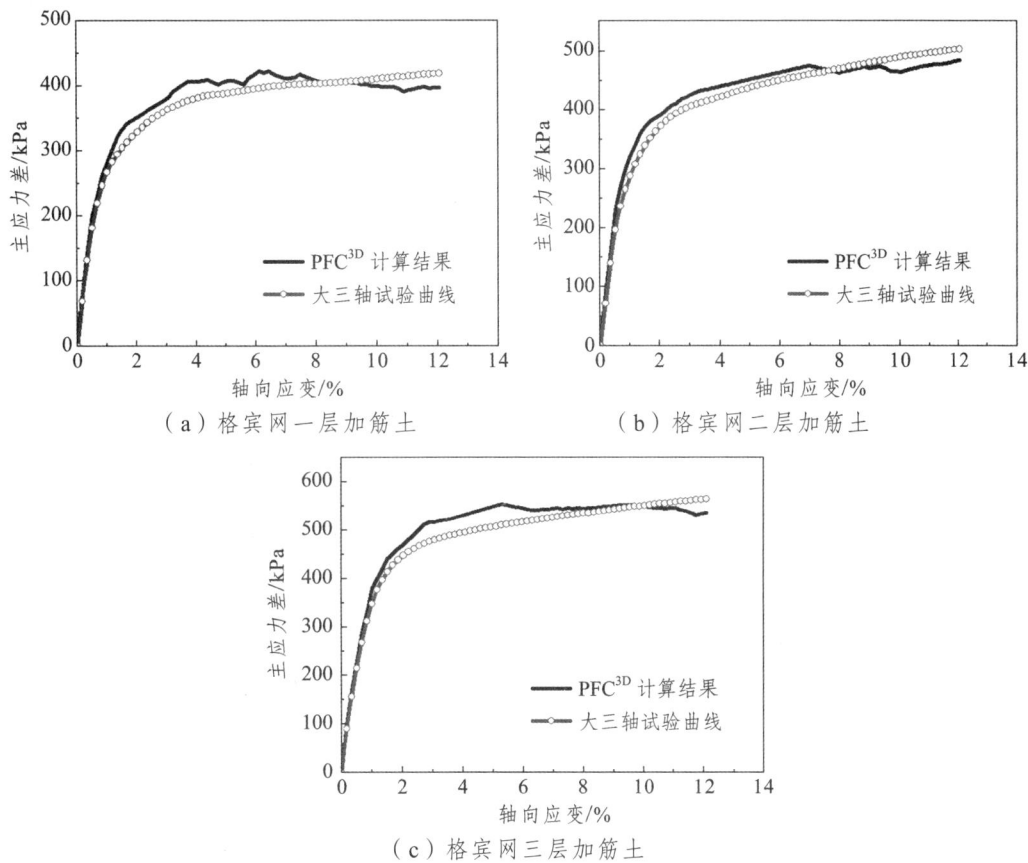

图 6-43　不同层数格宾网加筋土颗粒流试样应力-应变曲线

6.2.4　红层软岩加筋土细观力学特性及加固机理

在 PFC^{3D} 软件中,力主要通过颗粒-颗粒和颗粒-墙之间来传递,在颗粒流数值模拟中,围压和轴向压力分别可以通过模型中的墙体平均受力情况得出。同时,PFC^{3D} 软件也提供了颗粒-颗粒之间接触力、位移场的显示,从中可以分析格宾网加筋土的工作机理。因此,在下面的内容中,主要通过模型中接触力分布规律以及模型内部剪切位移场的发展规律等细观层面特性的研究,探讨格宾网加筋红层软岩粗粒土的微观力学机理。

本次颗粒流模拟工作，主要分析了不同围压作用（100 kPa、200 kPa、300 kPa 和 400 kPa）格宾网三层加筋土试样，以及不同层数（一层、二层和三层）格宾网加筋土试样的微观力学机理。

图 6-44 ~ 图 6-47 所示为不同围压作用格宾网三层加筋土试样的接触力发展过程。图中黑线表示颗粒间接触力的大小和方向，黑线越粗表示颗粒间接触力越大。可以看出：当试样轴向应变较小时，模型内颗粒的接触力大部分平行于轴向力作用方向。随着轴向力逐渐增大，试样的轴向应变随之增大，颗粒相对位置发生变化，从而引起内部的接触力也发生较大变化。随着试样轴向应变的增长，各层格宾网加筋处土颗粒接触力逐渐增大，且在整个格宾网截面内分布较均匀；但是在两层格宾网之间土颗粒接触力分布逐渐集中到试样截面的中部。

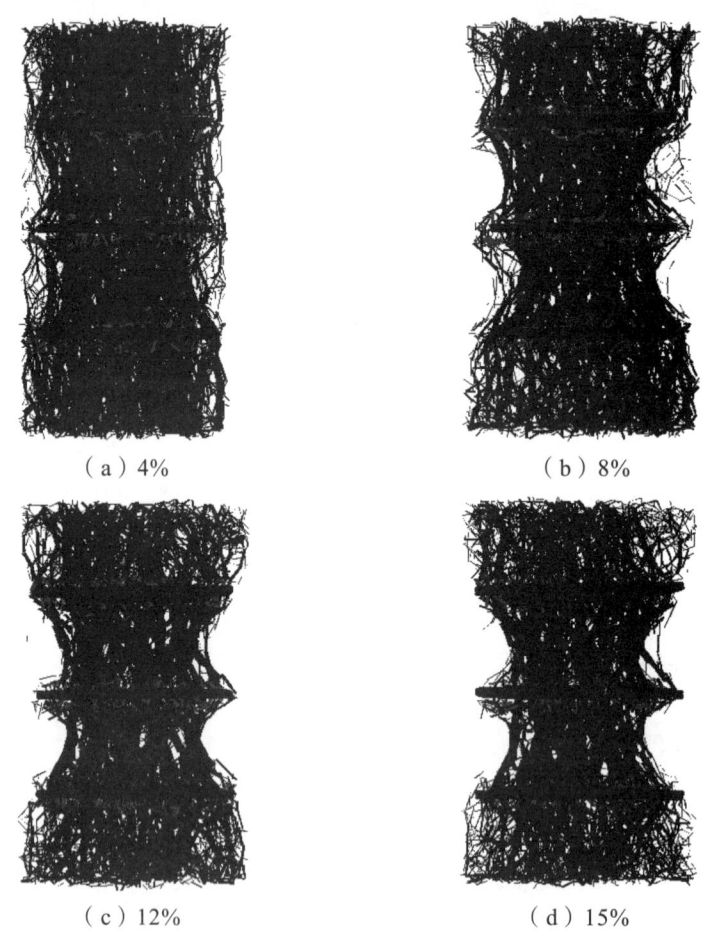

(a) 4%　　　　　　　　　　(b) 8%

(c) 12%　　　　　　　　　(d) 15%

图 6-44　100 kPa 围压作用下格宾网三层加筋土试样不同轴向应变阶段接触力分布

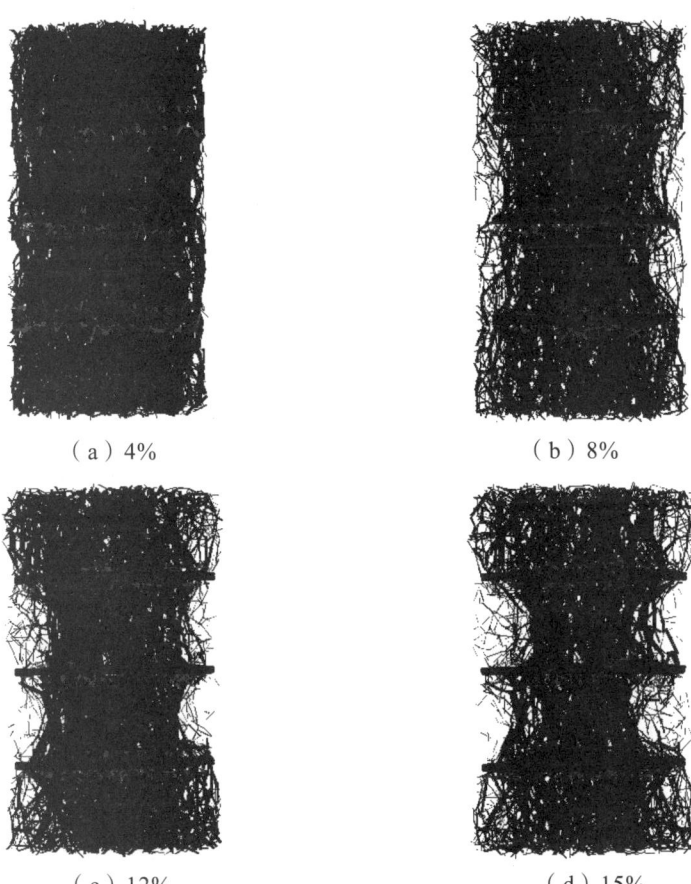

(a) 4%　　　　　　　　　(b) 8%

(c) 12%　　　　　　　　　(d) 15%

图 6-45　200 kPa 围压作用下格宾网三层加筋土试样不同轴向应变阶段接触力分布

(a) 4%　　　　　　　　　(b) 8%

（c）12%　　　　　　　　　（d）15%

图 6-46　300 kPa 围压作用下格宾网三层加筋土试样不同轴向应变阶段接触力分布

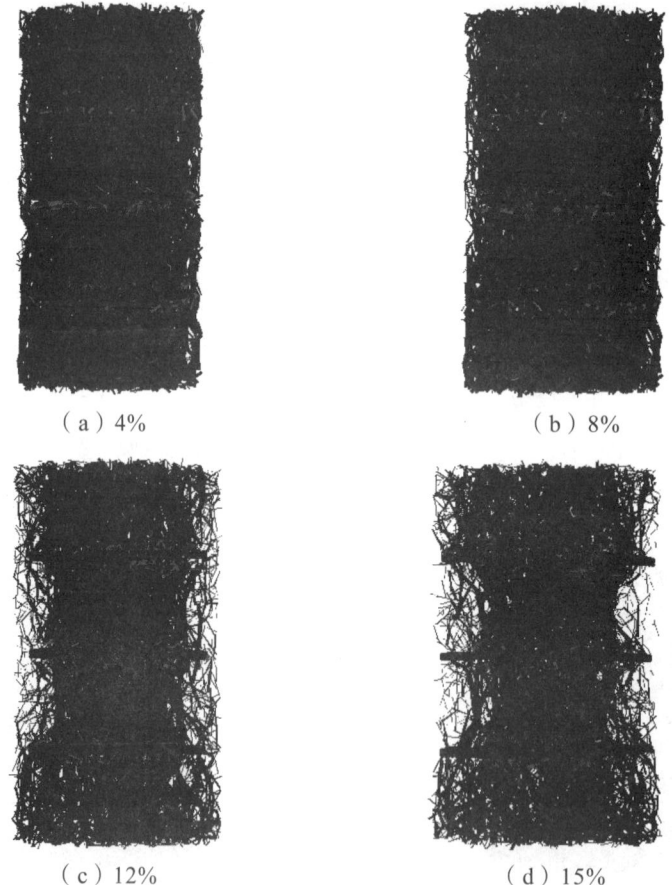

（a）4%　　　　　　　　　（b）8%

（c）12%　　　　　　　　　（d）15%

图 6-47　400 kPa 围压作用下格宾网三层加筋土试样不同轴向应变阶段接触力分布

土体颗粒接触力的这种分布特性，主要是由于两方面的因素产生：其一，格宾网六边形网孔能有效限制其网孔平面内土颗粒向外扩散。由于孔内土体颗粒与格宾网上下两侧一定距离土颗粒的摩擦、黏结特性，使得格宾网对土颗粒的约束作用分别向格宾网上下两侧传递，形成土体加强区和"环箍"约束作用，但离格宾网的距离越远，土颗粒受到的"环箍"约束程度逐步降低。其二，在轴向压力作用下，格宾网颗粒与其上下一定范围的土颗粒会产生摩擦阻力，限制这部分颗粒自由向外扩散，这种摩擦阻力的限制作用也会向格宾网上下两侧传递。

在这些土体加强区域内，土颗粒之间的接触力大部分平行于主应力 σ_1 方向，在格宾网截面积范围内形成了土颗粒接触力柱状结构。而颗粒与侧面墙体间的接触力逐渐减小，这表明颗粒向外扩散的趋势被格宾网有效阻止。当格宾网加筋土试样趋于破坏时，土体内部形成的柱状受力结构更加集中，所承受的轴向压力也大幅提高。同时，这种远离格宾网的土颗粒接触力集中分布的情况，在试样低围压情况下更加明显，这也说明，低围压下格宾网的加筋效果（"环箍"效应和摩阻效应）发挥得更好，这与试验结果是一致的。

图 6-48（a）~ 图 6-48（d）所示为不同层数格宾网加筋土试样在相同围压情况下的接触力发展过程。当轴向应变较小时，土颗粒接触力分布规律类似。随着轴向应变增加，格宾网对土颗粒的约束作用逐渐显现，不同加筋层数试样颗粒接触力分布差别明显。随着加筋层数增加，格宾网间土颗粒接触力集中分布现象更突出，说明格宾网对土颗粒的约束作用发挥更充分。

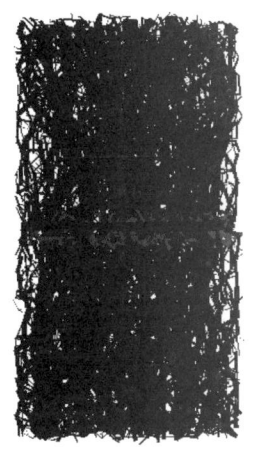 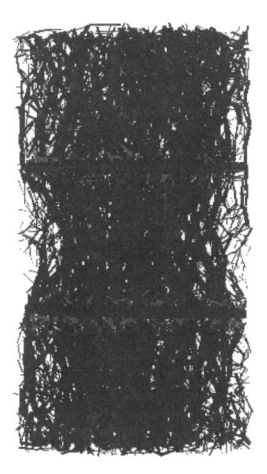 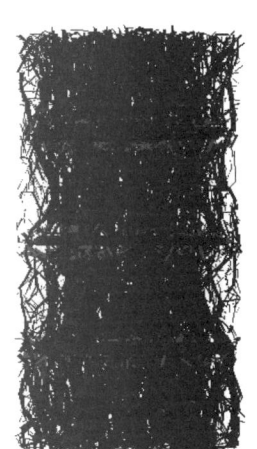

（a）4%轴向应变

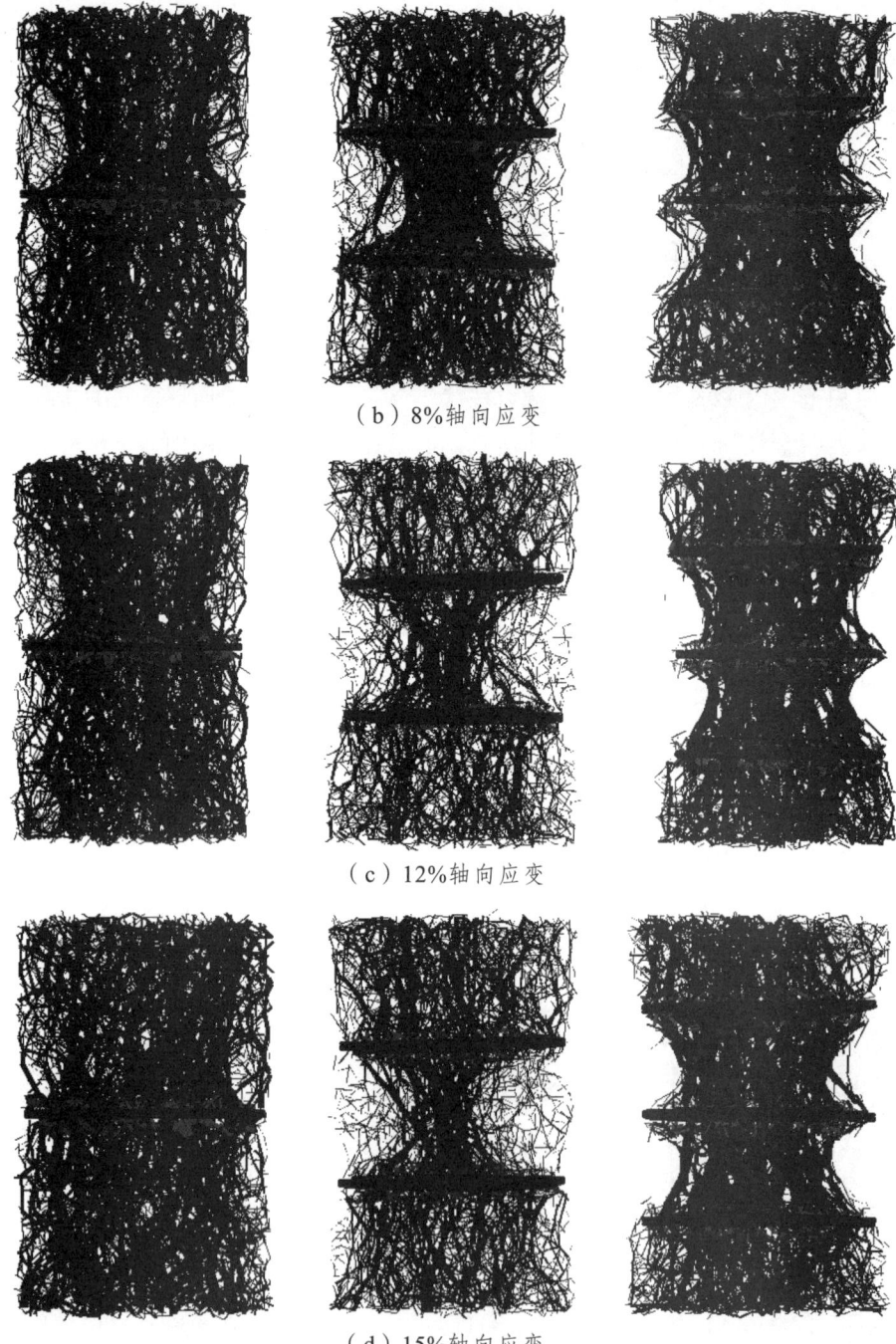

(b) 8%轴向应变

(c) 12%轴向应变

(d) 15%轴向应变

图 6-48 不同层数格宾网加筋土试样不同轴向应变阶段接触力分布比较

第6章 红层软岩加筋土力学特性及宏细观加固机理分析

由于三轴试验采用圆柱形试样，局部化现象常常出现在土样的内部，使得对变形局部化区域的观测比较困难。颗粒流软件 PFC^{3D} 可以较好地模拟土颗粒的位移场，所以可利用颗粒流模型来观察格宾网加筋土剪切位移场的形成与发展。

图 6-49～图 6-53 所示为格宾网三层加筋土试样在不同围压情况下剪切位移场发展过程。可以看出，轴向应变较小时，大部分土体颗粒位移矢量的方向与轴向力作用方向接近，说明试样此时处于初始压密和剪缩阶段，格宾网的加固约束效果还没得到足够体现。随着试样轴向位移增加，试样径向位移也会逐步增加，但由于受到格宾网的约束，格宾网加筋处附近土颗粒的径向鼓胀位移要小于格宾网间土颗粒的径向位移（见图 6-53），从而引起离开格宾网一定距离的土颗粒运动轨迹将发生偏转，但这种偏转主要在格宾网柱状加强区域以外的土颗粒上发生。由于格宾网形成的柱状加强体，试样两端中间部分土颗粒位移小于外围土颗粒位移，从而在两端土层有形成"八"字形倾斜剪切带的趋势[见图 6-48（c）]。在两层格宾网之间，由于柱状受力结构的存在，柱状加强区域内土颗粒主要为竖向运动或者趋于静止，而以外的颗粒主要向圆筒约束墙运动，因此在两层格宾网之间的土体颗粒，由于格宾网的"环箍"效应和摩阻因素的作用，在期间有形成"＞＜"形剪切带的趋势[见图 6-49（c）]。到试样接近极限受荷状态时，可以观测到试样内部的剪切带。但是，随着试样围压增加，试样内部剪切带范围缩小，土颗粒向外偏转的量值减小，也就是试样向外鼓胀的程度要降低，这与试验结果也是一致的。

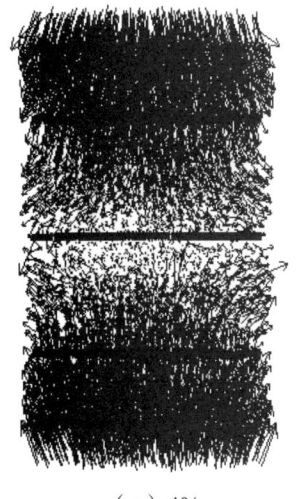
（a）4%

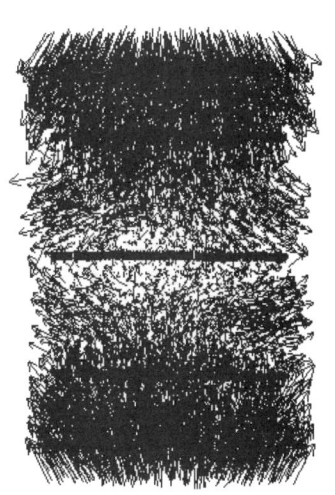
（b）8%

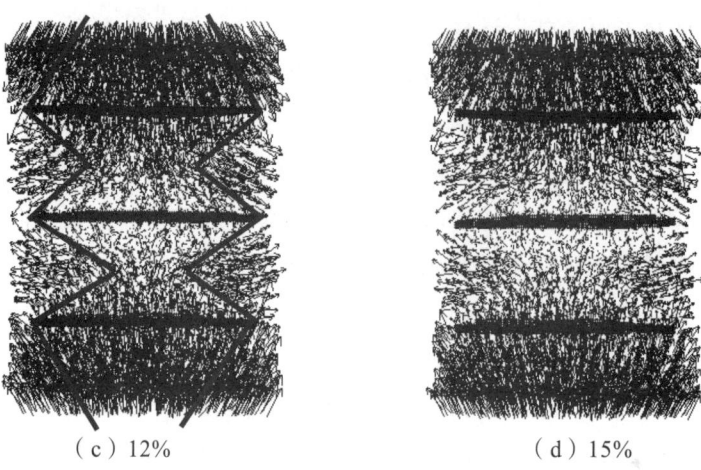

（c）12%　　　　　　　　　（d）15%

图 6-49　100 kPa 围压作用下格宾网三层加筋土试样不同轴向应变阶段位移场分布

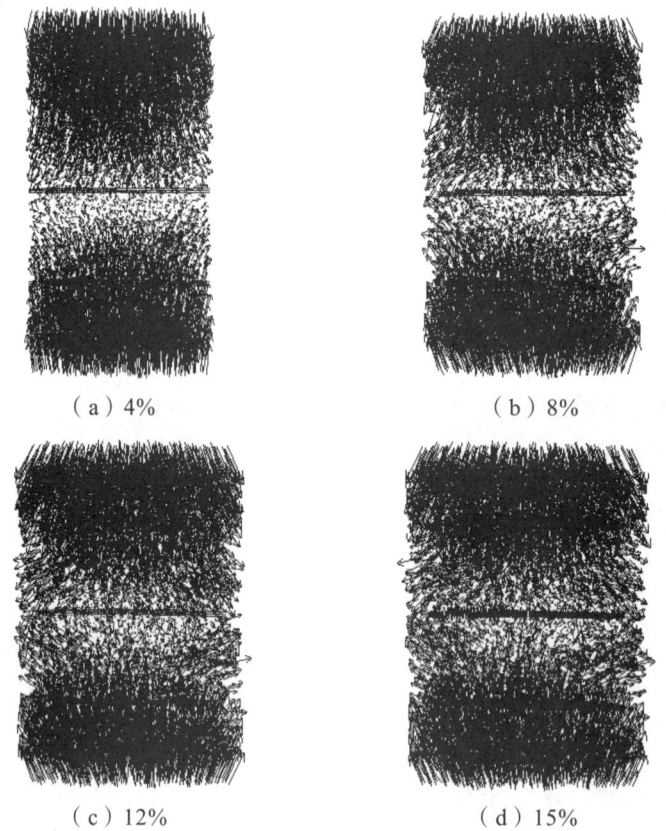

（a）4%　　　　　　　　　（b）8%

（c）12%　　　　　　　　　（d）15%

图 6-50　200 kPa 围压作用下格宾网三层加筋土试样不同轴向应变阶段位移场分布

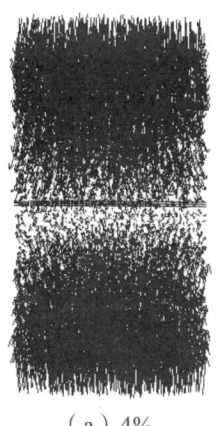 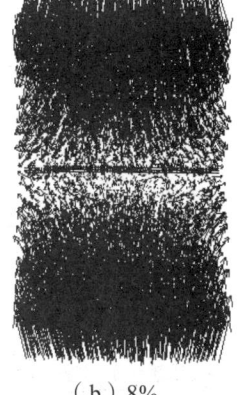

(a) 4%　　　　　　　　　(b) 8%

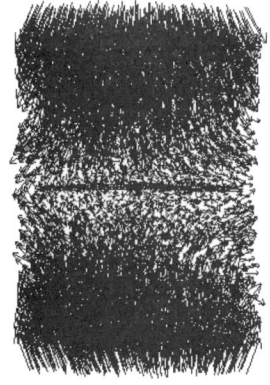 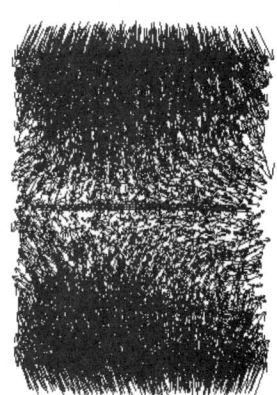

(c) 12%　　　　　　　　　(d) 15%

图 6-51　300 kPa 围压作用下格宾网三层加筋土试样不同轴向应变阶段位移场分布

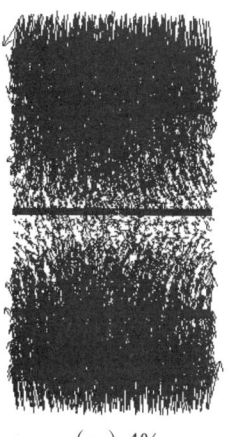 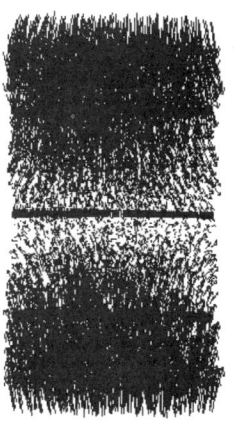

(a) 4%　　　　　　　　　(b) 8%

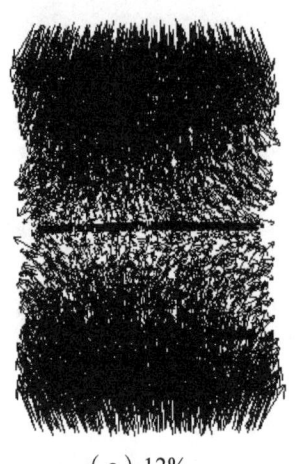 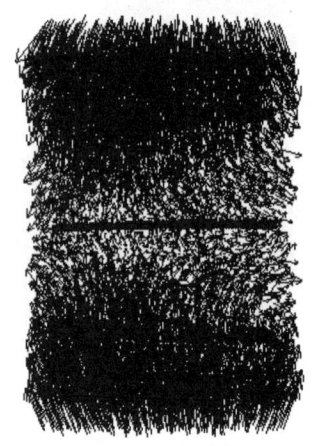

(c) 12%   (d) 15%

图 6-52   400 kPa 围压作用下格宾网三层加筋土试样不同轴向应变阶段位移场分布

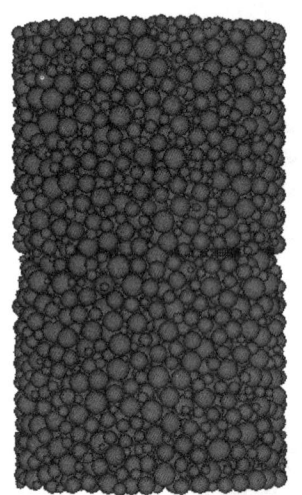 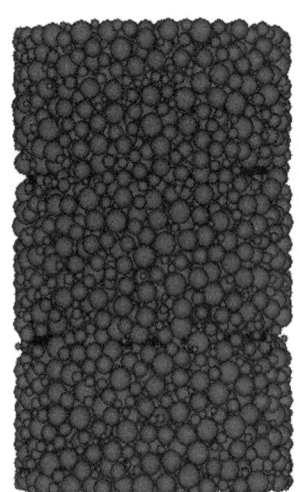 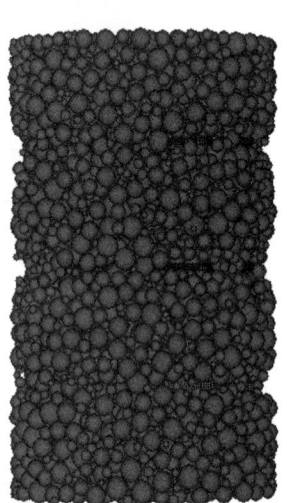

图 6-53   轴向压力作用下格宾网加筋土颗粒模型变形情况

图 6-54 所示为不同层数格宾网加筋土试样在相同围压情况下剪切位移场发展过程，试样最终潜在剪切破坏带如图 6-54（d）所示。从图可以看出，加筋层数对试样的剪切位移场的发展影响很大，从而表现出不同的潜在破坏模式。加筋层数较少时，在较低的轴向应变水平下，试样土颗粒向外偏转程度比较大，并且剪切滑移带形成较早，这也导致颗粒最终的水平位移分量较大。与加筋层数较多的情况相比，试样鼓胀就会更为明显，这与室内大三轴试验结果是一致的。随着格宾网加筋层数的增加，格

宾网网孔的"环箍"效应及嵌锁效果发挥越来越大的作用，使得发生较大偏转的土颗粒范围明显缩小，在加筋处附近土颗粒的径向位移比两层加筋之间土颗粒的径向位移小，清楚地表现出格宾网加筋对土体变形的约束效果。同时，结合图 6-54（d）标示的试样最终潜在剪切带及图 6-44～图 6-48 中试样最终接触力分布形态可以看出，加筋层数较多时，发生稳态流动的颗粒范围减小（即剪切带外围的颗粒），被剪坏的范围也就越小，从而土体的稳定性更佳、加固效果越明显。

（a）4%轴向应变

（b）8%轴向应变

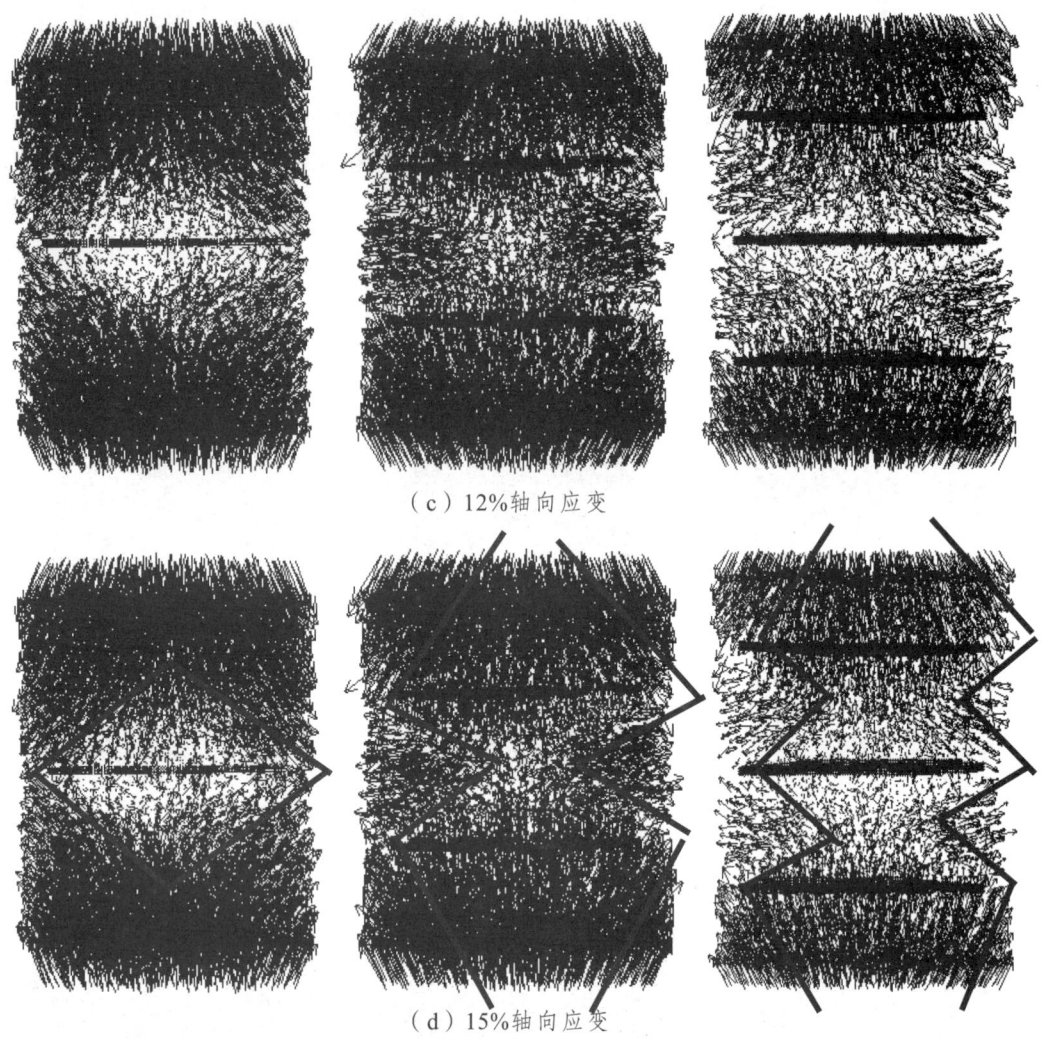

（c）12%轴向应变

（d）15%轴向应变

图 6-54 不同层数格宾网加筋土试样不同轴向应变阶段剪切位移场分布比较

为定量分析格宾网对土颗粒的嵌锁效果，沿试样高度将其划分成 10 个高度为 3 cm 的小圆柱体，通过 FISH 程序求出每个圆柱体内颗粒轴向接触力，定义系数 β_h。将不同加筋层数以及不同围压作用下系数 β_h 与试样高度的关系表示为图 6-55。

$$\beta_h = \frac{F_{inner}}{F_{full}} \tag{6-50}$$

式中，F_{inner}——各个小圆柱体格宾网网孔范围内颗粒轴向接触力之和；

F_{full}——各个小圆柱体全截面颗粒法向接触力之和。

从图 6-55（a）可以看出：系数 β_h 在格宾网加筋处最大，最大值一般在 1.2 左右，但是，在两层格宾网之间系数 β_h 存在最小值。这一现象可由格宾网对土颗粒的"环箍"效应解释，在格宾网加筋处大部分土颗粒被格宾网孔箍住，使得格宾网处全截面接触力分布较均匀。但离开格宾网一定距离后由于颗粒产生不同程度偏转，从而在两层格宾网之间颗粒接触力传递方向发生较大改变，使得格宾网孔外土颗粒接触力急剧降低。从图 6-55（b）中可以看出，加筋层数相同时，系数 β_h 随试样高度分布的规律基本相似，但是随着围压增加，两层格宾网之间系数 β_h 的最小值逐步增加，这说明低围压下格宾网的"环箍"效应发挥更充分。

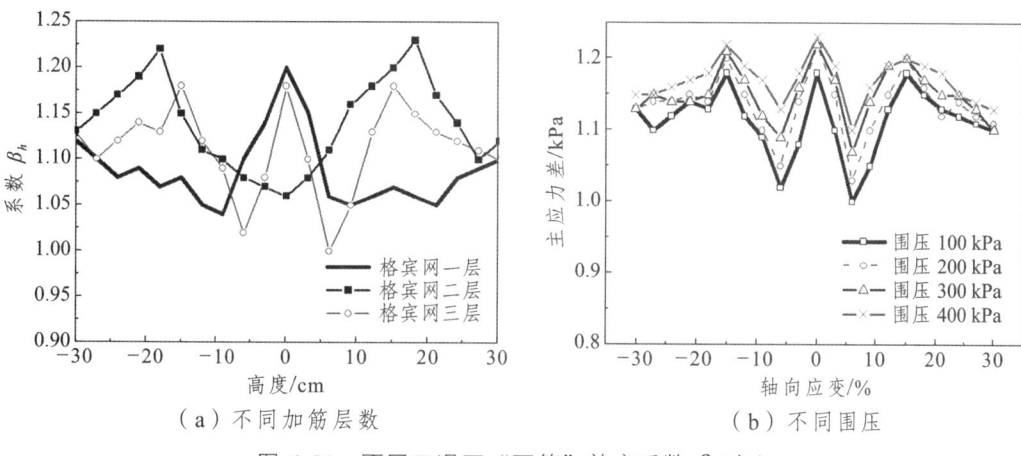

图 6-55　不同工况下"环箍"效应系数 β_h 对比

6.3　本章小结

本章主要研究了红层软岩加筋土的宏细观力学特性及机理。

（1）本章进行了加筋和未加筋红层软岩粗粒土的大三轴试验，主要研究了不同含水量、不同压实度、不同加筋层数、不同加筋材料的加筋土体和未加筋土体的强度与应力应变特性及相关影响，从中主要可以得到以下结论：

① 红层软岩粗粒土经格宾网和土工格栅加固后峰值强度得到提高，在大变形下加筋土体仍能继续承担荷载，土体延性得到改善。在红层软岩粗粒土中铺设格宾网和土工格栅可以有效地提高其抗压强度，而且加筋层数越多，筋层间距越小，强度增长越多。加筋不仅提高了试样的强度，同时也提高了土体竖向刚度，从而减小土体的不均匀沉降。素红层软岩粗粒土及其格宾网与土工格栅加筋体的主应力差与轴向应变关系

曲线均具有明显的非线性。在红层软岩粗粒土中铺设格宾网和土工格栅可以有效地约束土体的侧向变形，增强土体的内部稳定性。

② 格宾网和土工格栅加筋红层软岩粗粒土的黏聚力与加筋前相比得到较大提升，但两者内摩擦角相差不大。而且，加筋土和未加筋土的强度都受到含水量和压实度的影响。在同一压实度下，加筋试样和未加筋试样的黏聚力随含水量变化呈现非线性变化关系，且在最佳含水量附近达到峰值。在同一含水量下，格宾网加筋试样和素土试样的强度参数（C 和 φ）随试样压实度的增加而增大。

③ 格宾网加筋红层软岩粗粒土的强度比参数随围压的增加而降低，在低围压下的加筋效果更加显著，同时，加筋效果受加筋层数、含水量和压实度的影响。格宾网加筋加筋机理可用等效围压和格宾网的"环箍"效应来解释。

④ 相比于非饱和状态，红层软岩加筋土和素土在饱和不排水状态下，土体的三轴抗剪强度明显下降，超孔隙水压力对加筋效果有显著影响，此时的加筋效果不理想，只有在较大轴向应变时加筋才对土体强度有轻微的增强作用。

⑤ 与土工格栅加固方案相比，格宾网加固红层软岩获得了更好的强度特性、更佳的约束土体变形的能力。

（2）本章针对格宾网加筋红层软岩粗粒土的细观力学特性，利用三维离散颗粒流方法 PFC^{3D} 对其展开了研究，从中主要得到以下结果与结论：

① 编写 FISH 程序模拟室内大三轴试验环境，按一定级配生成球体颗粒素红层软岩模拟集合体，反复调整颗粒接触细观参数，在此基础上模拟素红层软岩粗粒土细观力学特性，通过颗粒流模型较好地重现了红层软岩粗粒土实际物理模型的应力-应变特性；

② 按照格宾网实际加筋形状，编写 FISH 程序用平行黏结颗粒集合组装成格宾网加筋层，对格宾网加筋层颗粒流模型进行数值拉伸试验，与格宾网室内拉伸试验结果对比校正颗粒流模型细观参数，模拟格宾网加筋材料力学特性，为格宾网加筋土细观力学特性研究打下基础；

③ 通过调整模型颗粒的级配及细观参数，PFC^{3D} 颗粒流程序可以较好地模拟格宾网加筋红层软岩粗粒土力学特性，尤其是峰值应力出现前的应力–应变曲线与试验结果基本吻合，这说明颗粒流仿真能够对格宾网加筋红层软岩粗粒土进行细观力学模拟，并对其力学性质做出定量和定性预测；

④ 由不同围压作用下格宾网加筋土试样内部颗粒受力图分析得出：当试样轴向应变较小时，模型内颗粒的接触力大部分平行于轴向力作用方向。随着轴向力逐渐增大，

试样的轴向应变随之增大，颗粒相对位置发生变化，土颗粒接触力在整个格宾网截面内分布较均匀，但是在两层格宾网之间土颗粒接触力分布逐渐集中到试样截面的中部。格宾网六边形网孔能有效限制其网孔平面内土颗粒向外扩散，由于孔内土体颗粒与格宾网上下两侧一定距离土颗粒的摩擦、黏结特性，使得格宾网对土颗粒的约束作用分别向格宾网上下两侧传递，形成土体加强区和"环箍"约束作用。在格宾网截面积范围内形成了土颗粒接触力柱状结构，颗粒向外扩散的趋势被格宾网有效地阻止，低围压下格宾网的加筋效果（"环箍"效应和摩阻效应）发挥得更好。

⑤ 轴向应变较小时，大部分土体颗粒位移矢量的方向与轴向力作用方向接近，随着试样轴向位移增加，格宾网加筋处附近土颗粒的径向鼓胀位移要小于格宾网间土颗粒的径向位移，在格宾网柱状加强区域以外的土颗粒运动轨迹将发生不同程度偏转。在两端土层有形成"八"字形倾斜剪切带的趋势。在两层格宾网之间，由于柱状受力结构的存在，柱状加强区域内土颗粒主要为竖向运动或者趋于静止，而以外的颗粒主要向圆筒约束墙运动，形成"＞＜"形剪切带的趋势。但是，随着试样围压增加，试样内部剪切带范围缩小。

加筋层数对试样的剪切位移场的发展影响很大。加筋层数较少时，剪切滑移带形成较早。随着格宾网加筋层数的增加，格宾网网孔的"环箍"效应及嵌锁效果发挥越来越大的作用，使得发生较大偏转的土颗粒范围明显缩小，发生稳态流动的颗粒范围减小，被剪坏的范围也就越小，从而土体的稳定性更佳、加固效果越明显。

⑥ 环箍加固系数 β_h 在格宾网加筋处最大，在两层格宾网之间系数 β_h 存在最小值。加筋层数相同时，系数 β_h 随试样高度分布的规律基本相似，但是随着围压增加，两层格宾网之间系数 β_h 的最小值逐步增加，进一步说明低围压下格宾网的"环箍"效应发挥更充分。

参考文献

[1] 郭永春，谢强，文江泉. 我国红层分布特征及主要工程地质问题[J]. 水文地质工程地质，2007，(6)：67-71.

[2] 万维方. "滇中红层"地区路基病害整治及对策[J]. 石家庄铁道学院学报，2004，17（S）：105-107.

[3] 彭瑞华. 湘黔铁路红层边坡稳定性评估[J]. 土工基础，2006，20（4）：44-48.

[4] 孙乔宝, 刘涌江, 李华昆, 等. 安楚高速公路红层软岩公路路堤病害处治方法[J]. 公路交通科技, 2005, 25（6）: 50-53.

[5] 蔡博渊, 蔡晓光, 李思汉, 等. 基于振动台试验的加筋土挡墙台阶效应分析[J]. 岩石力学与工程学报, 2024, 43（12）: 3108-3120.

[6] 朱晨, 蔡晓光, 李雨润, 等. 模块式三维加筋土桥台变形特性载荷试验[J]. 中国公路学报, 2024, 37（8）: 147-157.

[7] 刘飞禹, 何江荟, 曾威翔. 不同含水率下残积土-织物界面动力剪切特性研究[J]. 中国公路学报, 2024, 37（6）: 57-65.

[8] 赵崇熙, 徐超, 王清明, 等. 土工合成材料加筋土桥台极限承载力的离心载荷试验[J]. 岩土力学, 2024, 45（6）: 1643-1650.

[9] 李福秀, 郭文灏, 郑烨炜. 刚性墙面双面加筋土挡墙动力响应振动台模型试验研究[J]. 岩土力学, 2024, 45（7）: 1957-1966.

[10] 鲍学英, 申中帅, 刘北胜, 等. 铁路路基挡墙碳减排方案优选及降碳策略研究[J]. 铁道科学与工程学报, 2024, 21（9）: 3842-3853.

[11] 苗晨曦, 庞冬冬, 谢明星, 等. 斜坡地段预应力锚杆-加筋土组合支挡结构力学行为[J]. 华中科技大学学报（自然科学版）, 2024, 52（9）: 141-148.

[12] 罗敏敏, 徐超, 梁程, 等. 基于振动台试验的加筋土柔性桥台抗震设计参数取值方法对比分析[J]. 中南大学学报（自然科学版）, 2024, 55（1）: 375-387.

[13] 张飞, 葛彬, 郭志华, 等. 地震条件下模块式面板加筋土挡墙面板连接稳定性研究[J]. 地震工程与工程振动, 2023, 43（6）: 167-173.

[14] RAJAGOPAL K, KRISHNASWAMY N R, LATHA G M. Behavior of sand confined with single and multiple geocells[J]. Geotextiles and Geomembranes, 1999, 17(1): 171-184.

[15] ZHANG M X, JAVADI A A, MIN X. Triaxial tests of sand reinforced with 3D inclusions[J]. Geotextiles and Geomembranes, 2006, 24: 201-209.

[16] ZHANG M X, ZHOU H, JAVADI A A, et al. Experimental and theoretical investigation of strength of soil reinforced with multi-layer horizontal-vertical orthogonal elements[J]. Geotextiles and Geomembranes, 2008, 26（1）: 1-13.

[17] XIE W. Consideration for modifying reinforced retaining wall[J]. Nonferrous Mines, 2003, 32（3）: 46-48.

[18] ARENICZ R M, CHOUDHURY R N. Laboratory investigation of earth walls simultaneously reinforced by strips and random reinforcement[J]. Geotechnical Testing Journal, 1988, 11（4）: 241-247.

[19] YETIMOGLU T, SALBAS O. A study on shear strength of sands reinforced with randomly distributed discrete fibers[J]. Geotextiles and Geomembranes, 2003, 21（2）: 103-110.

[20] 黄仙枝, 岂连生, 白晓红. 土工带加筋碎石垫层地基的试验研究[A]. 中国土木工程学会第九届土力学及岩土工程学术会议论文集[C]. 北京, 2003, 822-855.

[21] 李晓俊, 白晓红, 黄仙枝. 土工带加筋碎石土本构关系的三轴试验研究[J]. 岩土力学, 2004, 25（S2）: 57-60.

[22] 赵川, 周亦唐. 土工格栅加筋碎石土大型三轴试验研究[J]. 岩土力学, 2001, 22（4）: 419-422.

[23] 保华富, 周亦唐, 赵川, 等. 聚合物土工格栅加筋碎石土试验研究[J]. 岩土工程学报, 1999, 21（2）: 217-221.

[24] VOOTTIPRUEX P. Interaction of hexagonal wire reinforcement with silty sand backfill soil and behavior of full scale embankment reinforced with hexagonal wire[D]. Bangkok, Thailand: Asian Institute of Technology, 2000.

[25] BERGADO D T, TEERAWATTANASUK C. 2D and 3D numerical simulations of reinforced embankments on soft ground[J]. Geotextiles and Geomembranes, 2008, 26（1）: 39-55.

[26] TEERAWATTANASUK C, BERGADO D T, KONGKITKUL W. Analytical and numerical modeling of pullout capacity and interaction between hexagonal wire mesh and silty sand backfill under an in-soil pullout test[J]. Canadian Geotechnical Journal, 2003, 40（5）: 886-899.

[27] 郭庆国. 粗粒土的工程特性及应用[M]. 郑州: 黄河水利出版社, 1999.

[28] 南京水利科学研究院. 土工试验规程（SL 237—1999）[S]. 北京: 中国水利水电出版社, 1999.

[29] 中华人民共和国行业标准. 公路土工合成材料试验规程（JTJ 060—8）[S]. 北京：人民交通出版社，1998.

[30] 曹守勇，王宇卓，薛东杰，等. 纤维加筋砂土性能的离散元模拟[J]. 现代隧道技术，2024，61（S1）：719-728.

[31] 余文颖，徐旸，张景昱，等. 基于离散元-有限差分耦合方法的格栅加筋道砟力学性能分析[J]. 中国铁道科学，2024，45（04）：40-47.

[32] 杜炜，聂如松，李列列，等. 考虑不同边界条件的风积沙-土工格栅拉拔试验离散元模拟研究[J]. 岩土力学，2023，44（06）：1849-1862.

第7章

复杂环境下红层软岩加筋路堤长期性能及数值分析

7.1 引言

由于地形、地貌以及沿途复杂地质条件，在山区公路与铁路路堤和大坝等工程设计与施工中，高填方情形比较多见。传统设计和施工中，常采用放缓边坡坡度等方法满足工程安全要求。但对于高填方工程而言，这势必造成工程建设占用大量土地资源、对工程沿线生态环境形成不同程度破坏，而且，工程量成倍增加、建设工期增长以及工程造价提高。特别是，当上述工程位于红层地区时，挖方红层软岩若不加以利用将会被逐渐风化、崩解、流失，从而易引发泥石流等次生灾害，对周边环境与经济发展产生不容忽视的影响。因此，经济可靠、施工便捷、有利环保的边坡支挡结构研究，对山区公路、铁路等工程中高填方路堤建设而言是亟待解决的课题。毫无疑问，在全世界有几十年应用历史的加筋土挡墙是解决高填方路堤支挡难题的不错选择。

从 20 世纪 70 年代提出的土工加筋技术以来，加筋土挡墙结构运用和研究得到了一系列的发展，加筋材料已由钢带发展到拥有土工格栅、土工格室、网格式钢筋混凝土、立体加筋网、格宾网（双绞合钢丝网）等众多成员的大家庭，配合墙面不同构造型式从而产生了不同性能优越的加筋土挡墙。格宾网加筋土挡墙就是其中的一种，其基本加筋单元为镀锌或镀高尔凡并覆塑的低碳钢丝经机器编织而成的六边形双绞合金属网面，其墙面为格宾网箱填充石材组成复合构造（常称为石笼），其拉筋为各层石笼底面格宾网向填土的延伸，在加筋网面上分层填土、压实，石笼面墙、格宾网面、压实填土共同组成了格宾加筋土挡墙结构。单一的石笼面墙结构凭借其良好的力学性能和环保特点在国内外土木、水利等建设中得到了不少应用。然而，单一石笼面墙结构类似重力式挡墙，因而具有重力式挡墙的一些缺陷，与之相比，格宾加筋土挡墙通过格宾网与填土间相互作用而极大改善了结构的性能，从而使其能更加灵活地运用于高填方路堤工程。而且石笼面墙与加筋格宾网之间为无节点连接，消除了常规加筋土挡墙面板与筋材节点容易成为结构弱点的毛病，采用装配式施工，方便快捷，功效高。

然而，针对格宾加筋土路堤这种新型加筋土结构，国内目前尚无相关的规范、规程指导设计与施工，可供参考的研究资料也相当匮乏。为此，本章以高速公路红层软岩路堤试验段为背景，对经历降雨入渗-干燥循环、交通荷载等复杂环境的格宾加筋红层软岩路堤试验段的长期性能进行现场监测和三维数值模拟，对格宾加筋红层软岩路堤挡墙墙面变形、墙后土压力、格宾网拉筋变形等进行探讨与分析。在此基础上，针对填料和地基土强度指标及其弹性模量等参数进行优化分析，为格宾网加筋红层软岩路堤的设计和建设提供参考。

7.2 格宾加筋红层软岩路堤长期性能监测试验

7.2.1 试验段工程概况

湖南红层盆地某高速公路主要为 8~11 m 高填方路段，若采用路堤方缓坡方案（1∶1.50~1∶1.75）共需填方约 53.38 万立方米，基底填筑宽度为 55~60 m，占用良田面积较大，而附近 10 km 范围内取土场选址极其困难，成本高，无法满足本路段路基填筑要求。经多方面论证，最后采用了格宾加筋红层软岩粗粒土挡墙等新型支挡结构，通过加筋措施实现高填方陡坡、采用红层软岩填筑有效利用红层软岩弃方及新型支挡结构生态绿化技术，取得了良好的社会效益、经济效益和环境效益。

试验路段地貌类型为丘陵地貌为主，微地貌为冲洪积平原，路线大致沿西北东南向展布，沿线地形起伏一般不大，仅局部较陡峭，部分地段基岩裸露，地面高程一般为 54~57 m。沿线池塘表层的软土（淤泥质亚黏土）、部分冲沟内浅部的黏性土力学性质差。沿线覆盖层主要为种植土、亚黏土、粗砂及卵石等，局部存在亚砂土。本路段地下水为松散岩类孔隙水，主要分布于沿线冲沟中以及农田等处，含水层主要为第四系冲洪积松散堆积的砂、卵石层等，含水层厚度一般为 2~12.8 m。

7.2.2 监测断面元器件布置方案

选取里程 k124+340 左侧路堤组合支挡结构进行监测，墙高为 11.566 m。下部格宾加筋土挡墙高 7.5 m，格宾加筋层典型构造如图 7-1 所示；上部加筋格宾结构高 3.31 m，加筋格宾层典型构造如图 7-2 所示；最上部为填土和路面部分，高 0.756 m。

(a)格宾加筋层现场施工图片

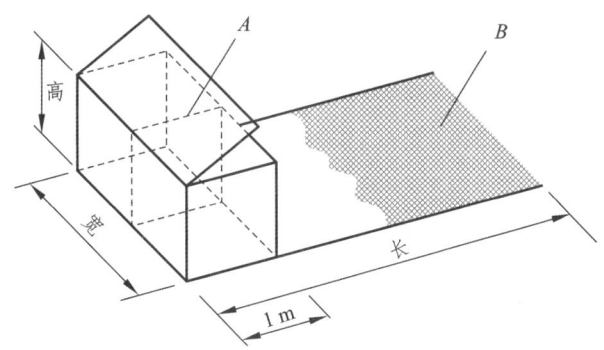

(b)格宾加筋层典型构造

图 7-1 加筋格宾层构造示意

根据现场试验要求,设计了监测元器件布置方案如图 7-3 所示。监测元件布置的主要设计思路及说明:从距格宾石笼面墙内侧 1.20 m 处开始,每隔 1.20 m 在格宾网上沿垂直于路堤中线方向安装一个柔性位移计,以测试格宾网长度范围内筋材应变分布规律;从距格宾石笼面墙内侧 0.8~1.0 m 处开始,每隔 1.50 m 沿垂直于路堤中线方向,在相应标高处土层内埋设一个垂直土压力盒,以测试加筋格宾墙土体内部垂直土压力分布规律;在每个格宾石笼后安装一个水平土压力盒,以测试加筋格宾挡墙后土压力沿墙高分布的规律;在挡墙上、中、下选择 3 个格宾笼,针对每一格宾石笼分别用 4 个柔性位移计监测其水平和垂直方向上的变形。

（a）绿色加筋格宾层现场施工图片

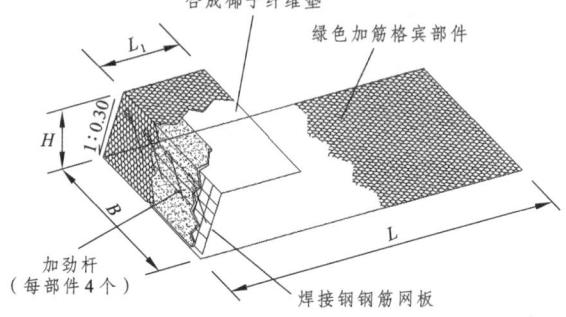

（b）绿色加筋格宾层典型构造

图 7-2　绿色加筋格宾层路堤构造示意

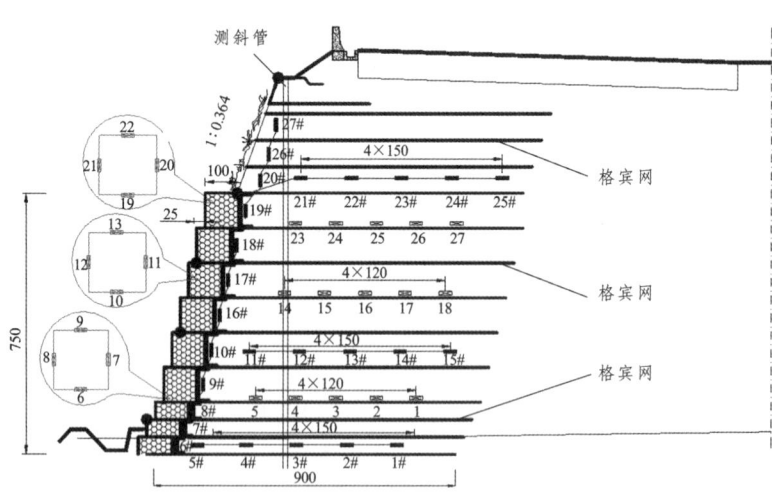

图 7-3　格宾加筋红层软岩路堤现场试验段监测元件布置

7.2.3 现场试验段长期性能监测结果与分析

1. 格宾石笼及格宾网筋材变形测试结果与分析

试验段第 4 层和第 7 层格宾石笼面墙高度处，格宾网筋材沿筋长方向的变形随路堤施工填筑高度、施工时间变化的规律如图 7-4 所示。可以看出：所测试的格宾网在填土荷载作用下，在筋材全长范围内以产生拉应变为主；随着填土高度的增加，格宾网筋材拉应变呈逐渐增大趋势，但增长幅度不大。这主要是由于填土高度增加后，格宾石笼面墙所受水平土压力越来越大，使得墙后格宾网筋材与填料之间的相互作用效果逐渐发挥，借此在格宾网内产生足以平衡石笼面墙所受增量水平土压力的筋材拉力，从而使得格宾网筋材拉应变有一定幅度增长。对比图 7-4（a）和图 7-4（b）可知，在整个路堤填筑过程中，第 7 层筋材最大拉应变比第 4 层筋材小，这进一步印证了石笼面墙后土压力大小对筋材受拉状态的影响，也就是说墙背水平土压力较大之处，格宾网与填料间相互作用发挥得更理想，格宾网对填料的加固作用也更明显。

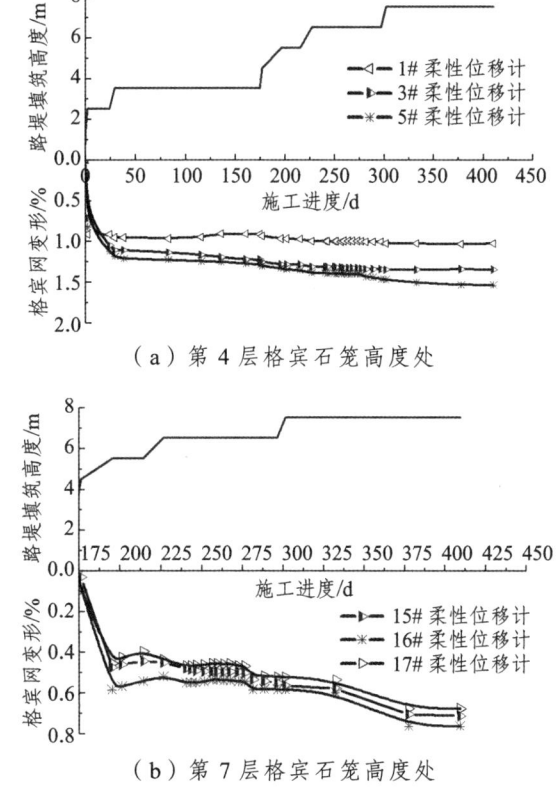

（a）第 4 层格宾石笼高度处

（b）第 7 层格宾石笼高度处

图 7-4 试验段格宾网筋材轴向变形随施工过程变化规律

但也应注意到，在各层格宾网上填土碾压的初始阶段，格宾网拉应变测试数据有一个比较明显的突变增长过程，这应该是初始填土碾压时格宾网测试点处局部有自然舒展现象造成的，过了初始填土碾压阶段，在以后各层填土碾压过程中此层格宾网拉应变呈匀缓增长趋势。因此，可以将格宾网筋材最终拉应变测试结果适当缩小用于指导设计、分析和施工等。

同时，也可以发现，在同一标高处的格宾网内，离石笼不同水平距离处筋材拉应变存在一定的差别，这说明在上覆填土荷载作用下同一层格宾网筋材拉力分布并不均匀。这主要是由于墙面石笼在水平土压力作用下会产生侧向位移，使拉筋产生拉应力，由于在同一水平面上垂直土压力分布的不均匀性，使同一标高处拉筋内不同位置处的筋-土摩擦力不同，从而造成了筋材拉力的不均匀分布。因此，格宾网筋材拉应变分布必然存在一个或多个峰值点，将各层拉筋上最大拉应变点连线即为该挡土墙潜在的破裂面位置。

试验段第 4 层和第 7 层格宾石笼的变形随路堤施工填筑高度、施工时间变化的规律如图 7-5 所示。从图可以看出：随着墙后上覆填土荷载以及上部石笼的增加，格宾石笼在竖直方向受到压缩，其压应变随之增长，这说明若要减小石笼面墙压缩变形带来的影响，可以进一步改善格宾内石料填充的密实程度。与此同时，随着墙后填土荷载以及上部石笼的增加，格宾石笼在平行于公路走向方向的变形以受压为主，但也有受拉情况出现，这可能是由于石笼沿公路走向方向的沉降不均匀以及水平土压力分布不均匀等原因引起的，这说明格宾加筋土挡墙整体受力特征明显。例如，第 7 层石笼背面上部纤维以受压为主，其下部纤维以受拉为主，这类似于受弯梁的变形特征。总的来说，石笼面墙在竖直方向变形规律较为简单，但在水平方向的变形相对较为复杂，影响其变形特征的因素较多，在进行格宾加筋土挡墙设计时，可以结合三维数值分析、模型试验等手段进行相应的验证分析。

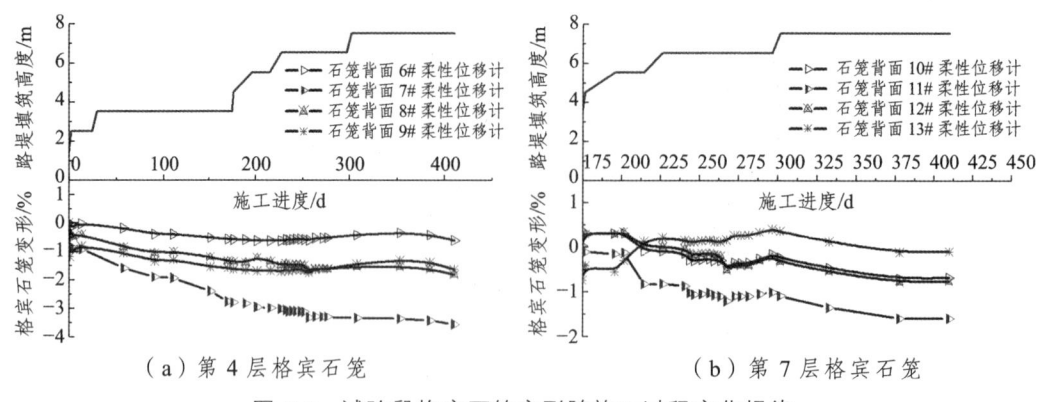

(a) 第 4 层格宾石笼　　　　(b) 第 7 层格宾石笼

图 7-5　试验段格宾石笼变形随施工过程变化规律

2. 土压力测试结果与分析

试验段基底第 1 层石笼和第 5 层石笼高度处，填土垂直土压力随路堤施工填筑高度、施工时间变化的规律如图 7-6 所示。由图可知，随着上覆填土荷载的增加，测试土层的垂直土压力随之增长（基底土层填筑后，其垂直土压力有局部呈减小趋势，这应该是填筑施工初期基底不均匀沉降或施工荷载的不均匀分布造成的）。而且，各层填土填筑完成后，测试层垂直土压力也保持在一个较稳定的应力水平，说明格宾加筋土挡墙内部是稳定的。

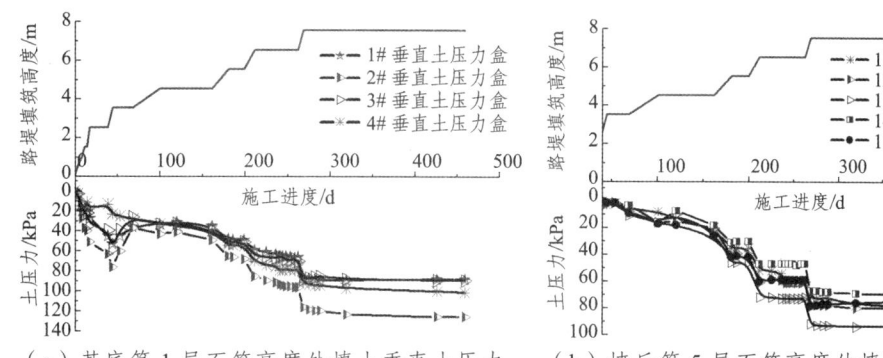

（a）基底第 1 层石笼高度处填土垂直土压力　　（b）墙后第 5 层石笼高度处填土垂直土压力

图 7-6　垂直土压力随施工过程变化规律

从图 7-6 中同时还可发现，同层各点垂直土压力随施工过程变化的曲线并未重合，因此，在同一高度处的土层内，垂直土压力的分布并非均匀。这一现象在同层垂直土压力沿路堤横断面分布图有进一步说明（见图 7-7）。从图可知，当土压力盒上部填土高度较小时，同层各点垂直土压力基本相等，随着上部填土高度增加，同层垂直土压力不均匀分布加剧，一般是靠近格宾石笼处附近土压力偏小，在格宾网筋材中部、后部土压力偏大，往往在筋材中部形成一个或多个垂直土压力峰值点。石笼背部附近垂直土压力偏小可能主要是由于以下几方面原因：一是大功率压实机械在石笼附近压实操作不便，这就使得填土压实度受到一定影响，从而此处土体自重偏小；二是墙面倾斜使得石笼背面上部土体体积相对减小；三是填土中格宾网与石笼面墙无节点连接，从而通过格宾网的薄膜效应和网兜效应，使得石笼附近上部土体自重部分过渡作用到石笼上，因而相应减小对下层土体的压力。

第 1 层至第 5 层石笼背面水平土压力随路堤施工时间变化的规律如图 7-8 所示。石笼背面不同位置水平土压力值随路堤挡墙填筑高度变化的规律如图 7-9 所示。结合图 7-8、图 7-9 可知，石笼面墙背面水平土压力随路堤填筑高度增加，其值总体变化趋势为逐渐增大，并呈非线性分布。这都说明格宾加筋土挡墙墙背水平土压力分布是比较复杂的。

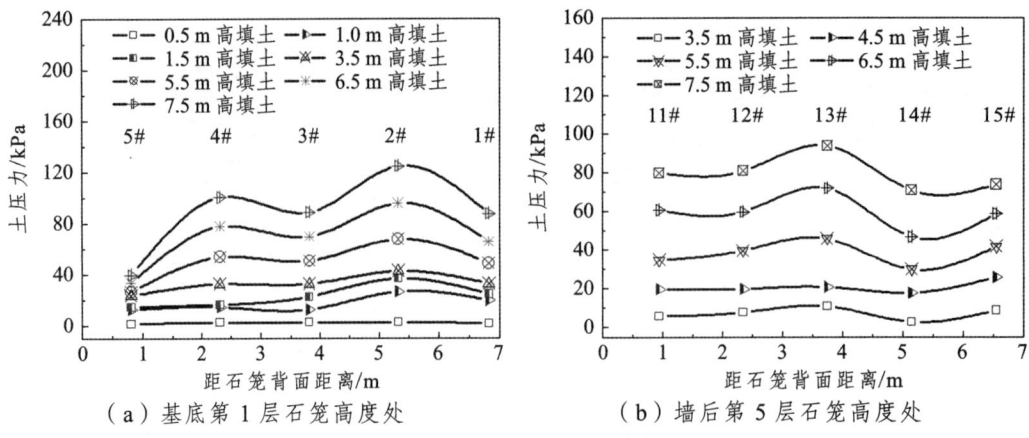

图 7-7 垂直土压力沿挡墙横断面分布规律

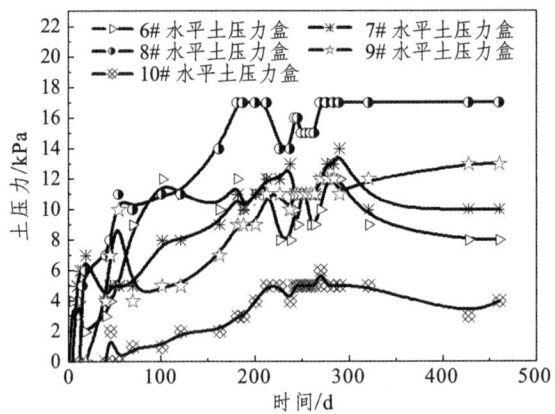

图 7-8 石笼背面水平土压力随施工过程变化规律

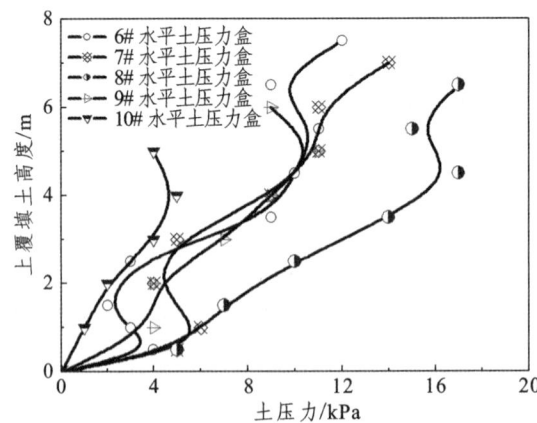

图 7-9 石笼背面水平土压力随路堤填筑高度变化规律

石笼背面各测点水平土压力与墙高的关系如图 7-10 所示。从图中可知,墙背实测水平土压力与墙高呈非线性关系,整体趋势为墙体上部小、下部大,在墙底以上一定高度处存在水平土压力的最大值,在基础附近水平土压力减小较为明显。该趋势与文献[1]关于台阶式加筋土挡墙墙背土压力分布规律现场试验结果相似,这说明格宾加筋土挡墙力学机理在一定程度上可以借鉴台阶式加筋土挡墙的相关研究成果。

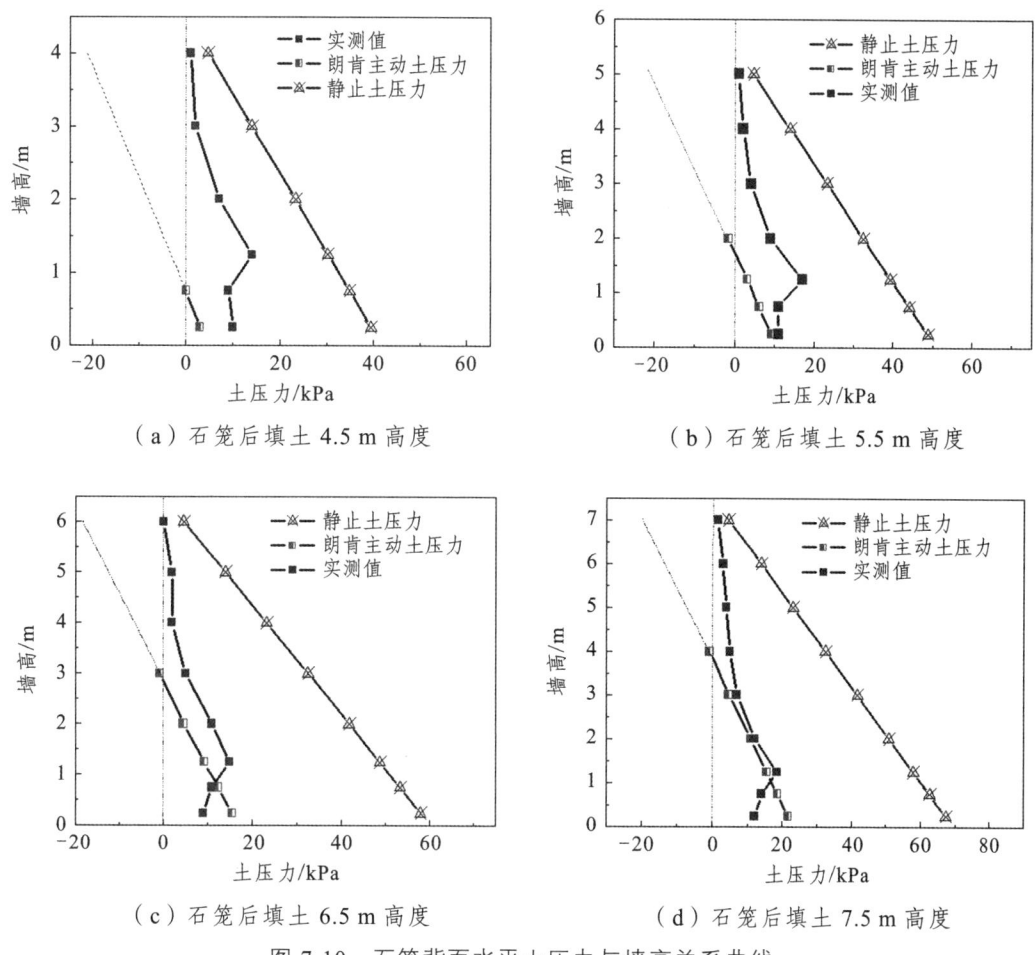

图 7-10 石笼背面水平土压力与墙高关系曲线

将不同墙高时,石笼墙背的静止土压力和朗肯主动土压力也绘制在图 7-10 中。从中可知,实测墙背水平土压力基本介于静止土压力和朗肯主动土压力之间,随着墙后填土的逐步增加,墙背土压力分布曲线逐渐向主动土压力线靠拢。可见,在加筋土结构物中,由于加筋材料的存在,限制了墙后面板的侧向位移,墙面板后加筋体产生的土压力按传统库仑、朗肯土压力理论进行计算与实际相差较大，应通过不断地研究和总结加以改进，从本次现场试验研究的结果来看，当格宾加筋土挡墙高度在 7.5 m 以上时，石笼背面水平土压力可近似参考朗肯主动土压力进行计算。

7.3 格宾加筋红层软岩路堤现场试验段数值模拟

7.3.1 现场试验段数值模型及基本参数

试根据地质勘察情况，试验段沿线典型的地层分布剖面如图 7-11 所示，各土层基本性状见表 7-1。试验段表层种植土及上部可塑状亚黏土力学性质差，承载力低，应清除，其余岩土层承载力较高，可作路堤挡墙持力层。结合现场建设实际情况，此次数值建模中，地基土主要考虑亚黏土、亚砂土等岩土层。地基土采用 FLAC^{3D} 中的实体单元模拟，其本构模型为摩尔-库仑弹塑性模型，地基土数值模型输入参数见表 7-2。

路堤填料主要利用沿线土料场红层软岩，运至现场破解，按工艺要求填筑。理论上讲，红层软岩填料是一种具有非常复杂力学特性的工程材料，为简化计算、抓住分析问题的重点，采用摩尔-库仑弹塑性模型描述红层软岩填料的应力-应变特性，其主要参数通过填料现场推剪试验获得，红层软岩填料数值模型输入参数见表 7-2。

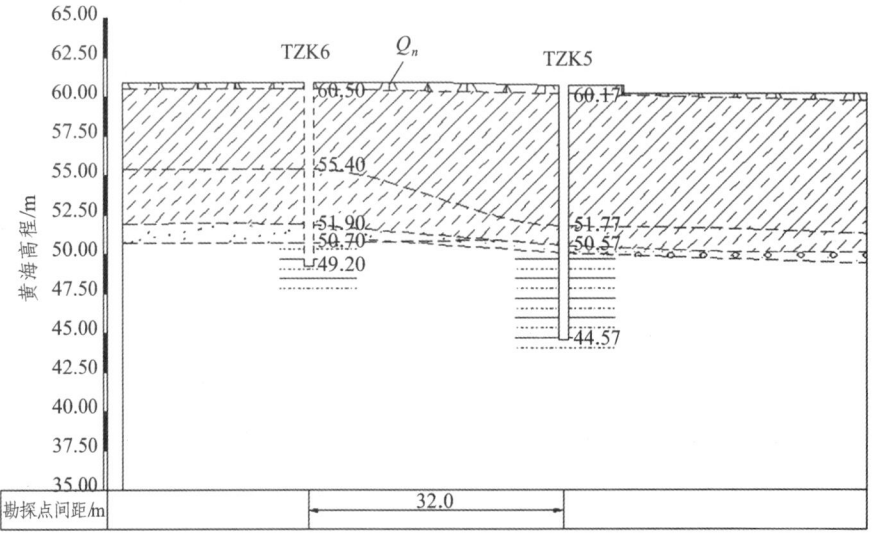

（a）

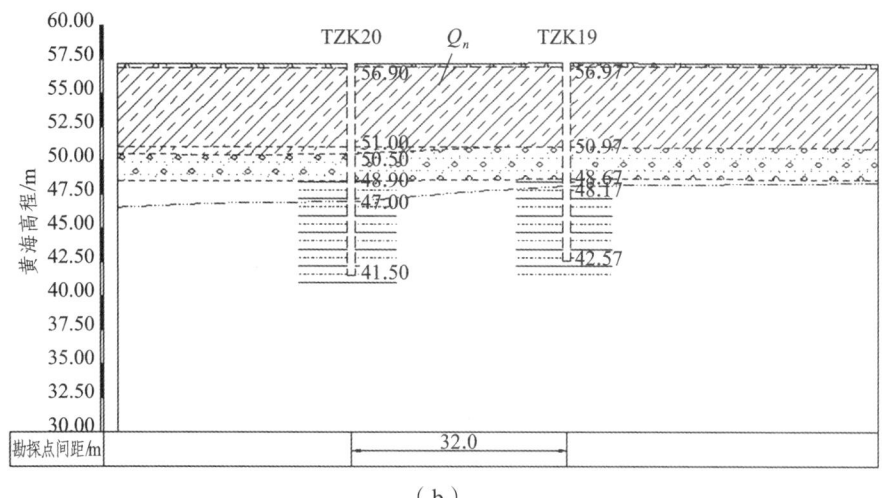

(b)

图 7-11 试验路段加筋土挡墙基本地质情况

格宾网筋材采用 FLAC^{3D} 中的 Geogrid 结构单元模拟,其拉伸刚度通过室内材料拉伸试验获得。同时,Geogrid 结构单元可以模拟格宾网与填料间的相互作用,对格宾网加筋红层软岩粗粒土进行了室内大型拉拔试验,获得格宾网-土相互作用的相关参数(见表 7-3)。图 7-12 表示拉拔试验结果与 Geogrid 单元模型模拟结果的比较,可以看出,Geogrid 结构单元以及 Geogrid-soil 相互作用模型较好地实现了格宾网-土之间的相互作用。

格宾面墙通过在大型长方体格宾网箱中充填石块形成。通常来说,所填石块强度大、变形小,在自重作用下接近于弹性反应。但由现场试验段测试结果可知,由于石料填充密实效果的差别,使得格宾石笼面墙存在一定的压缩变形。所以,格宾石笼仍通过摩尔-库伦弹塑性模型模拟,其模型输入参数见表 7-2。格宾石笼之间以及石笼与填土间的接触特性通过 FLAC^{3D} 中 Interface 单元实现。

表 7-1 试验段地基岩土基本性状

工程名称	地层顺序	地基岩土特征	容许承载力/kPa
格宾加筋土挡墙	I	种植土:松软,系水田表土,厚约 0.5 m	
	II-1	亚黏土:褐黄、黄褐色,上部可塑,厚 0.50~0.70 m	140
	II-2	亚黏土:褐黄、黄褐色,下部硬塑,厚>3.0 m	220
	III	亚砂土:褐黄色,可塑状,厚 0~3.2 m	180
	IV	卵石:黄褐色,中密状,充填粗砂,厚 0.7~4.7 m	400
	V	强风化钙泥质粉砂岩:褐红色,中厚层状,岩石遇水易软化,岩质较软,手可折断,局部可捏碎	350

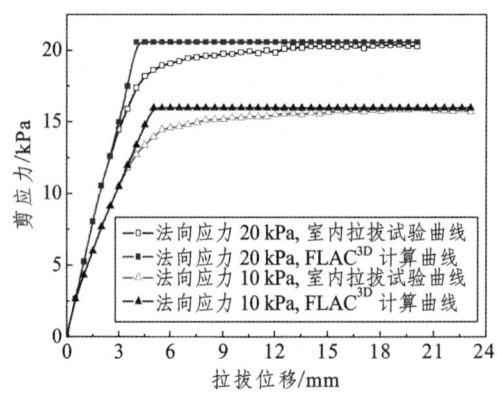

图 7-12　格宾网-土相互作用特性模拟结果与拉拔试验结果对比

表 7-2　试验段格宾加筋路堤挡墙数值模型材料模型参数

材料名称	单元类型	E/MPa	ν	筋-土黏聚力 C/kPa	筋-土摩擦角 φ/(°)	干密度/(kg/m³)
红层软岩填料	Brick	35	0.3	21	25	1 800
格宾石笼面墙	Brick	90	0.3	20	45	2 200
地基黏土层	Brick	5	0.3	15	18	1 940
地基砂土层	Brick	10	0.3	3	28	2 040

表 7-3　格宾网加筋材料模型参数

单元类型	E/MPa	ν	筋-土黏聚力 C/kPa	筋-土摩擦角 φ/(°)	密度/(kg/m³)
Geogrid	1 400	0.33	10.9	25.3	2 500

试验段数值模型三维网格划分如图 7-13 所示。由于路堤横断面的对称性，仅以路堤中心线为对称中心，选择路堤结构横断面一半进行分析，以减轻计算机的计算负荷，通过 FLAC³ᴰ 模拟路堤逐层施工。地基土层考虑的尺寸范围在 x，y，z 方向分别为 25.2 m，10 m，6 m。地基土层以上路堤部分模型尺寸参考试验段实际建设情况，格宾墙以上路堤部分简化为单一边坡形式。格宾网筋材长度统一为 9.0 m 长。

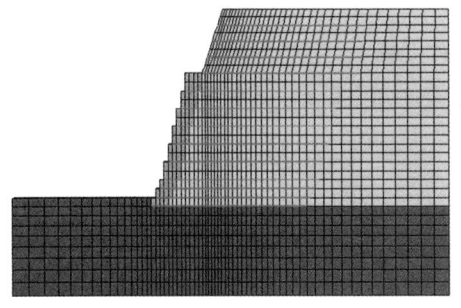
（a）现场试验段数值模型横断面

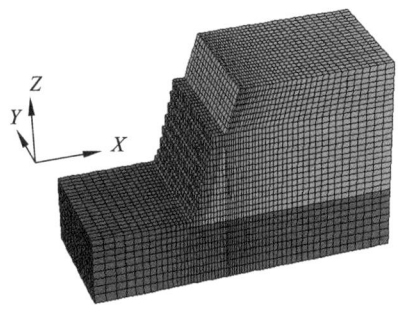
（b）现场试验段数值模型三维透视

图 7-13　试验段 FLAC^{3D} 数值模型

7.3.2　数值模拟结果分析

通过 FLAC^{3D} 模拟得到的部分结果与现场试验测试结果比较如图 7-14 所示。由图可知：墙背水平土压力模拟值沿墙高呈非线性分布，曲线大部分介于朗肯主动土压力和静止土压力之间，更接近于主动土压力，并且在墙底附近有明显的减小，其分布趋势与现场实测结果非常接近；加筋土体基底以及第 5 层石笼高度竖向应力，沿筋材延伸方向分布形态模拟结果与现场原型测试结果基本一致，但模拟结果的单峰值现象没有实测结果明显，这可能主要与原型路堤挡墙填料压实度沿筋材延伸方向存在一定差别有关；同时也可以发现，墙背水平土压力模拟值比现场实测值稍大，基底竖向土压力最大值模拟结果与实测结果基本相等。总之，FLAC^{3D} 模型模拟格宾加筋土挡墙现场试验段获得了较佳的模拟效果，说明采用有限差分程序 FLAC^{3D} 分析格宾加筋土支挡结构是可信的，可以在此模型基础上，进行下一步的优化设计与参数分析。

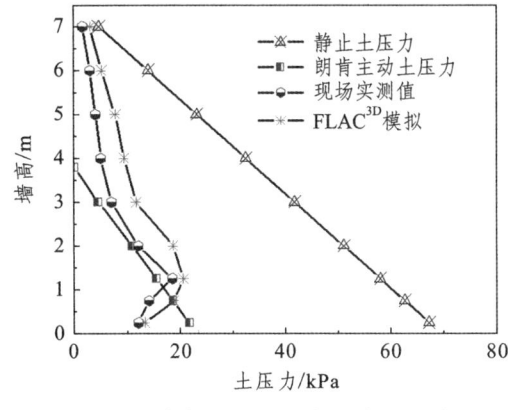
（a）墙背水平土压力分布曲线对比

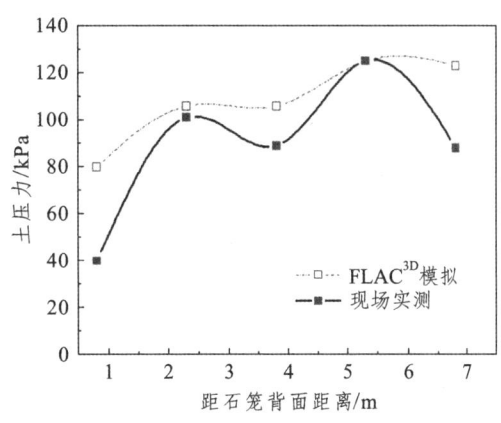
（b）基底竖向土压力对比

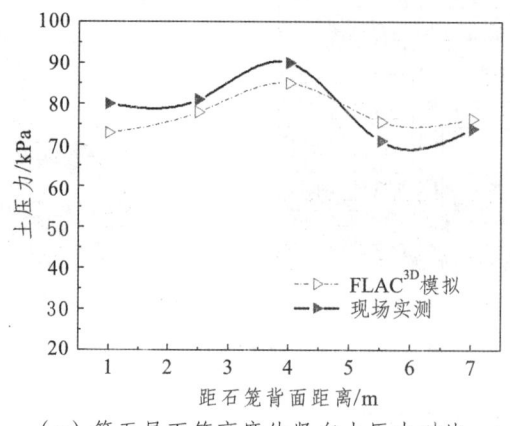

(c) 第五层石笼高度处竖向土压力对比

图 7-14 部分数值模拟结果与现场试验结果比较

格宾加筋土挡墙填筑至 7.5 m 高度时，挡墙位移和单元应力反应如图 7-15 所示。从图 7-15（a）可知，在上覆填土荷载作用下，最大沉降发生在基底靠路堤中心部分，从路堤中心到墙边，沉降量逐渐减小，沉降差变化不大，如墙后基底高度处沉降量的沉降差为 2.51 cm，路堤总体处于均匀沉降。同时也可以发现，加筋土体后部未加筋路堤部分的沉降要比加筋土体沉降大。说明加筋能有效减小路堤的不均匀沉降和提高路堤的整体稳定性，其原因是拉筋能够充分发挥其抗拉性能，从而限制土体的侧向变形和路堤外侧地基的隆起。格宾网的存在对减小路堤的不均匀沉降和提高路堤的整体稳定性有重要的作用，这为减小红层软岩路堤由不均匀沉降等造成的常见病害提供了一个治理良方。

结合图 7-15（b）和图 7-16 可知，格宾加筋土挡墙石笼外角点水平位移最大值位于地面上第一层石笼外角点，从地面开始沿墙高逐渐减小。由于受到墙趾外层土体的抵抗，地面以下第一层石笼水平位移小于地面以上第一层石笼水平位移。从图 7-16 可以看出，格宾加筋土挡墙墙面水平位移沿墙高为非线性分布，最大值为 17.02 mm，相当于墙高的 0.24%。可见，在路堤填土荷载作用下，格宾加筋土挡墙水平位移量较小，稳定性好。同时，基底以下一定范围内土体水平位移较大，在地基处理时应考虑由此产生的影响。有关的实测资料表明[2-5]，加筋土挡墙其面板沿墙高有两种趋势：一种是墙顶、墙趾处位移最小，中间位移最大的外凸曲线；另一种是墙顶位移最小，墙趾处位移最大的外凸曲线。由于面板是一层层地安装，相互之间近似于铰接连接，在靠近墙顶处，面板所受土压力最小，故其位移最小。而墙趾附近面板之所以有最大、最小两种趋势,这主要由基础的支承条件造成的。基础附近面板受力最大,对于普通地基或软土地基,基础可随地基土一起产生变位,导致基础附近面板位移最大。但对于基岩或其他较坚硬的地基,基础的沉降和平移受到限制,基础附近面板的位移量也相对减小。

从图 7-15（c）可以看出,竖向应力在石笼和填土界面处发生突变,由于石料和土体的刚度差异以及格宾网筋材扛土效应,使得此界面处土体竖向应力部分转移作用到石笼上,从而发生竖向应力突变现象,这就造成最底层石笼对地基的压力比按常规重力式挡墙计算方法估算值要大。因此,石笼处地基处理应考虑这种竖向应力突变的因素。从图 7-15（d）可以看出,在格宾加筋土挡墙墙趾附近,水平应力集中现象比较明显,而且地层石笼外层土体受到较大被动土压力作用,所以,可适当对底层石笼外层土层进行加固,增强其抵抗侧向变形的能力,以增加格宾加筋土挡墙滑移和外部整体稳定性。

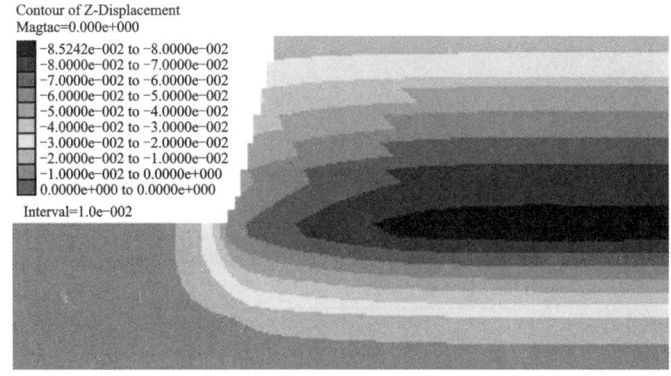

（a）沉降云图

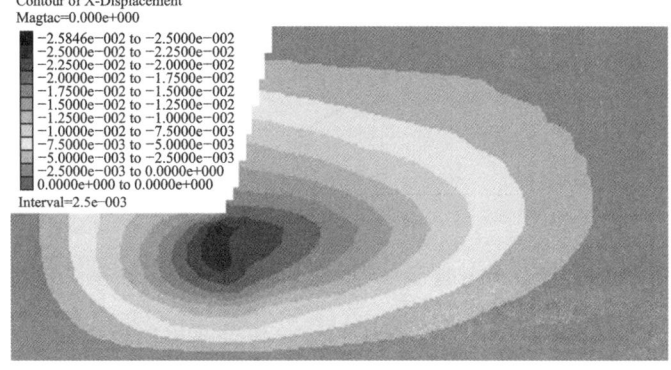

（b）水平位移云图

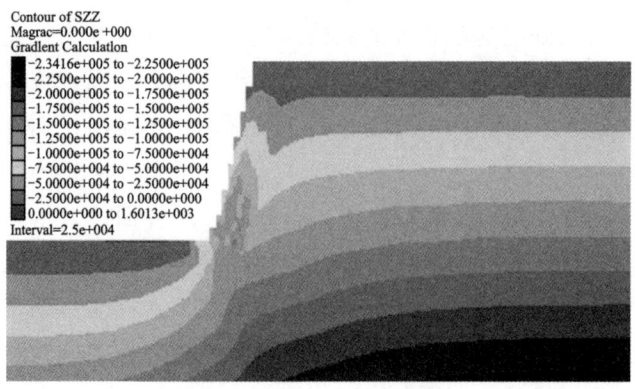

（c）竖向应力云图

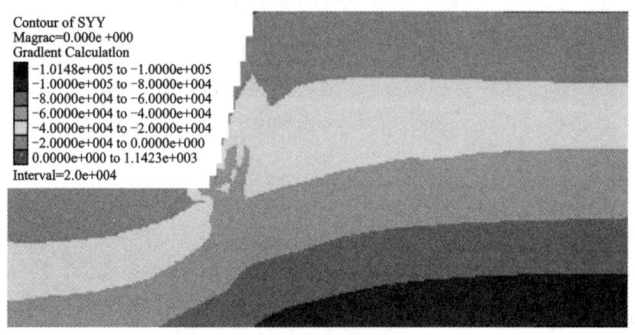

（d）水平应力云图

图 7-15 填筑至 7.5 m 高度时挡墙位移和单元应力反应

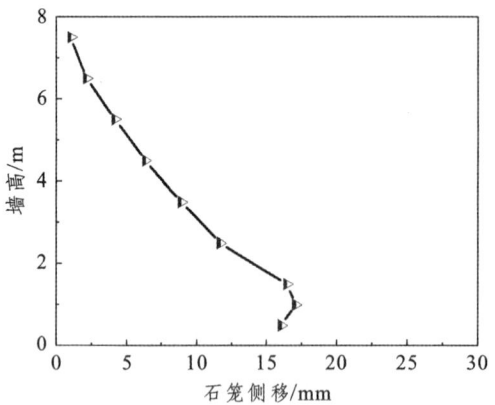

图 7-16 墙面水平位移沿墙高分布规律

数值计算和现场实测也表明，对软基上红层软岩路堤用格宾网加强后，能有效降低土体水平拉应力。格宾加筋红层软岩粗粒土挡墙填高 7.5 m 时，墙背最大水平土压力实测值为 18.5 kPa、数值计算值为 20.6 kPa，但未加筋红层软岩粗粒土路堤坡面附近最大水平土压力达到了 42.8 kPa；加筋时墙背水平土压力数值计算平均值为 12.1 kPa，未加筋时路堤坡面附近最大水平土压力达到了 22.6 kPa。在土工问题中，对土的抗拉强度研究较少，清华大学水利系曾对击实黏性土进行了抗拉强度测定，表明当土料的初始状态接近最大干容重和最优含水量时，其抗拉强度约为 39 kPa。由此可知，素红层软岩粗粒土路堤内部土体抗拉强度安全储备低，局部范围接近或超过土体抗拉强度，这极易引起路堤土体产生裂缝，继而裂缝贯通，影响公路、铁路、大坝等设施的正常使用和安全状态，这在第 1 章中关于湖南境内红层软岩路堤应用情况说明也得到了相关印证。而经过格宾加筋处置的红层软岩粗粒土路堤，由于路堤土体受到的水平拉应力较小，则大大降低了路堤土体开裂的可能性。这也进一步说明了，格宾加筋技术应用到红层软岩粗粒土路堤加固处置中的合理性和可行性。

7.4 红层软岩加筋路堤力学性能影响机制

通过格宾加筋红层软岩路堤挡墙现场试验段的模拟，FLAC^{3D} 数值模型的模拟效果得到了说明。在接下来的分析中，重点探讨地基土和填料强度指标、地基土和填料弹性模量变化对格宾加筋红层软岩路堤挡墙长期力学性能的影响。格宾网箱往往按常规尺寸批量生产，也就决定了格宾网加筋材料竖向间距通常等于格宾网箱高度，因此，此处对格宾网的竖向间距影响不做重点讨论。

7.4.1 地基土压缩模量的影响

图 7-17 给出了地基土压缩模量改变对格宾加筋红层软岩路堤力学响应的影响。由图 7-17（a）可知，地基土压缩模量改变时，墙背的水平土压力沿墙高的分布规律类似，基本分布趋势为从地面标高处往上逐渐以非线性方式减小。地基土压缩模量越小，石笼背部水平土压力呈增大趋势，当地基土压缩模量为 2 MPa、5 MPa 和 10 MPa 时，墙背水平土压力最大值分别为 23.3 kPa、20.6 kPa 和 19.0 kPa，位于地面标高处石笼背部。这说明石笼面墙在加筋土体中格宾网的拉锚作用下，其挡土能力逐渐向静止土压力状态靠近，但远没有达到静止土压力或被动土压力状态。

由图 7-17（b）可知，地基土模量变化时，侧移沿墙高的分布均为由上而下逐渐增大的分布形式。墙面水平位移受地基土模量变化影响较大，随地基土压缩模量减小，墙体的侧移增加。随地基土模量减小，墙体最大水平位移增长速度越来越快，如当地基土压缩模量为 10 MPa、5 MPa 和 2 MPa 时，墙面石笼外角点的最大侧移分别为

12.8 mm、17.0 mm 和 27.6 mm，分别约为墙高的 0.39%、0.24%和 0.18%。但总体来看，在地基比较软弱时，格宾加筋土挡墙外倾水平位移幅度不大，说明用格宾加筋技术处置红层软岩路堤能获得较好的加固效果。

由图 7-17（c）可知，地基土模量变化时，基底土层竖向应力沿横断面的分布均规律类似，地基土压缩模量改变对基底标高处地基压应力影响不大，说明格宾加筋挡土墙对地基的压缩特性要求不高，因此，在软弱地基等不利路段上采用该结构在技术上是可行的。由图 7-17（d）可知，地基土压缩模量改变对路堤的沉降有明显的影响。同一高度处的沉降量呈现两个层次：格宾网加筋土体路堤沉降和路堤中心附近未加筋土体沉降分别构成一个沉降层次。加筋土体沉降小于未加筋土体，在加筋到未加筋土体交界处，沉降量出现突变，当地基土压缩模量较小时，这种突变更加明显。这再次说明格宾加筋红层软岩路堤可以承受较大的沉降变形，有效地改善路堤的不均匀沉降。

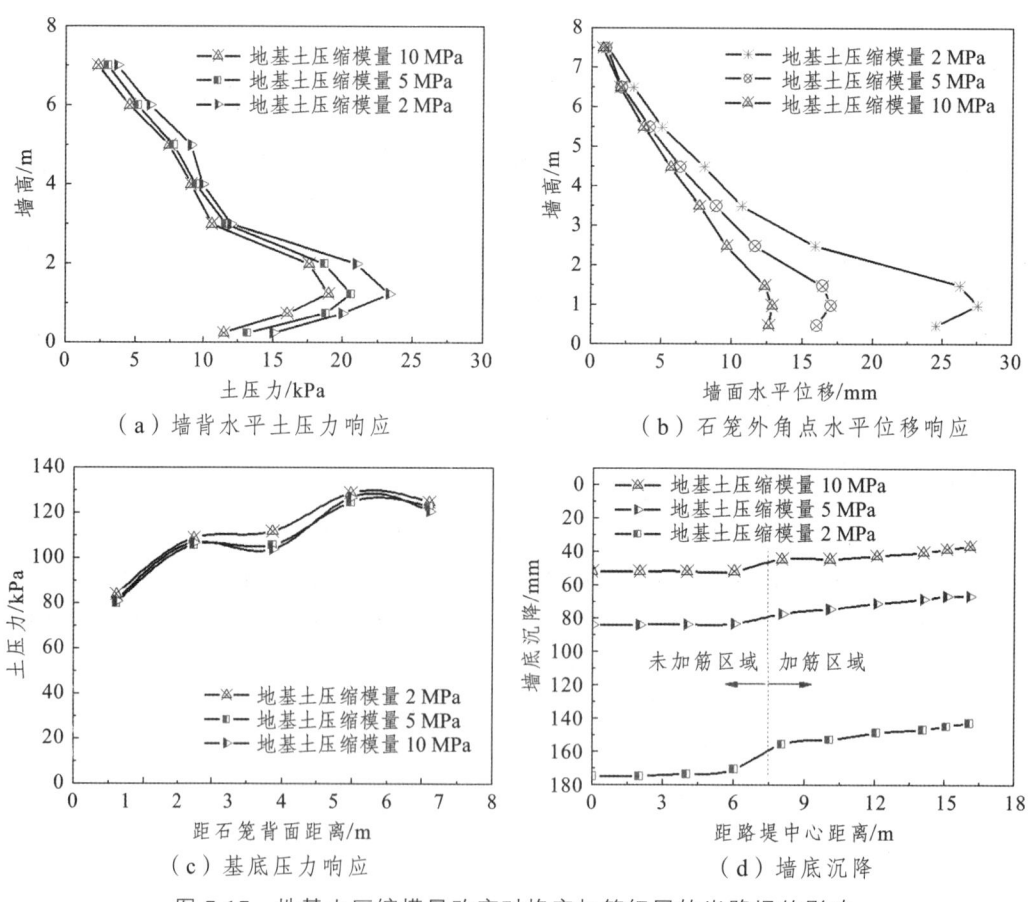

图 7-17 地基土压缩模量改变对格宾加筋红层软岩路堤的影响

7.4.2 地基土强度的影响

由于地基持力层黏质土层居多，因此，主要考虑地基土黏聚力指标的变化。图 7-18 给出了地基土强度改变对格宾加筋土挡墙力学响应的影响。由图 7-18（a）可知，当地基土质较差时，墙背水平土压力峰值有所增大，但增加的幅度较小，同时，随地基土黏聚力减小，墙背水平土压力峰值作用点逐渐远离墙趾。由图 7-18（b）可知，随地基土黏聚力增大，石笼墙面侧移呈减小趋势，而且，墙面最大侧移逐渐由墙体底部以上一定高度向墙趾过渡。在土质条件较差、土体的侧向挤出比较严重时，拉筋的拉应变比较大，墙体的水平位移最大值达到 19.69 mm，相当于墙高的 0.28%。由图 7-18（c）可知，地基土黏聚力指标改变对挡土墙底部地基压力基本没有影响。随地基土质改善，地基土压力双峰值现象逐渐消失，说明埋置在墙后土体中的格宾网筋材能够充分发挥其抗拉作用，有效调整地基应力的重新分布。由图 7-18（d）可知，地基土强度改变时，地基沉降量变化不明显，地基土黏聚力从 8 kPa 增加至 22 kPa，地基沉降最大值仅减小 6.3 mm，可见，格宾加筋红层软岩路堤对软弱地基的适应能力比较强，能有效降低高填方路堤地基处理的难度。

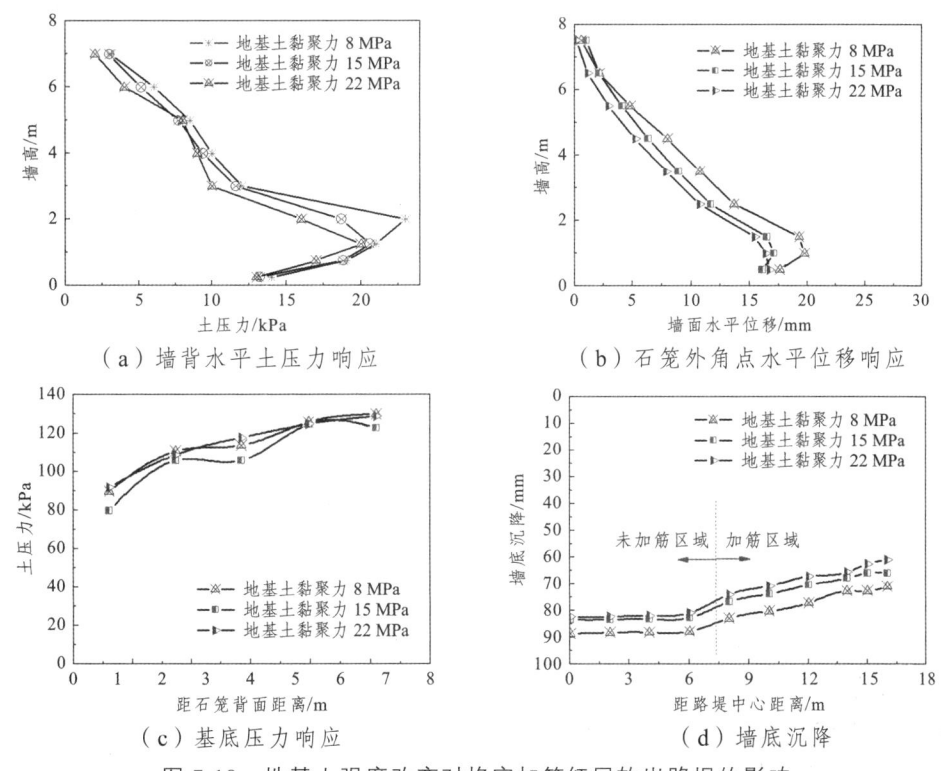

（a）墙背水平土压力响应　　（b）石笼外角点水平位移响应

（c）基底压力响应　　（d）墙底沉降

图 7-18　地基土强度改变对格宾加筋红层软岩路堤的影响

7.4.3 填料强度的影响

填料压实度往往是路堤填筑施工质量控制的重要标准，在前述章节关于红层软岩填料力学特性的研究可知，压实度大小对填料强度指标有重要影响，因此，接下来考虑填料强度变化对格宾加筋土挡墙的影响。图 7-19 给出了填料强度改变对该支挡结构的受力和变形的影响。

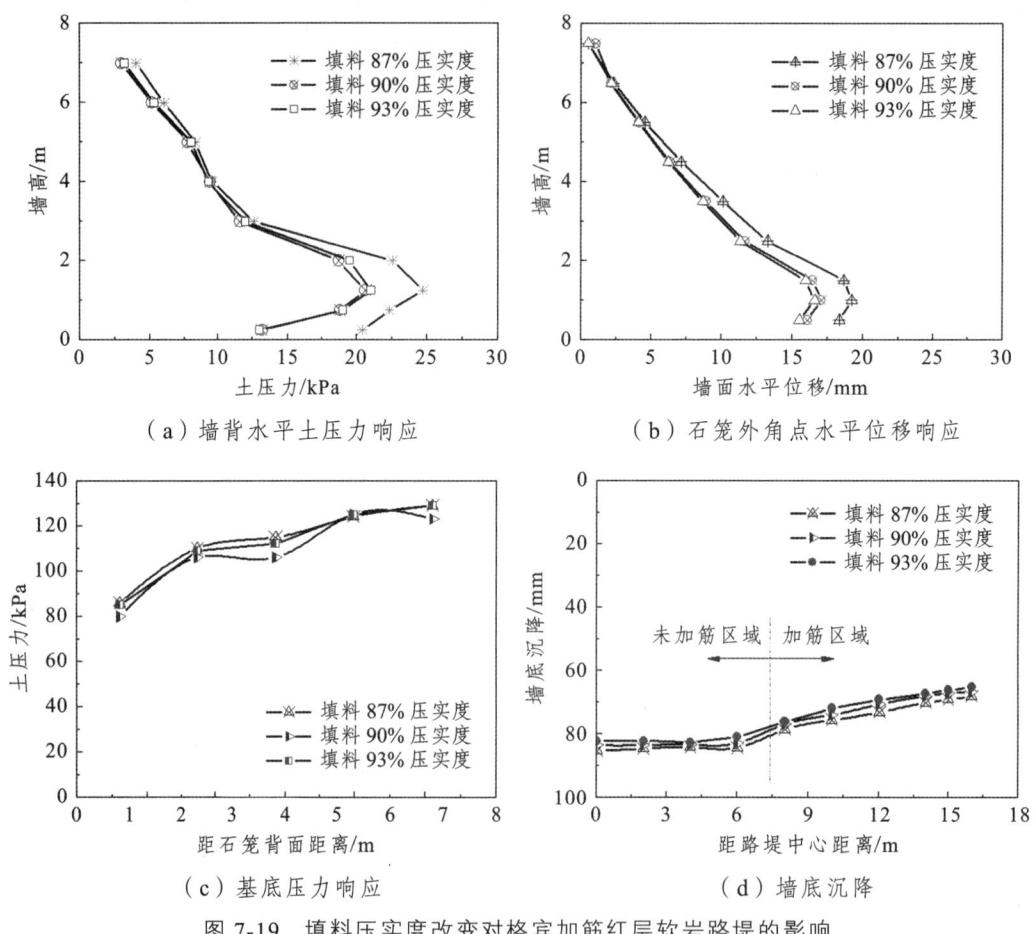

图 7-19 填料压实度改变对格宾加筋红层软岩路堤的影响

由图 7-19（a）可知，填料压实度改变，对挡墙上部水平土压力影响很小，但对挡墙下部的水平土压力影响较大，如填料压实度从 93% 降低到 87% 时，墙踵后部水平土压力增加 57.7%，这说明填料压实度降低后，挡墙下部约墙高 1/3 范围筋材可考虑适当加长，用以抵抗由于墙背土压力增加引起的筋材拉力增量。由图 7-19（b）可知，随填料压实度降低，石笼墙面下部往外鼓出量增加，挡墙下部格宾网筋材需要有更大的抗拉拔能力，以保证挡墙的稳定性。当压实度在90%以上时，路堤侧移受压实度影响相对较小，也就是说，在路堤填筑压实度低于一定标准时（从本次分析来看，可以90%压实度为界限），路堤下部格宾网加筋长度可相对增长或间距可相对减小。由图7-19（c）和图7-19（d）可知，填料压实度改变对墙底沉降和地基土压力影响很小，说明了格宾加筋红层软岩路堤对填料的适应性较强，因此，在施工过程中，可考虑填料土就近取用。

7.5 本章小结

本章以格宾加筋红层软岩路堤现场试验段测试为背景，进行加筋红层软岩路堤挡墙三维数值模拟，结合现场测试结果，对格宾加筋红层软岩路堤挡墙墙面变形、墙后土压力、格宾网拉筋变形等力学和变形特性进行探讨与分析。在此基础上，针对填料、地基土强度指标及其弹性模量等参数进行优化分析。通过这些研究工，能进一步加深对格宾加筋红层软岩路堤挡墙力学特性及加筋机理的认识，为格宾网加筋红层软岩路堤的设计和建设提供重要参考。从中可以得到以下结论：

（1）在填土荷载作用下，筋材全长范围内以产生拉应变为主，随着填土高度的增加，格宾网筋材拉应变随着上部荷载缓慢增长，当路堤填至一定高度时，筋材水平方向的拉应力开始趋于稳定，充分说明筋材的抗拉作用。同时，由于初始填土碾压时格宾网局部有自然舒展，使得格宾网拉应变测试数据有一个比较明显的突变增长过程，因此，可以将格宾网筋材最终拉应变测试结果适当缩小用于指导设计、分析和施工等。在上覆填土荷载作用下，同一层格宾网筋材拉力分布并不均匀，格宾网筋材拉应变分布必然存在一个或多个峰值点，将各层拉筋上最大拉应变点连线即为该挡土墙潜在的破裂面位置。

（2）随着墙后上覆填土荷载以及上部石笼的增加，墙面格宾石笼在竖直方向受到压缩，其压应变随之增长。石笼面墙在竖直方向变形规律较为简单，但在水平方向的变形相对较为复杂，影响其变形特征的因素较多，在进行格宾加筋红层软岩路堤设计时，可以结合三维数值分析、模型试验等手段进行相应的验证分析。

（3）随着上覆填土荷载的增加，测试土层的垂直土压力随之增长（基底土层填筑后，其垂直土压力局部有减小趋势），而且，各层填土填筑完成后，测试层垂直土压力也保持在一个较稳定的应力水平，说明格宾加筋红层软岩路堤具有良好稳定性。同一标高土层内，垂直土压力的分布并非均匀，当土压力盒上部填土高度较小时，同层各点垂直土压力基本相等，随着上部填土高度增加，同层垂直土压力不均匀分布加剧，一般是靠近格宾石笼处附近土压力偏小，在格宾网筋材中部、后部土压力偏大，往往在筋材中部形成一个或多个垂直土压力峰值点。

（4）石笼面墙背面水平土压力随路堤填筑高度增加，其值总体变化趋势为逐渐增大。墙背实测水平土压力与墙高呈非线性关系，整体趋势为墙体上部小、下部大，在墙底以上一定高度处存在水平土压力的最大值，在基底附近水平土压力减小较为明显。格宾加筋土挡墙墙背水平土压力基本介于静止土压力和朗肯主动土压力之间，随着墙后填土的逐步增加，墙背土压力分布曲线逐渐向主动土压力线靠拢。格宾加筋体产生的土压力按传统库仑、朗肯土压力理论进行计算与实际相差较大，应通过不断的研究和总结加以改进，从本次现场试验研究的结果来看，当格宾加筋土挡墙高度在 7.5 m 以上时，石笼背面水平土压力可近似参考朗肯主动土压力进行计算。

（5）FLAC^{3D} 模型模拟格宾加筋土挡墙现场试验段获得了较佳的模拟效果，说明采用有限差分程序 FLAC^{3D} 分析格宾加筋土支挡结构是可信的，能较好地反映此类加筋土结构的工作性能，可以在此模型基础上，进行下一步的优化设计与参数分析。

（6）在上覆填土荷载作用下，最大沉降发生在基底靠路堤中心部分，从路堤中心到墙面，沉降量逐渐减小，沉降差变化不大，格宾加筋红层软岩粗粒土路堤总体处于均匀沉降。加筋土体后部未加筋路堤部分的沉降要比加筋土体沉降大，说明加筋能有效减小红层软岩路堤的不均匀沉降和提高路堤的整体稳定性，从而限制土体的侧向变形和路堤外侧地基的隆起，格宾网的存在对减小路堤的不均匀沉降和提高路堤的整体稳定性有着重要的作用，这为减小红层软岩路堤由不均匀沉降等造成的常见病害提供了一个治理良方。

（7）在石笼面墙和填土界面处填土竖向应力发生突变，这就造成最底层石笼对地基的压力比按常规重力式挡墙计算方法估算值要大，因此，格宾加筋红层软岩粗粒土挡墙底层石笼处地基承载力应适当加强。对软基上红层软岩路堤用格宾网加强后，能有效降低土体水平拉应力，大大降低了路堤土体开裂的可能性。进一步说明格宾加筋技术应用到红层软岩粗粒土路堤加固处置中的合理性和可行性。

（8）地基土压缩模量越小，石笼背部水平土压力呈增大趋势。墙面水平位移受地基土模量变化影响较大，随地基土压缩模量减小，墙体侧移增加，并且墙体最大水平位移增长速度越来越快。但总体来看，在地基比较软弱时，格宾加筋土挡墙外倾水平位移幅度不大，说明用格宾加筋技术处置红层软岩路堤能获得较好的加固效果。地基土压缩模量改变对基底标高处地基压应力影响不大，说明格宾加筋挡土墙对地基的压缩特性要求不高，因此，在软弱地基等不利路段上采用该结构在技术上是可行的。

（9）当地基土质较差时，墙背水平土压力峰值有小幅增大，随地基土黏聚力减小，墙背水平土压力峰值作用点逐渐远离墙趾，但地基土黏聚力指标改变对挡土墙底部地基压力基本没有影响。随地基土黏聚力增大，石笼墙面侧移呈减小趋势，而且，墙面最大侧移逐渐由墙体底部以上一定高度向墙趾过渡。地基土强度改变时，地基沉降量变化不明显，可见，格宾加筋土挡墙对软弱地基的适应能力比较强，能有效降低高填方路堤地基处理的难度。

（10）填料压实度改变，对挡墙上部水平土压力影响很小，但对挡墙下部的水平土压力影响较大，说明填料压实度降低后，挡墙下部约墙高 1/3 范围筋材可考虑适当加长，用以抵抗由于墙背土压力增加引起的筋材拉力增量。随填料压实度降低，石笼墙面下部往外鼓出量增加，当填料压实度在 90%以上时，路堤侧移受压实度影响相对较小。填料压实度改变对墙底沉降和地基土压力影响很小，说明了格宾加筋结构对填料的适应性较强。因此，在施工过程中，可考虑填料土就近取用。

参考文献

[1] 莫介臻，何光春，汪承志，等. 台阶式格栅加筋挡墙现场试验及数值分析[J]. 土木工程学报，2008，41（5）：52-58.

[2] 汪承志. 加筋陡坡的数值分析与试验研究[D]. 重庆：重庆交通学院，2005.

[3] 周世良. 格栅加筋土挡墙结构特性及破坏机理研究[D]. 重庆：重庆大学，2005.

[4] KARPURAPU R G, BATHURST R J. Behaviour of geosynthetic reinforced soil retaining walls using the finite element method[J]. Computers and Geotechnics，1995，17（3）：279-299.

[5] KERRY R R, SKINNER G D. Numerical analysis of geosynthetic reinforced retaining wall constructed on a layered soil foundation[J]. Geotextiles and Geomembranes，2001，19（7）：387-412.

第8章

红层软岩加筋路堤抗震性能及数值分析

8.1 引 言

由于具有良好的外观、易于施工、造价合理以及优越的性能，模块式面板加筋土挡墙近年来得到了广泛运用。格宾石笼面板加筋土挡墙也可归类为模块式面板加筋土挡墙中的一种。在美国和日本近几年多次大型地震中，模块式面板加筋土挡墙的抗震性能得到了很好的证明。美国洛杉矶地区墙高大于 4.5 m 的模块式面板加筋土挡墙在 Northridge 地震（震级 6.7）中没有明显破坏，即使峰值加速度达到 $0.5g$，这些模块式挡墙面板仍保持良好的整体性[1]；Nishimura 等人[2]的震后调查也显示，十多座土工格栅加筋土挡墙和边坡在遭受日本阪神强震（峰值加速度 $0.68g$）后仍可继续使用。

但是，现阶段对加筋土挡墙抗震机理和动力特性的认识尚待加深，加筋土结构抗震理论研究明显滞后于其在地震区应用的实践要求。目前，室内振动台模型试验是研究加筋土挡墙动力性能的重要手段。但振动台模型试验通常受到试验尺寸效应、应力水平以及材料特性相似模拟技术(特别是筋-土相互作用关系的相似模拟)的影响较大，因此，数值模拟技术便成为了研究人员、工程师等研究加筋土结构动力行为的有力工具。但这方面的研究国内外尚少，针对格宾石笼面板抗震性能数值模拟的文献就更加难以发现。Cai 和 Bathurst[3]通过动力有限元方法研究了小型模块面板土工格栅加筋土挡墙在人工地震波作用下的响应，发现地震作用对加筋土挡墙永久位移、筋材受力、面板相对错动等有重要影响。Bathurst 和 Hatami[4]利用 FLAC 程序研究了不同设计参数对刚性面板土工格栅加筋土挡墙动力反应的影响。Helway、Budhu 等[5]利用 DYNA^{3D} 程序仿真了模块式加筋土挡墙抗震特性振动台试验，表明数值分析方法可以较好地模拟加筋结构的复杂动力力学行为。Zarnani 和 Bathurst[6]针对填土嵌入土工泡沫刚性挡墙建立了 FLAC 数值模型，并用此模型进行了地震响应模拟，与振动台试验结果吻合良好。刘华北[7]应用动力弹塑性有限元方法，研究了各种设计参数对土工格栅加筋土挡墙动力响应的影响。周世良等人[8]采用 Galerkin 加权残值法推导出土工格栅加筋土挡墙动力有限元分析方程，从而获得饱水格栅加筋土挡墙的动力响应。一些研究人员也通过有限元或有限差分软件研究了加筋土结构在地震荷载作用下的力学响应，获得了一些有价值的定性认识[9, 10]。

显然，国内外对于格宾加筋红层软岩粗粒土挡墙抗震性能、动力反应数值模拟研究是非常有限的，毫无疑问，这种状态将影响到其在地震区的合理应用。为进一步了解格宾加筋土挡墙地震作用下的工作机理，必须对地震作用下挡墙动力响应特征和变化规律进行深入系统研究。本书结合课题组格宾加筋红层软岩粗粒土挡墙抗震模型试验，参照格宾加筋红层软岩粗粒土路堤现场监测试验，建立了一个 8 m 高足尺格宾石笼加筋土挡墙数值分析模型，通过室内拉拔试验和模型墙抗震试验结果校正模型材料参数，利用 FLAC^{3D} 中的动力分析模块进行了大量数值模拟，对格宾加筋土挡墙在地震作用下的动力响应规律、结构材料参数以及地震动参数变化对格宾加筋红层软岩粗粒土挡墙动力响应的影响做了系统的探讨与分析，并从中提炼了对格宾加筋土挡墙抗震设计有指导意义的结论。

8.2 格宾加筋红层软岩路堤抗震模型试验

为研究格宾网加筋红层软岩粗粒土挡墙抗震性能，课题组对其进行了室内模型抗震试验，格宾网加筋红层软岩粗粒土挡墙试验模型如图 8-1 所示，试验采用的传感器包括加速度计、动位移计和动土压力计等，用于测量模型墙的加速度响应、位移时程、残余位移以及动土压力分布等动力响应。

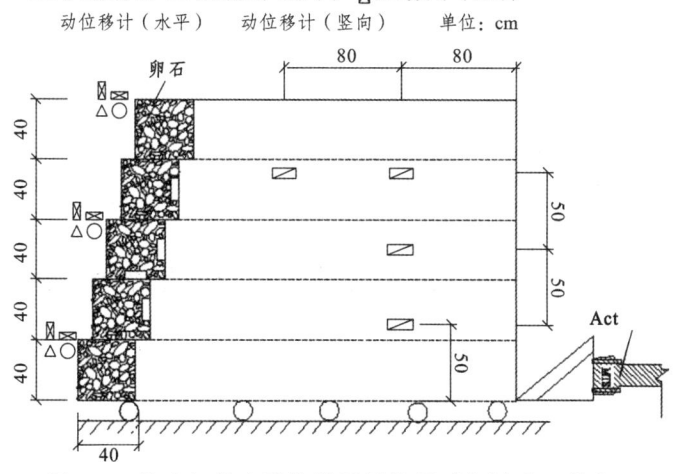

图 8-1　格宾加筋土挡墙模型结构组成与试验元件布置

格宾网规格可参考格宾网材料描述相关部分,挡墙石笼面板相关参数可参考前述章节相关部分,此次抗震模型试验中钢丝直径为 2.7 mm,其 2%伸长率的拉伸强度为 11.6 kN/m,5%伸长率的拉伸强度为 21.2 kN/m,断裂时的拉伸强度为 41.8 kN/m,最大负荷伸长率 10.4%。填料采用现场开挖后经过风化的红层软岩粗粒土,填筑模型墙时其含水量约 14.65%,液限、塑限分别为 41.78%和 25.14%,黏聚力和内摩擦角分别为 25 kPa 和 21°,挡墙格宾石笼面墙用坚硬卵石、块石填充密实。采用 MTS 公司生产的 500 kN 伺服激振器输出地震波,试验时对模型箱底板面施加水平地震波激振力,地震波采用 ELCE_NS 和 HACHI_EW,对挡墙模型进行了不同水平峰值加速度的地震激励试验,ELCENTROL 南北向地震波记录如图 8-2 所示。

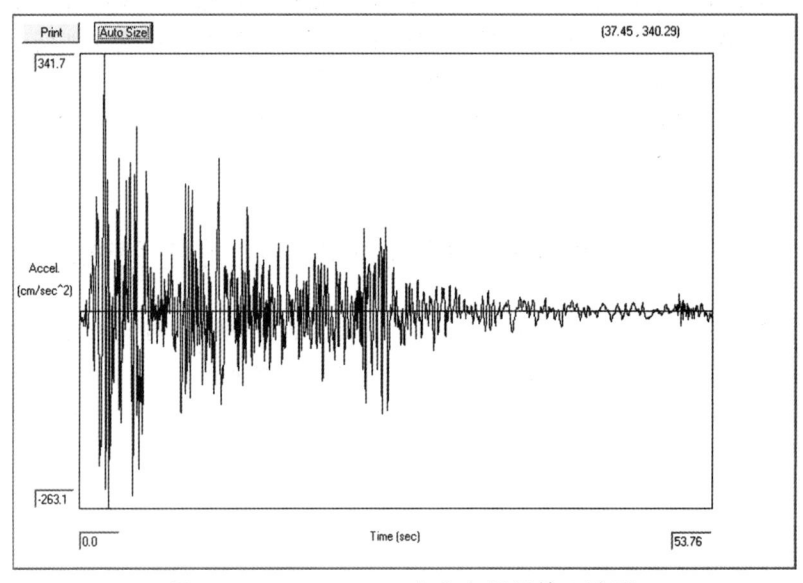

图 8-2 ELCENTROL 南北向记录输入波形

8.3 地震作用下格宾加筋红层软岩路堤挡墙性能数值分析

8.3.1 格宾加筋红层软岩路堤挡墙地震响应数值模型校正

为了验证 FLAC^{3D} 的模拟效果,在进行数值分析前,先对上述抗震试验模型建模,针对格宾网加筋红层软岩路堤挡墙抗震模型试验,建立其数值分析模型(见图 8-3),取其中的一个试验工况进行了模拟,该工况输入地震波为 ELCE_NS 波(峰值加速度分别为 0.17g、0.34g、0.51g),限于篇幅仅给出加速度放大系数数值模拟和试验结果的比较（见图 8-4）。可见，FLAC³ᴰ 的模拟结果与抗震模型试验结果吻合较好，说明上述数值分析模型是合理和可靠的。

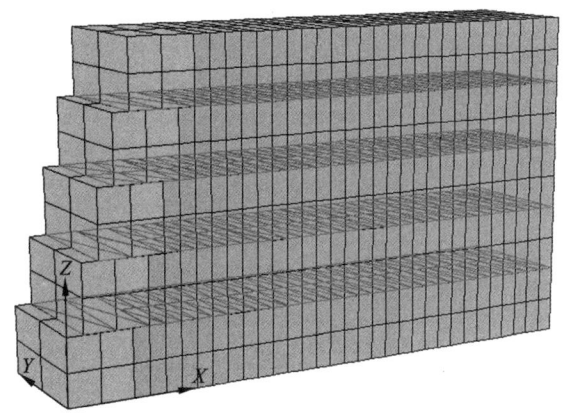

图 8-3 格宾加筋土挡墙室内试验 FLAC³ᴰ 模型

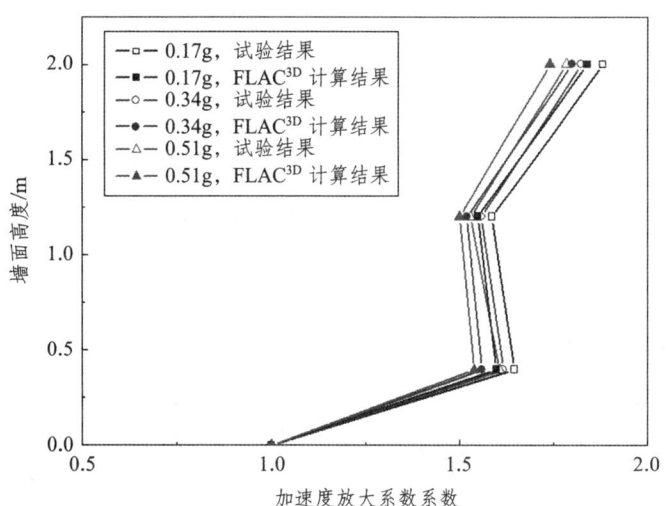

图 8-4 FLAC³ᴰ 模拟和室内抗震模型试验加速度放大系数比较

8.3.2 格宾加筋红层软岩路堤挡墙抗震性能数值分析模型

1. 格宾网加筋土挡墙模型基本信息

为了探讨格宾网加筋红层软岩粗粒土挡墙地震动力响应的一般规律，建立一个足尺格宾加筋土挡墙概化模型，其剖面如图 8-5 所示，墙高自地面以上 $H = 8$ m，考虑地基计算深度 8 m，墙趾外计算宽度 16 m。石笼面板每层宽、高都取为 1 m，从底层面板开始逐层向填土区域收拢 0.25 m 安装。加筋格宾网钢丝直径 2.2 mm，其具体规格可参考第 3~5 章相关内容。格宾网与石笼面板搭接完整，格宾网嵌入墙后填土区长度为 $L=1.0H=8$ m，格宾网竖向间距为 1.0 m。墙后填料采用风化红层软岩粗粒土，其密度 $\gamma_{filling}=1\,800$ kg/m³。地基土假设为均质材料，其密度 $\gamma_{foundation}=2\,100$ kg/m³，假定地面 8 m 以下为坚硬的基岩层。

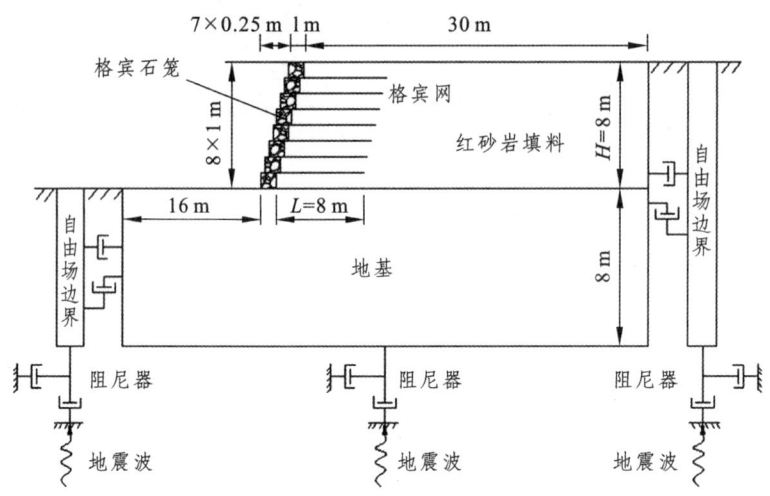

图 8-5 格宾网加筋红层软岩路堤挡墙抗震分析模型示意

2. 输入地震波选择与调整

进行结构地震反应时程分析，输入地震波的选取将对模拟结果的可参考性至关重要。结构抗震设计和分析时，输入地震波源可采取已经获得的场地实际强震记录和人工模拟地震波两种方式。实际强震记录反映了震时场地地震波的传播特征以及地震波随机过程真实的频谱特性，但实际强震记录数据是有限的，而且，由于模拟结构所在场地特征与某个强震记录发生地场地特征不尽相同，因此需要尽可能多的实际记录以弥补上述缺陷，否则实际强震记录数据难以满足工程和研究的需要。另外，以结构抗震设计要求的反应谱为目标，通过数学方法构造一个加速度时程，并进行多次迭代拟合有一定精度的拟合目标谱，即常说的人工地震波，它可以对地面运动的加速度幅值、频谱特性、地震持时等重要指标做灵活调整，有较好应用前景，国内外有部分学者对人工地震波合成方法进行了专门研究。

强震记录频率成分比较复杂，输入地震波的频率成分及结构自身波速特征会影响地震波在结构中传播的精度。Kuhlemeyer 和 Lysmer 的研究表明[11],为了精确反映波在系统中传播的特征,那么系统单元网格尺寸应小于与输入波形最高频率成分相关的波长的 1/8~1/10。此时,用离散模型代替连续介质模型分析动力问题引起的误差通常可忽略不计,即

$$\Delta l \leq (1/8 \sim 1/10)\lambda \tag{8-1}$$

式中,λ——与输入波形最高频率成分对应的波长。

可见,地震波高频分量对系统网格尺寸影响大,随高频分量增加,满足上述计算精度要求的网格尺寸越小,从而会成倍增加系统单元划分的数量,增加计算负担。因此,对输入地震波做频谱分析,尽可能地过滤原有波形中的高频分量,但最好保证截余波形的能量占原有波形能量的绝大部分,以保证波形不至于失真。

本次数值分析地震波输入采用强震记录和人工波,主要模拟工况及其相关地震动参数见表 8-1。

表 8-1 地震波输入工况与地震动参数

模拟工况	地震波类型	峰值加速度/g	地震频率/Hz	持续时间/s	备注
M1-1	Kobe-NS	0.1	多频复合	20	模拟 7 度设防
M1-2	Kobe-NS	0.2	多频复合	20	模拟 8 度设防
M1-3	Kobe-NS	0.3	多频复合	20	模拟 8 度设防
M1-4	Kobe-NS	0.4	多频复合	20	模拟 9 度设防

强震记录取 Kobe 南北(NS)分量(日本神户,1995)前 20 s,其南北分量如图 8-6 所示,对其进行谱分析如图 8-7 所示。从图 8-7 可以看出,地震能量绝大部分集中在 5 Hz 频率范围以内,因此,可以对其进行滤波调整,过滤频率大于 5 Hz 的成分,这样既反映了地震波的能量级别,又可以降低对模型网格划分尺寸的要求,提高动力计算效率。将地震波记录经过一次和二次积分,得到其对应的速度时程和位移时程(见图 8-6),其最终速度和最终位移不为零,这意味着在动力计算结束时模型底部仍会出现延续速度和残余位移,也就是说要对原始加速度时程进行基线校正。复杂地震波基线校正通常可以在原始加速度记录时程一个低频时程分量,使其积分后最终的速度与残余位移接近于零。对 Kobe 地震波南北(NS)分量做上述滤波和基线校正后,其最终波形如图 8-8 所示,校正后残余位移小于 2 mm。

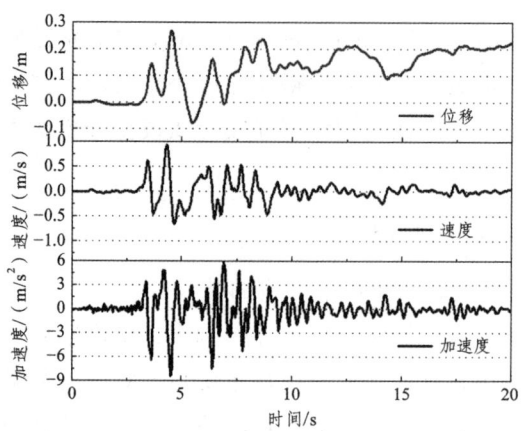

图 8-6　Kobe 地震波南北分量（NS）前 20 s 记录校正前曲线

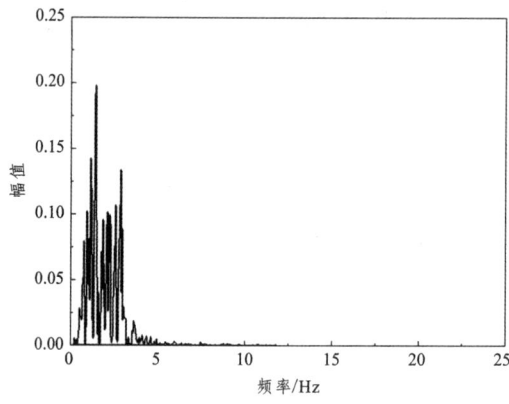

图 8-7　Kobe 地震波南北分量（NS）前 20 s 记录谱分析

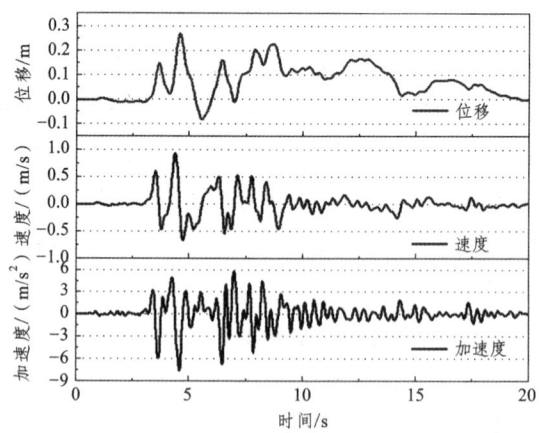

图 8-8　Kobe 地震波南北分量（NS）前 20 s 记录校正后

地震动水平可按《建筑抗震设计规范》(GB 50011—2010，2024 年版)[12]查阅，本次分析按 7 度、8 度和 9 度抗震设防进行，对应的基本地震加速度峰值分别为 0.1g、0.2g、0.3g 和 0.4g。将 Kobe 地震波校正后的加速度数据按适当比例缩小，使其峰值加速度等于上述基本地震加速度峰值，但要基本保证原始波形频率成分特征，调整后的加速度曲线如图 8-9 所示，加速度值一般可按下式调整：

$$\dot{a}(t) = \frac{\dot{A}_{max}}{A_{max}} a(t) \tag{8-2}$$

式中，$\dot{a}(t)$ 和 $\dot{A}_{max}$——调整后的地震加速度时程及峰值；

$a(t)$ 和 A_{max}——原始波形加速度时程及峰值。

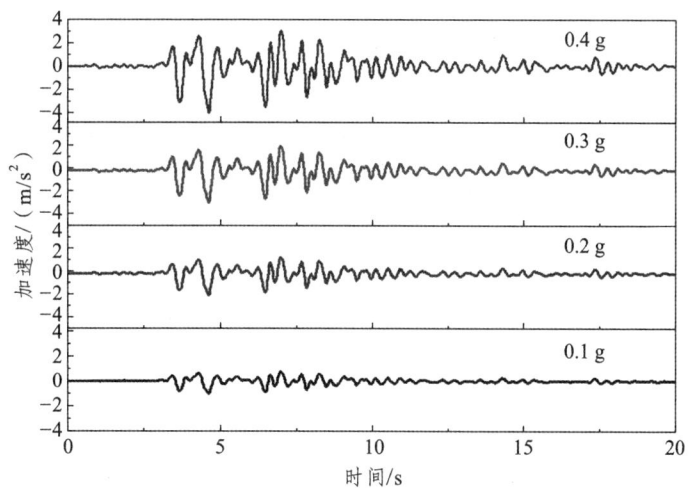

图 8-9　Kobe 地震波南北分量（NS）峰值加速度调整后曲线

3. 数值模型单元划分与模型参数

为了节省计算机时，挡墙长度方向取 1 m 长度，根据图 8-5 所示剖面，在 FLAC3D 中建立格宾网加筋红层软岩粗粒土挡墙抗震分析模型（见图 8-10），按平面应变问题分析。按式（8-1）计算出模型中各材料能满足地震波传播精度的最大单元尺寸，见表 8-2。

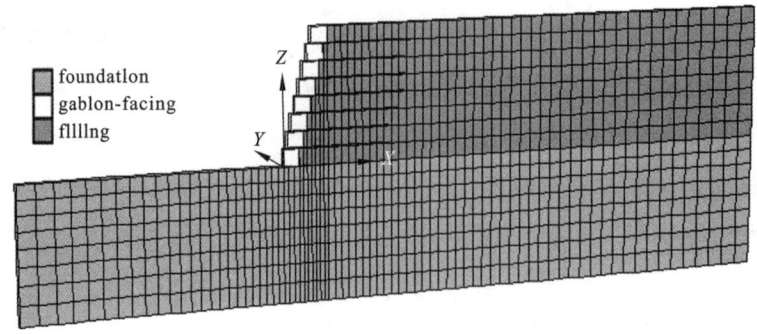

图 8-10　格宾加筋土挡墙模型网格划分

表 8-2　地震分析模型网格尺寸要求

材料名称	干密度 /(kg/m³)	地震最大频率 /Hz	剪切波速 C_s /(m/s)	容许最大单元尺寸 /m
红层软岩填土	1 800	5	129.75	2.6
石笼面墙	2 200	5	137.62	2.6
基础土壤	2 000	5	61.54	1.23

格宾网筋材采用 FLAC³ᴰ 中 Geogrid 结构单元模拟，格宾网与红层软岩填土间的相互作用参数，以及两者相互作用在数值模型中的实现可参考第 5 章相关内容。格宾石笼面墙、基础土壤和墙后红层软岩填土均用实体单元模拟，本构模型为摩尔-库伦弹塑性模型，相关材料参数通过三轴试验可获取（见表 8-3），其剪切屈服准则 f^s 和拉应力屈服准则 f^t 如式（8-3）所示，其中剪切势函数、拉应力势函数分别对应非关联和关联流动法则：

$$\left. \begin{array}{l} f^s = \sigma_1 - \sigma_3 N_\varphi + 2c\sqrt{N_\varphi} \\ f^t = \sigma^t - \sigma_3 \end{array} \right\} \quad (8\text{-}3)$$

式中，σ_1、σ_3——最大和最小主应力；

c、φ——红层软岩填料黏聚力和内摩擦角；

$N_\varphi = (1+\sin\varphi)/(1-\sin\varphi)$。

表 8-3　岩土体材料参数

材料名称	本构模型	单元类型	E /MPa	ν	C /kPa	$\varphi/°$	干密度 /(kg/m³)
红层软岩填土	Mohr-Coulomb	Brick	40	0.3	32	27	1 800
格宾石笼面墙	Mohr-Coulomb	Brick	100	0.30	30	45	2 200
基础土壤	Mohr-Coulomb	Brick	40	0.31	32	27	2 000

4. 动力边界条件与材料阻尼模拟

地震波在系统中传播遇到人工截断边界时，由于边界的不同刚度特点而会有波反射回所分析系统，使系统动力响应得到放大而失真。因此，动力分析中系统边界条件的设置是获得较为合理模拟结果的重要条件，计算模型、边界条件设置如图 8-5 所示，地震波加速度时程由模型地基底面输入。在 FLAC^{3D} 中可以设置静态边界和自由场边界来解决地震波在边界上的反射问题，在模型四周布置二维和一维网格实现自由场，自由场网格的侧边通过阻尼器与主体模型网格进行耦合，自由场网格的不平衡力施加到主体网格。由于自由场边界模拟了无限场地的效果，因此地震波在边界上不会产生扭曲和反射，按这种方式作用于自由场网格上的力可表示如下：

$$\left. \begin{array}{l} F_x = -\rho C_p (v_x^m - v_x^{ff}) A + F_x^{ff} \\ F_y = -\rho C_s (v_y^m - v_y^{ff}) A + F_y^{ff} \\ F_z = -\rho C_s (v_z^m - v_z^{ff}) A + F_z^{ff} \end{array} \right\} \quad (8-4)$$

式中，ρ——模型竖向边界材料密度；

C_p、C_s——侧面边界处 p 波、s 波波速；

A——自由场边界某节点影响面积；

v_x^m，v_y^m，v_z^m——模型主体网格边界节点的 x、y、z 方向速度分量；

v_x^{ff}，v_y^{ff}，v_z^{ff}——自由场边界节点的 x、y、z 方向速度分量；

F_x^{ff}，F_y^{ff}，F_z^{ff}——由自由场边界单元全局 x 向主应力在自由场边界节点分配的作用力。

FLAC^{3D} 动力分析提供了三种阻尼形式以重现系统在动载作用下的阻尼大小：瑞雷阻尼(Rayleigh damping)、局部阻尼(Local damping)和滞后阻尼(Hysteretic damping)。瑞雷阻尼最初应用在结构和弹性体的动力计算中，以减弱系统自然振动振幅，将动力方程的阻尼矩阵表述为系统质量矩阵和刚度矩阵的关系式。因此，瑞雷阻尼参数选择比较复杂，其阻尼器通常与频率有关。地震波频率成分本来就十分复杂，因而在地震分析中选择瑞雷阻尼参数的难度进一步加大，而且瑞雷阻尼设置使得动力计算耗时大大增加，有时令人无法接受。滞后阻尼使用模量衰减系数来描述土体非线性特征，但其参数设置和使用限制较多，在应用上存在一定困难。局部阻尼通过在节点或结构单元上增加或减小单元质量的方法达到计算收敛，由于系统中增加的单元质量与减小的单元质量相等，系统保持质量守恒。同时，局部阻尼通过系统临界阻尼比函数来反映内部能量耗散，这个过程与频率无关，因而应用相对简单。虽然局部阻尼不能有效衰减复杂波形的高频部分，计算结果产生部分高频噪声，但经过滤波的地震波通常只包含其主要的低频成分。因此，在本章中设置材料局部阻尼进行动力分析，考虑 5%的临界阻尼比。

8.3.3 格宾加筋红层软岩路堤挡墙抗震性能数值分析结果与讨论

1. 加速度响应分析

在峰值加速度调整为 0.3g 的 Kobe-NS 地震波作用下，格宾加筋土挡墙墙面各监测点加速度时程响应如图 8-11（a）所示。各监测点加速度响应峰值与输入加速度峰值的比值为该点加速度放大系数，将各点加速度放大系数与墙高度的关系绘制在图 8-11（b）中。从图 8-11（a）可以看出，格宾加筋红层软岩粗粒土挡墙对输入地震波加速度有一定的放大效果，在墙底附近加速度放大值较大，随着墙高增加，加速度放大值逐渐减小。将图 8-11（a）中的时程响应过程与输入地震波形相比，格宾挡墙的加速度响应存在一定的滞后特点，但滞后不是很明显。从图 8-11（b）中可见，在地震波频率特性基本不变的情况下增长加速度峰值，格宾挡墙墙面加速度放大系数有减小的趋势。这主要是由于随着输入地震动峰值加速度的增加，格宾挡墙墙后填土表现出明显的非线性特性，土层的滤波作用逐渐增强，使得加速度峰值有递减趋势，与试验结论是一致的。

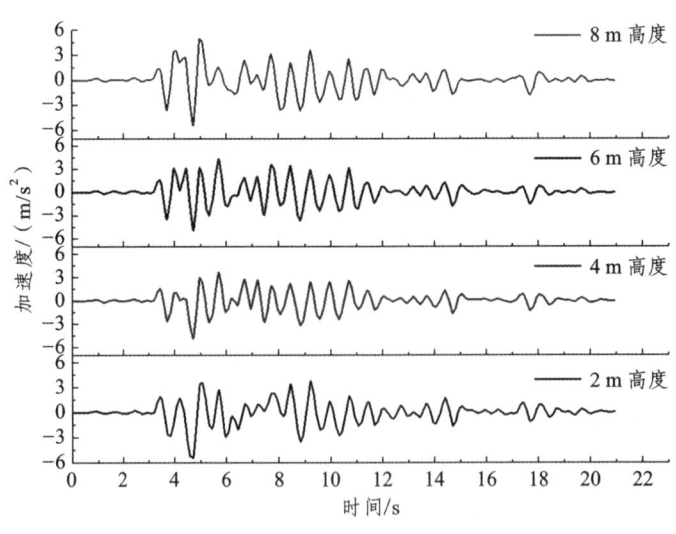

(a) 不同高度处加速度响应时程

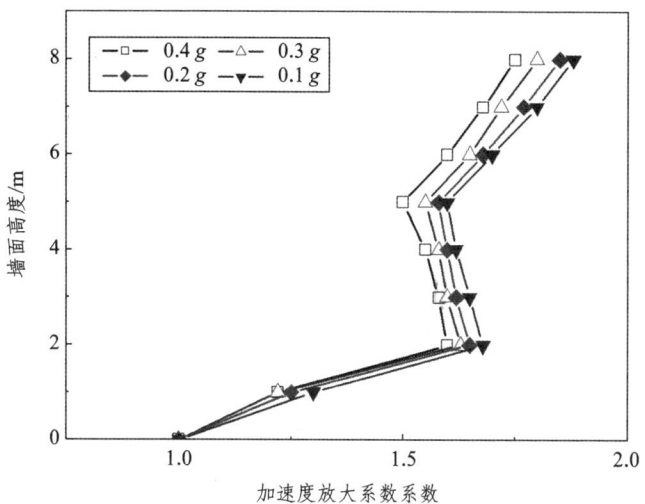

（b）加速度放大系数与墙高关系

图 8-11　格宾加筋土挡墙墙面加速度响应

目前，各种规范（如我国的《公路加筋土设计规范》[13]、美国 FHWA 规范[14]等）一般规定采用基于 M-O 理论的拟静力法（Pseudo-static）进行加筋土挡墙抗震设计，其中一个基本问题就是地震土压力确定，通常采用如下公式计算：

$$P_{AE} = \frac{1}{2}(1 \pm k_v)K_{AE}\gamma H^2 \tag{8-5}$$

式中，k_v——竖向地震加速度系数；

γ——墙后填土重度；

H——挡墙高度；

K_{AE}——M-O 主动动土压力系数，可以按下式计算：

$$K_{AE} = \frac{\cos^2(\phi+\varphi-\theta)}{\cos(\theta)\cos^2(\phi)\cos(\delta-\phi+\theta)\left[1+\sqrt{\dfrac{\sin(\varphi+\delta)\sin(\varphi-\beta-\theta)}{\cos(\delta-\phi+\theta)\cos(\phi+\beta)}}\right]^2} \tag{8-6}$$

式中，φ——填土内摩擦角；

ϕ——墙面倾角（与竖直方向夹角）；

δ——加筋土体与回填土界面摩擦角；

β——加筋土挡墙上覆土体边坡与水平方向的夹角；

θ——通常所说的地震惯性角，由下式计算：

$$\theta = \tan^{-1}\frac{k_h}{1\pm k_v} \quad (8\text{-}7)$$

式中，k_h，k_v——水平和竖向地震加速度系数。

从式（8-5）、式（8-6）及式（8-7）可以看出，采用拟静力法进行加筋土挡墙抗震设计时，地震加速度系数选取至关重要。Segrestin 和 Bastick[15]、Cai 和 Bathurst[16]的动力有限元模拟研究也都表明加筋土挡墙沿着墙高各点峰值加速度平均值一般比输入地震加速度峰值大。Steedman 和 Zeng[17]基于伪动力模型（Pseudo-dynamic model）研究也发现，由加速度沿墙高度的水平放大效应导致墙后动土压力增加值可以等效为水平地震加速度系数沿墙高不变的单一增值。而我国加筋土结构抗震设计相关规范直接采用地震加速度峰值与重力加速度比值来确定地震加速度系数，没考虑地震反应过程中加筋土结构对地震波的放大效应，这存在一定缺陷。美国 FHWA 规范采用如下公式来体现加速度放大系数对加筋土结构设计的影响：

$$k_h = (1.45 - a_m/g) \times a_m/g \quad (8\text{-}8)$$

式中，a_m——输入地震加速度峰值。

由格宾加筋红层软岩粗粒土挡墙抗震性能试验和数值模拟结果可以看出，加速度放大系数数值模拟值比试验结果稍小，这主要是两者边界条件模拟等存在一定差异。可以确定的是，无论是模型试验还是数值试验，两者的边界条件很难以完全与加筋土挡墙实际受震时一致，以致本应向远处发散的部分地震能量被反射到加筋土体，而使得加速度放大系数可能比地震时实测值大。因此，综合上述文献、分析以及格宾加筋土挡墙试验和数值模拟结果，当采用基于 M-O 理论的拟静力法（Pseudo-static）进行格宾加筋土挡墙抗震设计时，建议考虑水平地震加速度放大系数。当按我国各抗震设计规范 6、7、8、9 度抗震设防要求设计时，可以依照下式确定水平地震加速度系数的值：

$$k_h = (2.0 - a_m/g) \times a_m/g \quad (8\text{-}9)$$

我国各抗震设计规范对 9 度以上抗震设防没有提出明确的简化计算方法，因此，当格宾加筋土挡墙位于 9 度以上高烈度区时，建议通过大型振动台模型试验、各种数值模拟方法（如有限元、有限差分等）等分析其地震动力响应，用以指导设计。

2. 水平地震位移响应与分析

图 8-12（a）~ 图 8-12（d）分别为格宾加筋土挡墙在峰值加速度调整为 0.1 ~ 0.4g 的 Kobe-NS 地震波作用下，挡墙墙面不同墙高位置监测点水平位移响应时程。

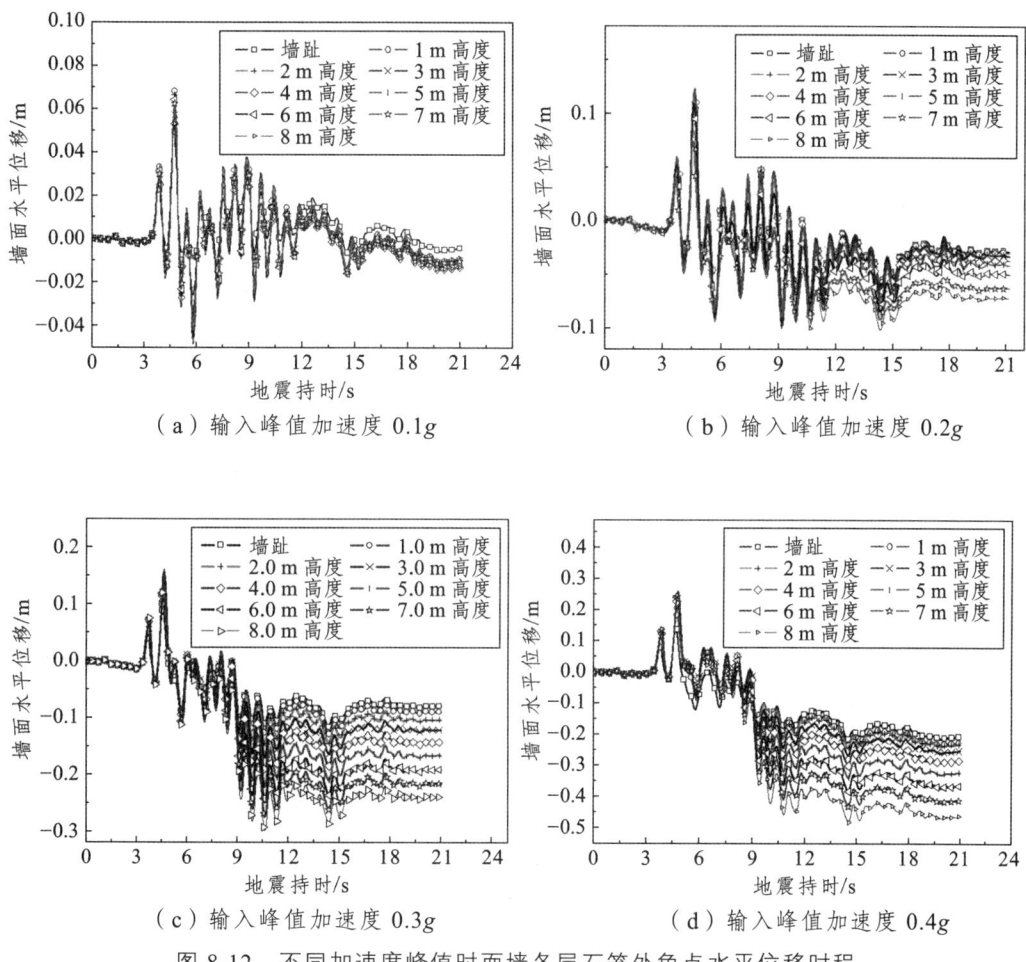

图 8-12　不同加速度峰值时面墙各层石笼外角点水平位移时程

从图中可以看出，在地震的初始阶段（0~3.5 s），格宾挡墙水平位移反应很小，只在原位置附近产生轻微振荡，挡墙基本处于弹性反应阶段。在地震动的活跃阶段（3.5~11 s），随着地震动的发展，格宾挡墙水平往复振荡比较激烈，而且地震波加速度峰值越大，挡墙水平振动幅度也越大，墙后土体出现不同程度的塑性变形，整个地震过程中土体产生的塑性流动量大部分都在此阶段完成。值得注意的是，当地震波加速度幅值为 0.1g 时，挡墙在不同墙高位置的水平振动基本是同步的，且振动量也相差很小，表面挡墙此时的整体性能仍保持完好。在地震动的衰减阶段（11~20 s）输入地震动加速度明显减小，此时，随着地震动的发展，挡墙在水平方向维持小幅振动，并且墙后一定范围内填土的塑性变形进一步增长,到地震动活动结束时挡墙水平向振动基本停止,墙体最终产生不同大小的水平塑性位移。同时,从图 8-12(a)~图 8-12(d)中还可发现,在 0.1~0.4g 峰值加速度的地震波作用下,格宾挡墙水平振动最终达到了稳定状态,墙后填土的水平塑性流动在地震结束后没有继续增大,动力计算最终也是收敛的。这些都表明,在 0.1~0.4g 峰值加速度作用下,格宾加筋红层软岩粗粒土挡墙并没有出现倒塌破坏,在较大的水平位移发生后仍能继续承载,表现出良好的抗震性能、耗散地震能量能力,是一种典型柔性抗震结构。

图 8-13 表示了不同峰值加速度作用下墙面各层石笼顶点的震后残余水平振动位移连线。结合图 8-12 分析,可以看出:在 0.1g 峰值加速度地震波作用下,挡墙各层石笼残余水平位移大致相等;随着峰值加速度增加,墙后土体塑限变形增加,使得挡墙顶部石笼残余水平位移明显大于相应工况下底部石笼的水平位移,墙体运动有绕墙趾转动的趋势。不同峰值加速度作用下,顶层石笼水平位移时程曲线的对比绘制在图 8-14 中,从图 8-14 中可以发现,格宾挡墙墙顶最终水平位移与地震加速度幅值有很大关系。结合图 8-12 和图 8-13,可以得出 0.1~0.4g 峰值加速度地震波作用下,挡墙最大水平与墙高度的比值(简称水平位移比)分别为 5.7%、3%、0.9% 和 0.16%,挡墙最大水平位移随输入地震加速度幅值增大而增大,在 0.1g 和 0.2g 峰值加速度作用时挡墙水平位移增长幅度很小,当峰值加速度增至 0.3g 和 0.4g 时,挡墙水平位移迅速增大,0.4g 峰值加速度作用时墙体水平位移达到了 5.7%H。

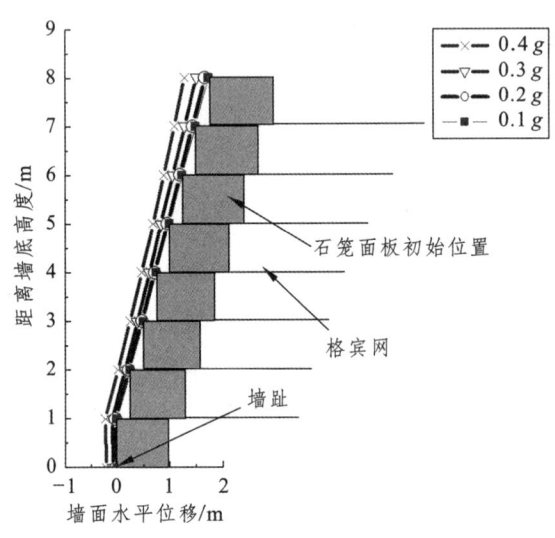

图 8-13 不同加速度作用下面墙各层石笼顶点震后残余水平位移曲线

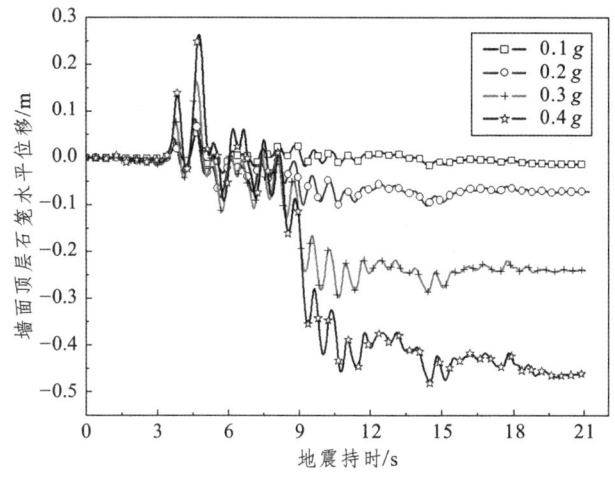

图 8-14 不同峰值加速度作用下面墙顶层石笼水平位移时程对比

3. 竖向地震位移响应与分析

图 8-15（a）~ 图 8-15（d）所示分别为格宾加筋土挡墙在峰值加速度调整为 0.1 ~ 0.4g 的 Kobe-NS 地震波作用下，挡墙墙面不同墙高位置监测点竖向位移响应时程。在地震初始阶段、活跃阶段和衰减阶段，挡墙竖向位移时程表现出与水平位移时程相似的特点。但是震后墙面各监测点残余竖向位移最大、最小值差要小于相应工况下墙面水平位移差，如 0.3g 峰值加速度地震波作用下，墙面沉降差为 23.9 mm，而墙面水平位移差为 161 mm。这说明格宾挡墙地震位移响应的水平分量是影响格宾挡墙抗震性能一个重要控制因素，在抗震设计中应加强格宾挡墙地震水平位移的验算。同时也应该注意到，在水平地震波作用下格宾加筋土挡墙在墙趾处产生了一定的沉降，地震加速度峰值越大墙趾沉降也随之增大（如峰值加速度为 0.4g 时，墙趾沉降达到了 9 cm），因此，在针对高烈度区格宾加筋土挡墙进行设计时，应该加强墙趾基础构造设计以及墙趾地基承载力验算。

图 8-16 和图 8-17 表示了峰值加速度调整为 0.1 ~ 0.4g 的 Kobe-NS 地震波作用下，顶层石笼外角点、内角点竖向位移响应和墙后加筋土体顶面竖向位移响应的对比。可以看出：地震结束后顶层石笼与墙后土体间产生了一定的相对滑动，地震峰值加速度较小时两者的相对滑动不明显（如峰值加速度为 0.1g 时，石笼与墙后土体沉降差为 1.0 mm），随着地震峰值加速度增加两者相对滑动越来越明显（如峰值加速度为 0.4g 时，石笼与墙后土体沉降差为 22.2 mm）；同样，顶层石笼外角点和内角点的沉降并不一致，外角点的沉降大于内角点的沉降，石笼内、外角点沉降差随地震峰值加速度增大而增大（如 0.3g、0.4g 峰值加速度作用时，顶层石笼内、外角点沉降差分别约为 2 cm 和 4 cm），这说明水平地震波作用下墙面石笼除水平和竖向的平动外，还伴随着不同幅度的逆时针旋转。

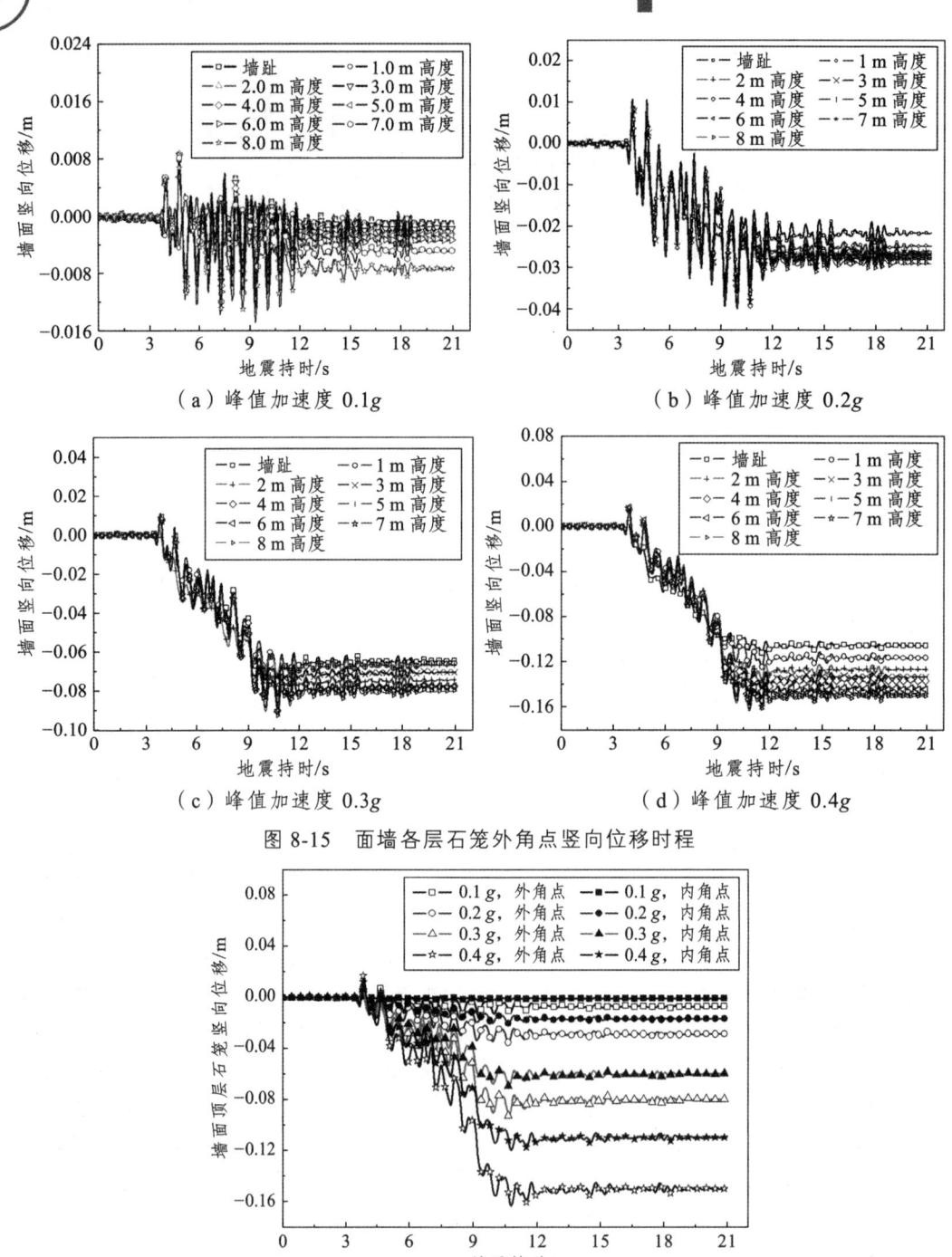

图 8-15 面墙各层石笼外角点竖向位移时程

图 8-16 不同峰值加速度时面墙顶层石笼外、内角点竖向位移时程对比

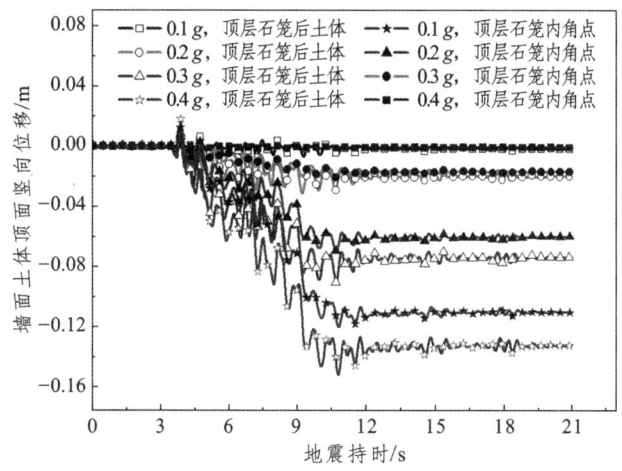

图 8-17　不同峰值加速度时顶层石笼内角点及墙面后土体竖向位移时程对比

图 8-18 表示不同峰值加速度作用下,石笼墙面后土体顶面监测点竖向位移对比。从图中可以看出,墙面后土体顶面沉降通常表现为 4 个部分:主动区、加筋区整体沉降、过渡段("波谷"效应区)以及非加筋区整体沉降,这也与 Ling 等人[18]关于模块式加筋土挡墙的振动台试验中所观察到的现象相似。主动区加筋土体顶面各监测点沉降相差较大,特别是在大震(如 0.4g 峰值加速度)时其沉降不同步比较明显,使得主动区土体顶面在产生沉降的同时伴随着一定角度的旋转,这也促使格宾挡墙在水平地震作用下更容易发生往墙外的倾覆。当然,在小震(如 0.1g 峰值加速度)时这种沉降加倾覆的趋势不甚突出。加筋区整体沉降段各监测点的沉降基本相等,表现出良好的整体性能。加筋区与非加筋区之间存在一个沉降最大值,使得两者间存在一个类似"波谷"的沉降区,因此,加筋土体和回填土体的交界处是格宾挡墙地震沉陷的敏感区域,故在加筋土挡墙抗震设计时可以通过加筋长度的改变来控制墙后土体沉陷敏感区域的位置。"波谷"过后,非加筋回填土沉降逐渐过渡到整体沉降的趋势。但应注意到,加筋区整体沉降要小于非加筋回填区整体沉降,而且这种差别在大震下越发明显,这说明在红层软岩填料中加入格宾网后其抵御震陷(沉降)的能力增强。姚令侃等人[19]对汶川地震强震区进行的震害调查表明,路基工程震害模式随地震力作用强度增大的发展趋势是,填土路堤由边坡坍塌发展为滑动面深至路基本体的滑坡,挡墙主要由横向倾斜变形发展为倾覆倒塌。地震作用下格宾加筋土挡墙潜在破坏模式与姚令侃等人的路堤支挡结构震后调查结果类似。同时,通过对比也可以发现,墙后土体顶面沉降与输入加速度峰值关系较大,地震峰值加速度较小时,土体沉降小(如输入峰值加速度为 0.1g 时,墙后土体最大沉陷为 1.89 mm),随着地震峰值加速度增加墙后土体沉降加速,输入峰值加速度为 0.4g 时,墙后土体最大沉降达到了 132 mm。

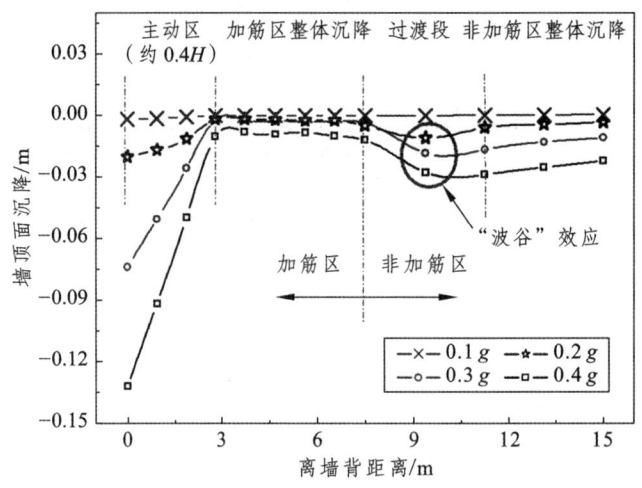

图 8-18　不同峰值加速度作用下墙顶加筋土体竖向位移对比

由上述分析可知,墙体地震位移控制是格宾加筋土挡墙抗震设计中一项重要内容,这符合当今逐渐流行的结构抗震性能设计要求。在工程抗震性能设计研究中,基于位移的设计方法是目前最重要的方法之一,与传统以结构受力作为结构震坏主要参数的方法相比,基于位移的设计方法用结构地震位移作为反映结构破坏最直接的参数。与传统刚性重力式挡墙相比,格宾加筋土挡墙稳定的极限水平位移明显增大,若仍采用刚性挡墙的控制标准不甚适宜。《建筑抗震设计规范》(GB 50011—2010,2024 年版)等规定,结构抗震性能应满足三级设防的要求:"小震不坏""中震可修"和"大震不倒"。在我国公路、铁路等规范的抗震设计条文中,没有涉及控制支挡结构的地震破坏状态的位移标准。在美国公路抗震设计规范中有关支挡结构的位移控制量直接采用了克拉夫(Clough)的试验结果,墙顶位移与墙高的比值控制在 0.1%～1.0%,这个位移量对于柔性支挡而言是明显不合适的。新西兰的桥梁抗震设计规范中规定对于刚性支挡结构而言允许的墙体位移是 100 mm。

结合 2008 年"5·12"汶川地震震后调查工作,张建经等人[20]对支挡结构的抗震性能建议采用如下位移控制标准:性能要求 1——地震后墙体不损坏或轻微损坏,能够保持其正常使用功能,位移指数在 1.0%以内;性能要求 2——地震后墙体可能出现局部损坏,需修补,短期内能恢复其正常使用功能,位移指数在 3.5%以内;性能要求 3——地震后墙体产生较大变形,但不出现整体倒塌,经抢修后可限速通车,位移指数在 6.0%以内。其中要求 1 与多遇地震水平一致,即在小震下结构处于弹性状态;性能要求 2 与设计地震水平一致,即在设计地震水平允许墙体有一定位移,但是不影响它的使用功能;性能要求 3 与罕遇地震水平一致,即在罕遇地震下,要求结构不倒塌。但此处的位移控制措施主要针对刚性挡墙实震表现提出，文献[19]对汶川地震中加筋土挡墙地震反应调查显示，大部分加筋土挡墙在里氏 8.0 级特大地震作用下发生较大位移后仍基本完好或损伤。因此，综合分析格宾加筋土挡墙地震位移响应试验与模拟结果，以及上述相关研究关于支挡结构抗震位移控制的结论或条文，建议对格宾加筋土挡墙进行抗震性能设计时采用如下位移控制标准："小震不坏"性能要求——地震后墙体不损坏或轻微损坏，能够保持其正常使用功能，水平位移比在 1.5%H 以内；"中震可修"性能要求——地震后墙体可能出现局部损坏，需修补，短期内能恢复其正常使用功能，水平位移比在 5.0%H 以内；"大震不倒"性能要求——地震后墙体产生较大变形，但不出现整体倒塌，水平位移比在 7.0%H 以内。

4. 地震作用下挡墙潜在破坏模式

图 8-19 表示了水平地震作用下挡墙各层格宾网拉力典型分布趋势。各层格宾网受力基本规律一致，最大拉力出现在各层筋材中部，顶层格宾网最大拉力距离墙背约 0.4H。同时，由于各层格宾网与石笼是一整体，使得格宾网靠近墙面处受力也比较大。最大拉力出现在第 4 层格宾网，即最大拉力作用点位于 0.5H 附近，与文献[16]关于模块式加筋土挡墙分析结论接近。因此，综合上述关于地震作用下格宾加筋土挡墙水平位移响应、沉降响应以及筋带拉力分布等的分析，可以得出其潜在地震破裂面，如图 8-20 所示。潜在破裂面为双线段组合形式，其中上线段与墙面倾角相等，下线段起于墙趾土体处，并与上线段交于墙高中点。可以看出，这一破裂面位于美国 FHWA 规范关于不可延展筋材破裂面与可延展筋材破裂面之间。

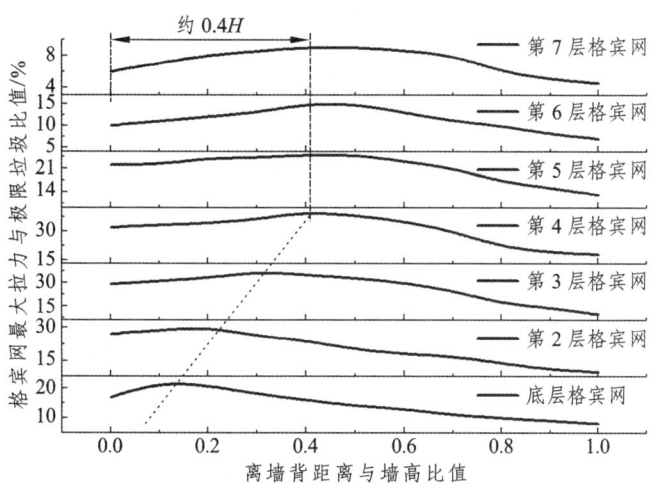

图 8-19 震后格宾网拉力典型分布趋势

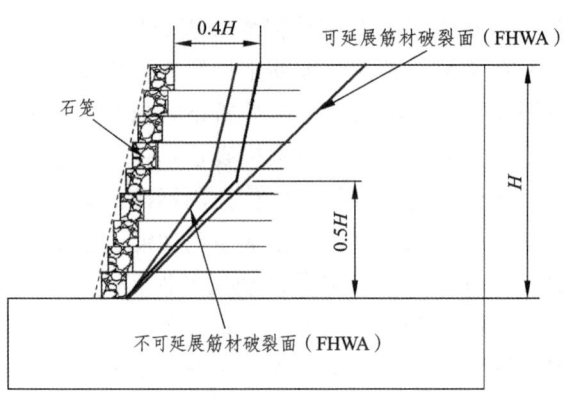

图 8-20　水平地震作用下格宾加筋红层软岩路堤挡墙潜在滑动面

5. 格宾网竖向间距的影响与分析

图 8-21 表示了格宾网不同竖向间距时墙面顶层石笼水平位移时程对比。可见，在同一地震波作用下不同加筋间距时墙面水平位移表现出相似发展规律。同时应注意到，当地震峰值加速度较大时，增加格宾网竖向间距会使挡墙水平位移明显增大。

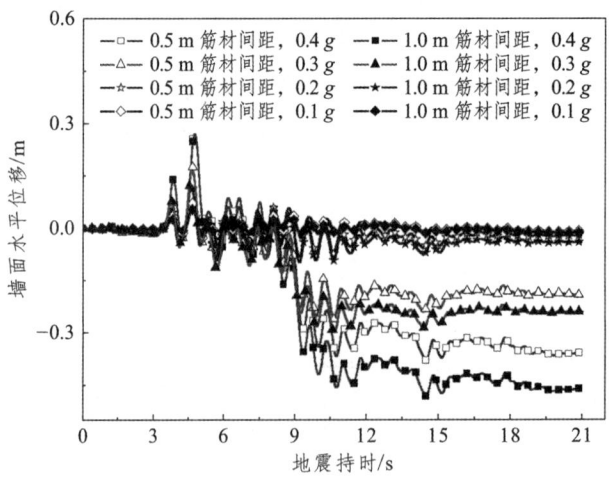

图 8-21　不同加筋间距时顶层石笼水平位移时程对比

图 8-22 所示为格宾网竖向间距与挡墙最大水平地震位移的关系，可以看出，格宾网竖向间距与挡墙最大水平地震位移基本成线性关系，随着加筋间距的减小，挡墙最大水平位移也随之减小，这种减小的程度在挡墙受到大震时更为明显。图 8-23 所示为不同加筋间距时地震峰值加速度与墙面水平位移比的关系。由图可知，地震加速度峰值与挡墙水平地震位移呈非线性增长模式，地震峰值加速度在 0.25g 以下时，格宾加

筋土挡墙水平地震位移随地震峰值加速度增长的速度缓慢，当大于 0.3g 时，挡墙地震水平位移随地震峰值加速度增长速度明显变快，出现转折性的变化，所以在高烈度区建设格宾加筋土挡墙更应注意墙面水平位移控制。从图 8-23 还可以看出，格宾网竖向间距越小，挡墙最大水平地震位移随峰值加速度增长的速度越缓慢。从图中标示可以归纳如下关于格宾加筋土挡墙抗震设计建议：当格宾加筋土挡墙建造于 7 度以下（含 7 度）抗震设防区时，格宾网竖向间距可以相对稀疏，建议取值不大于 1.0 m；当格宾加筋土挡墙建造于 8 度抗震设防区时，格宾网竖向间距取值不宜大于 0.75 m；当格宾加筋土挡墙建造于 9 度抗震设防区时，格宾网竖向间距取值不宜大于 0.75 m，建议取值为 0.5 m；当格宾加筋土挡墙建造于超 9 度抗震设防区时，格宾网竖向间距取值不应大于 0.75 m，以小于或等于为 0.5 m 为宜。确定格宾网最小间距后，可以对挡墙进行地震稳定性验算确定格宾网加筋的长度。

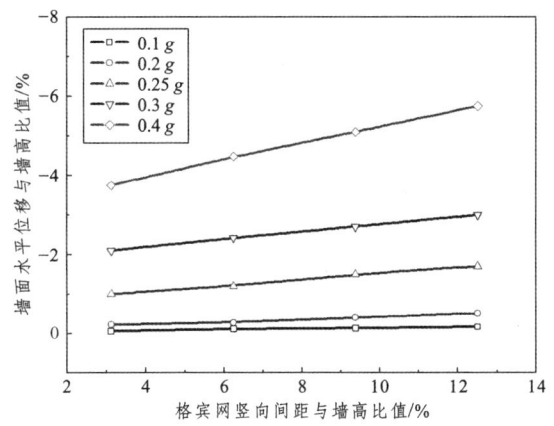

图 8-22　格宾网竖向间距与挡墙最大水平地震位移关系

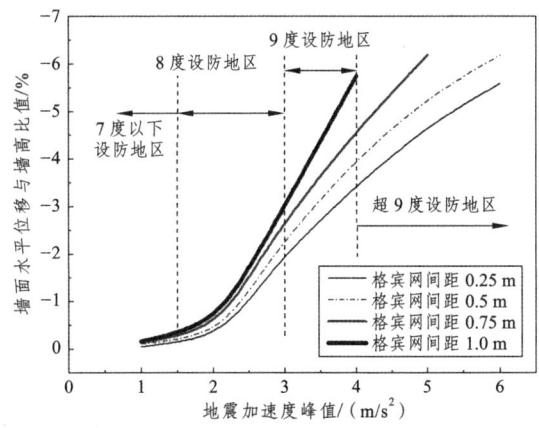

图 8-23　不同加筋间距时地震峰值加速度与墙面水平位移比的关系

图 8-24 表示了格宾网不同竖向间距时墙后土体顶面竖向位移时程对比,可见,在同一地震波作用下不同加筋间距时墙后土体顶面竖向位移也表现出相似发展规律。

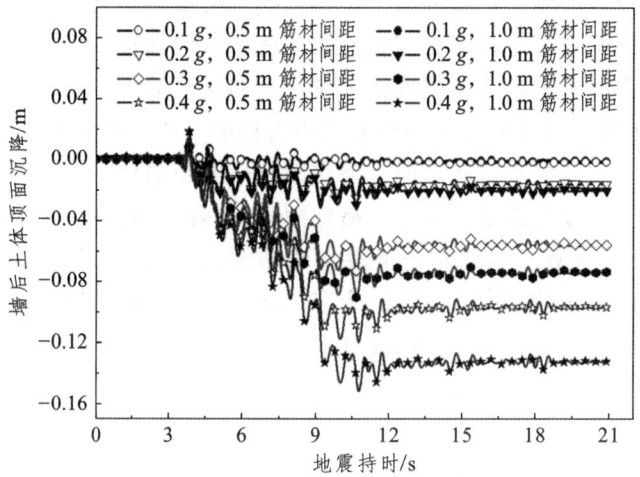

图 8-24 不同加筋间距时墙后土体顶面沉降时程对比

从图 8-25 可以看出,随着加筋间距的减小,墙顶震陷也随之减小,这种减小的程度在挡墙受到大震时更为明显。从图 8-26 可以看出,地震峰值加速度较小时,墙顶震陷小;当地震峰值加速度不小于 0.3g 时,墙顶震陷比较明显,而且当加筋间距较大时(如 1.0 m),墙顶震陷增长迅速。

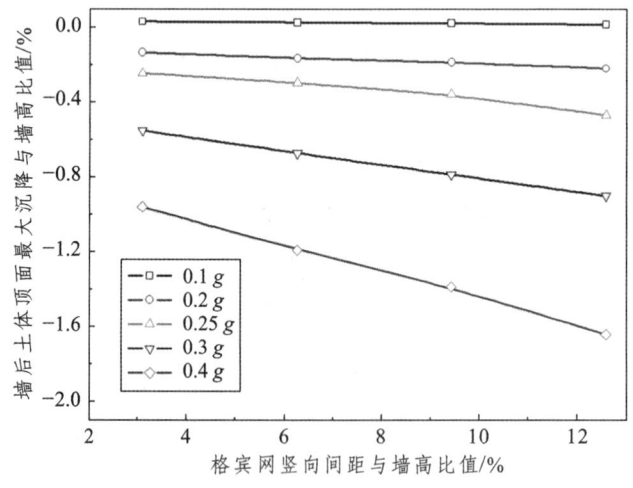

图 8-25 格宾网竖向间距与墙后土体顶面最大震陷关系

第8章 红层软岩加筋路堤抗震性能及数值分析

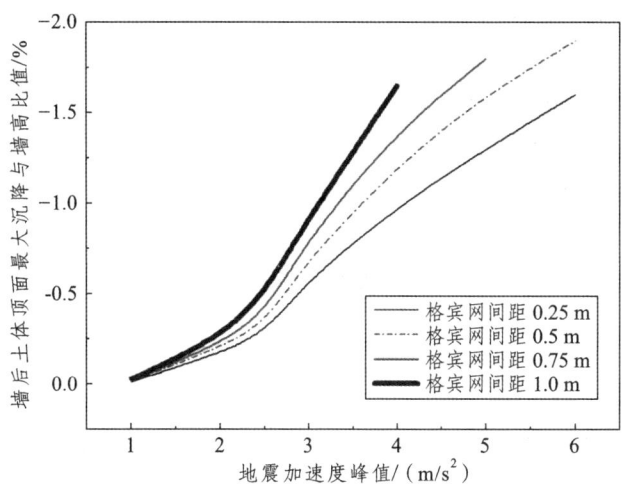

图 8-26 不同加筋间距时地震峰值加速度与墙后土体顶面竖向位移比的关系

8.4 本章小结

本章主要对格宾加筋红层软岩路堤挡墙抗震性能进行了研究和分析，从中可以得到以下结论：

（1）格宾加筋土挡墙具有优良的抗震性能。

（2）加筋土体和回填土体交界处是格宾加筋土挡墙地震沉陷的敏感区域。

（3）格宾加筋土挡墙抗震设计可采用如下位移控制标准："小震不坏"性能要求——地震后墙体不损坏或轻微损坏，能够保持其正常使用功能，水平位移比在 $1.5\%H$ 以内；"中震可修"性能要求——地震后墙体可能出现局部损坏，需修补，短期内能恢复其正常使用功能，水平位移比在 $5.0\%H$ 以内；"大震不倒"性能要求——地震后墙体产生较大变形，但不出现整体倒塌，水平位移比在 $7.0\%H$ 以内。

（4）当采用拟静力法进行红层软岩格宾加筋土挡墙抗震设计时，得到了考虑加速度放大效应的地震加速度系数取值方法。

（5）当格宾加筋土挡墙建造于 7 度以下（含 7 度）抗震设防区时，格宾网竖向间距可以相对稀疏，建议取值不大于 1.0 m；当格宾加筋土挡墙建造于 8 度抗震设防区时，格宾网竖向间距取值不宜大于 0.75 m；当格宾加筋土挡墙建造于 9 度抗震设防区时，格宾网竖向间距取值不宜大于 0.75 m，建议取值为 0.5 m；当格宾加筋土挡墙建造于超 9 度抗震设防区时，格宾网竖向间距取值不应大于 0.75 m，以小于或等于为 0.5 m 为宜。

（6）随着格宾网竖向加筋间距的减小，墙顶震陷也随之减小，这种减小的程度在挡墙受到大震时更为明显。地震峰值加速度较小时，墙顶震陷小；当地震峰值加速度大于 $0.3g$ 时，墙顶震陷比较明显。

（7）地震作用下，格宾加筋土挡墙潜在滑动面为双线段组合形式，其中上线段倾角与墙面倾角相等，下线段起于墙趾、并与上线段交于墙高中点。

参考文献

[1] SANDRI D. Retaining walls stand up to the Northridge earthquake[J]. Geotechnical Fabrics Report，1994，12（4）：30-31.

[2] NISHIMURA J，HIRAI T，IWASAKI K，et al. Earthquake resistance of geogrid reinforced soil walls based on a study conducted following the southern Hyogo earthquake[A]. In：Proceedings of International Symposium on Earth Reinforcement Practices[C]. The Netherlands，Rotterdam：Balkema，1996，102-106.

[3] CAI Z，BATHURST R J. Seismic response analysis of geosynthetic reinforced soil segmental retaining walls by finite element method[J]. Computers and Geotechnics，1995，17（4）：523-546.

[4] BATHURST R J，HATAMI K. Seismic response analysis of a geosynthetic reinforced soil retaining wall[J]. Geosynthetics International，1998，5（2）：127-166.

[5] HELWANY S M B，BUDHU M，MCCALLEN D. Seismic analysis of segmental retaining wall，I：Model verification[J]. Journal of Geotechnical and Geoenvironmental Engineering，2001，127（9）：741-749.

[6] ZARNANIC S，BATHURST R J. Numerical modeling of EPS seismic buffer shaking table tests[J]. Geotextiles and Geomembranes，2008，26（3）：371-383.

[7] 刘华北. 水平与竖向地震作用下土工格栅加筋土挡墙动力分析[J]. 岩土工程学报，2006，28（5）：594-599.

[8] 周世良，刘占芳，何光春. 饱水格栅加筋土挡墙结构特性数值分析[J]. 水利学报，2006，37（8）：1015-1021.

[9] 刘华北. 横向地震作用下土工合成材料加筋土挡墙筋材拉力分析[J]. 岩土工程学报，2022，44（2）：288-294.

[10] 吴燕开，李纪兴，石玉斌，等. 地震荷载作用下加筋土挡墙动力特性分析[J]. 地震工程学报，2017，39（3）：475-480.

[11] KUHLEMEYER R L，LYSMER J. Finite Element Method Accuracy for Wave Propagation Problems[J]. J. Soil Mech. & Foundations，Div. ASCE，1973，99（S5）：421-427.

[12] 中国建筑科学研究院. GB 50011—2012 建筑抗震设计规范（2024年版）[S]. 北京：中国建筑工业出版社，2024.

[13] 山西省交通厅. 公路加筋土工程设计规范（JTJ 015—91）[S]. 北京：人民交通出版社，1991.

[14] CHRISTOPHER B R，GILL S A，GIROUD J P，et al. Mechanically Stabilized Earth Walls and Reinforced Soil Slopes Design & Construction Guidelines[R]. Washington，D.C.：U.S. Department of Transportation and Federal Highway Administration，2001.

[15] SEGRESTIN P，BASTICK M. Seismic design of reinforced earth retaining walls–the contribution of finite element analysis[A]. Proceedings of the international geotechnical symposium on theory and practice of earth reinforcement[C]. Fukuoka，Japan，1988，577-582.

[16] CAI Z，BATHURST R J. Seismic response analysis of geosynthetic reinforced soil segmental retaining walls by finite element method[J]. Computers and Geotechnics，1995，17（4）：523-546.

[17] STEEDMAN R S. ZENG X. The influence of phase on the calculation of pseudo-static earth pressure on a retaining wall[J]. Geotechnique，40（1）：101-112.

[18] LING H I，YOSHIYUKI M，BURKE C，et al. Large-Scale Shaking Table Tests on Modular-Block Reinforced Soil Retaining Walls[J]. Journal of the Geotechnical and Geoenvironmental Engineering，2005，131（4）：465-476.

[19] 姚令侃，冯俊德，杨明. 汶川地震路基震害分析及对抗震规范改进的启示[J]. 西南交通大学学报，2009，44（3）：301-311.

[20] 张建经，冯君，肖世国，等. 支挡结构抗震设计的2个关键技术问题[J]. 西南交通大学学报，2009，44（3）：321-326.

第9章

红层软岩加筋路堤地震稳定性及地震响应计算方法

9.1 红层软岩加筋路堤地震稳定性水平条分计算法

随着加筋土结构在全世界的广泛应用，地震作用下加筋土挡墙的稳定性分析逐渐成为了国内外学者的研究热点。国外一些学者以极限分析理论为基础对加筋土挡墙的地震稳定性进行了分析；传统的边坡稳定性分析的竖向条分法用于加筋结构分析存在明显不足，水平条分的思想被引入到加筋结构的分析中。但是，以上方法均假设加筋挡墙和边坡的破裂面为对数螺线状或多折线，需要通过优化分析程序求解，计算复杂，而且也没有考虑加不同模量的筋材时挡墙破裂面形状的差异，不便于工程应用。

因此，部分研究者[1, 2]以及中国交通运输部和美国联邦公路局的加筋结构设计规范[3, 4]进行加筋挡墙稳定性分析时都采用了简化的破裂面形状。但假定地震土压力系数沿墙高为双直线分布，然而当挡土墙形式、加筋材料不同时，作用在其上的土压力大小和分布也不同。高江平通过经过理论分析及试验测试论证认为土压力系数沿墙高双直线分布观点不符合加筋土挡墙的实际受力状态[5]。所以，这些计算方法会由于土压力系数选取的差异，而使分析结果与实际有一定差别。

在本章的研究中，针对上述方法的不足，根据加筋土挡墙分层填筑、分层加筋、分层压实成为成层岩土体的特点，考虑破裂面为简化直线或双直线形状，通过水平条分法进行地震作用下加筋土挡墙稳定性分析，避免直接计算地震土压力系数，推导筋材拉力和所需筋材长度的计算公式，并分析填土内摩擦角、水平和竖向地震加速度系数变化对筋材拉力及所需筋材长度的影响。

9.1.1 水平条分方法的基本假设

（1）根据中国交通运输部、美国联邦公路局加筋结构设计规范，对不同模量筋材挡墙分别采用如图9-1所示的简化破裂面。

（2）将挡墙滑动体 $ABCE$ 划分成 n 个水平土条，每一水平土条包含一层筋材（见图 9-1）。每一水平土条的受力如图 9-2 所示，图中：W_i 为土条自重；$F_{N,i}$、$F_{N,i+1}$、$F_{t,i}$、$F_{t,i+1}$ 分别为水平土条上下两侧的法向条间力和切向条间力；$N_{N,i}$ 和 $N_{t,i}$ 分别为滑动面的法向反力和切向反力；T_i 为第 i 层筋材所受拉力；$F_{EH,i}$ 和 $F_{EV,i}$ 分别为作用在土条上的水平地震惯性力和竖向地震惯性力。

（3）假定作用在每一水平土条上的法向条间力等于土条上部超载。

（4）安全系数 FS 定义为破裂面抗剪强度 τ_f 与作用在其上剪切应力 τ_r 的比值，即

$$\tau_f / \tau_r = FS \tag{9-1}$$

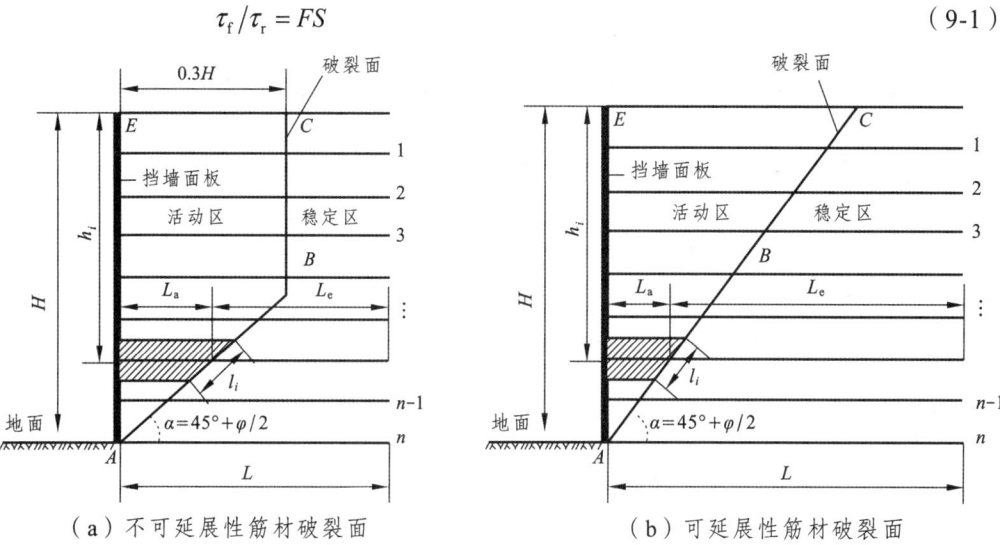

（a）不可延展性筋材破裂面　　　　　（b）可延展性筋材破裂面

H—挡墙高度；h_i—第 i 层筋材离墙顶高度；L_a—筋材无效长度；L_e—筋材锚固长度；L—筋材总长；
1～n—筋材层数序号；l_i—第 i 水平土条与破裂面交线长度。

图 9-1　不同模量筋材挡墙的简化破裂面及水平土条的划分

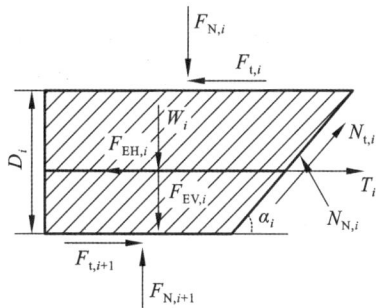

D_i—第 i 水平土条厚度；α_i—第 i 水平土条破裂面与水平面的夹角；
V_i、V_{i+1}、H_i、H_{i+1}、EH_i、EV_i、W_i、N_i、S_i、T_i—第 i 水平土条的作用力。

图 9-2　每一水平土条的受力示意

9.1.2 筋材拉力计算

第 i 个水平土条达到受力平衡时，其竖向分量之和为零，即

$$F_{N,i+1} - F_{N,i} - W_i - F_{EV,i} + N_{t,i}\sin\alpha_i + N_{N,i}\cos\alpha_i = 0 \qquad (9-2)$$

式中，$N_{t,i} = \dfrac{1}{FS}(cl_i + N_{N,i}\tan\varphi)$ （9-3）

式中，c——填土黏聚力；

φ——填土内摩擦角。

整个滑动体 $ABCE$ 达到受力平衡时，水平分量之和也为零，即

$$\sum_{i=1}^{n} T_i + \sum_{i=1}^{n} N_{t,i}\cos\alpha_i - \sum_{i=1}^{n} N_{N,i}\sin\alpha_i - \sum_{i=1}^{n} F_{EH,i} = 0 \qquad (9-4)$$

将式（9-3）代入式（9-2）得

$$N_{N,i} = \dfrac{F_{N,i} - F_{N,i+1} + W_i + F_{EV,i} - (cl_i/FS)\sin\alpha_i}{(\tan\varphi/FS)\sin\alpha_i + \cos\alpha_i} \qquad (9-5)$$

将式（9-3）和式（9-5）代入式（9-4）得

$$\sum_{i=1}^{n} T_i + \sum_{i=1}^{n}\dfrac{1}{FS}(cl_i + N_{N,i}\tan\varphi)\cos\alpha_i - \sum_{i=1}^{n} F_{EH,i} -$$
$$\sum_{i=1}^{n}\dfrac{F_{N,i} - F_{N,i+1} + W_i + F_{EV,i} - (cl_i/FS)\sin\alpha_i}{(\tan\varphi/FS)\sin\alpha_i + \cos\alpha_i}\sin\alpha_i = 0 \qquad (9-6)$$

对于可延展性筋材挡墙，从式（9-6）可得出挡墙内部稳定所需筋材拉力总和为

$$\sum_{i=1}^{n} T_i = k_h W - \dfrac{cH\cos\alpha}{FS\sin\alpha} - \dfrac{[(\cos\alpha\tan\varphi/FS) - \sin\alpha][F_{N,0} + (1+k_v)W - (cH/FS)]}{(\tan\varphi\sin\alpha/FS) + \cos\alpha} \qquad (9-7)$$

式中，$F_{N,0}$——墙顶超载；

k_h——水平地震加速度系数；

k_v——竖向地震加速度系数，其值分别等于水平地震加速度、竖向地震加速度与重力加速度之比；

α——挡墙破裂面倾斜部分与水平面的夹角；

W——滑动体 $ABCE$ 的质量。

对于不可延展性筋材挡墙，从式（9-6）可得出挡墙内部稳定所需筋材拉力总和为

$$\sum_{i=1}^{n} T_i = k_h W - \frac{0.3cH}{FS} + \frac{0.3(1+k_v)(1-0.3\tan\alpha)\gamma H^2 - [c(1-0.3\tan\alpha)H/FS]}{\tan\varphi/FS} -$$

$$\frac{[(\cos\alpha\tan\varphi/FS) - \sin\alpha][F_{N,0} + (1+k_v)0.045\gamma H^2 \tan\alpha - (0.3cH\tan\alpha/FS)]}{(\tan\varphi\sin\alpha/FS) + \cos\alpha} \quad (9\text{-}8)$$

式中，γ——填土重度。

将挡墙内部稳定所需筋材拉力总和（$\sum_{i=1}^{n} T_i$）无量纲化为参数 K，等效于挡墙传统设计方法使用的土压力系数，参数 K 表达如下：

$$K = \frac{\sum_{i=1}^{n} T_i}{0.5\gamma H^2} \quad (9\text{-}9)$$

因此，第 i 层筋材所受的拉力可以表达如下：

$$T_i = \gamma h_i D_i K \quad (9\text{-}10)$$

9.1.3 筋材断面积与长度计算

1. 加筋材断面积计算

挡墙极限平衡时，若发生筋材拉断破坏，则筋材所受拉力等于筋材的容许拉力，因此，第 i 层筋材所需断面积可按下式计算：

$$A_i = \frac{T_i}{[\sigma_L]} \quad (9\text{-}11)$$

式中，$[\sigma_L]$——筋材的容许应力。

2. 加筋材长度计算

从图 9-1 可以看出，所需筋材长度由两部分组成：位于挡墙稳定区的锚固长度 L_e，位于挡墙活动区的无效长度 L_a。挡墙极限平衡时，若发生筋-土之间的黏着破坏，则筋材所受拉力等于筋-土摩擦提供的抗拔力，那么，第 i 层筋材锚固长度 L_{ei} 可由下式求出：

$$L_{ei} = \frac{T_i}{2\sigma_{vi} B_i f^* \tan\varphi} \quad (9\text{-}12)$$

式中，σ_{vi} ——加筋土体内第 i 层筋材深度 h_i 处的竖向应力；

f^* ——筋-土拔摩擦系数，可通过拉拔试验得出；

B_i ——挡墙单位宽度内第 i 层筋材总宽度。

因此，对于不可延展性筋材挡墙[见图 9-1（a）]，当筋材位于从挡墙顶至墙顶下 $(1-0.3\tan\alpha)H$ 范围时，第 i 层筋材所需长度为

$$L_i = 0.3H + \frac{T_i}{2\sigma_{vi}B_i f^* \tan\varphi} \qquad (9\text{-}13)$$

当筋材位于地面至墙高 $0.3\tan\alpha H$ 范围时，所需筋材长度为

$$L_i = (H-h_i)\cot\alpha + \frac{T_i}{2\sigma_{vi}B_i f^* \tan\varphi} \qquad (9\text{-}14)$$

令所需筋材长度参数为 L_c：

$$L_c = \frac{L_{i,\max}}{H} \qquad (9\text{-}15)$$

式中，$L_{i,\max}$ ——各层筋材长度的最大值。

对于可延展性筋材挡墙[见图 9-1（b）]，所需筋材长度可以按式（9-13）计算。

9.1.4　水平条分法分析主要步骤

步骤 1：选择挡墙面板、填土和筋材类型。

步骤 2：确定加筋挡墙内部稳定最小安全系数 $FS_{\min}$。

步骤 3：确定破裂面位置。

步骤 4：确定与面板系统相适应的筋材间距。

步骤 5：计算每层筋材所受拉力。

步骤 6：计算所需筋材的断面积。

步骤 7：计算每层筋材总长。

9.1.5　水平条分分析方法的验证

以下分析中，A 类筋材代表可延展性筋材，B 类筋材代表不可延展性筋材。具体算例如下：某加筋土挡墙高 $H=5$ m，填土重度 $\gamma=18$ kN/m³，填土黏聚力 $c=0$，等间距加筋 20 层，筋-土拉拔摩擦系数 f^* 为 0.8，安全系数 $FS=1.0$，考虑以下参数的变化：

填土内摩擦角 $\varphi = 20°, 25°, 30°$；水平地震加速度系数 $k_h = 0.1, 0.2$，竖向震加速度系数 $k_v = 0.0, 0.5k_h, k_h$。

根据以上已知条件，分别计算所需筋材拉力总和参数 K 以及所需筋材长度参数 L_c，其结果如图9-3~图9-6所示。

从图9-3和图9-4可以看出：随着填土内摩擦角的增大，参数 K 逐渐减小。从图9-5可以看出：随着地震加速度系数的增加，参数 K 值大幅增加。从图9-3~图9-5还可以看出，A类筋材参数 K 值明显大于B类筋材相应值，这是破裂面形状的差异而导致的。

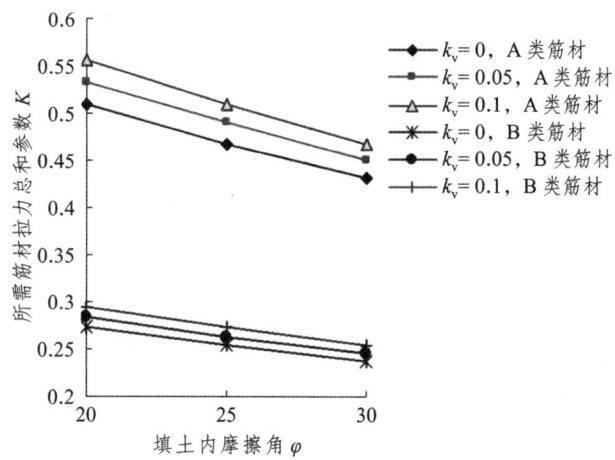

图9-3 地震加速度系数 $k_h = 0.1$ 时参数 K 与填土内摩擦角 φ 的关系

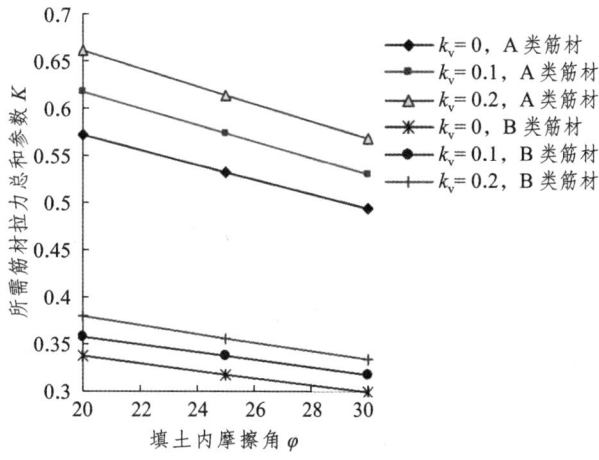

图9-4 地震加速度系数 $k_h = 0.2$ 时参数 K 与填土内摩擦角 φ 的关系

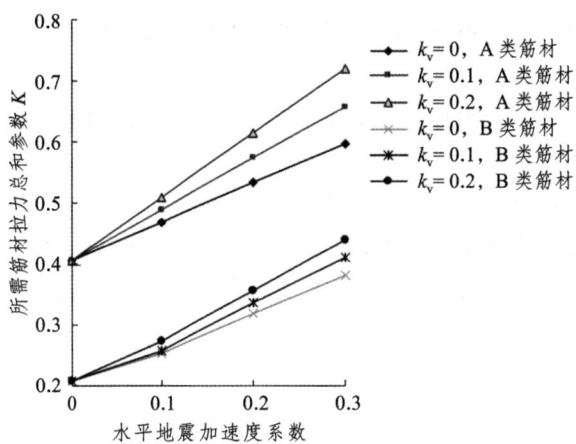

图 9-5　填土内摩擦角 φ=25°时参数 K 与地震加速度系数 k_h，k_v 的关系

从图 9-6 可以看出：L_c 随填土内摩擦角的增加而减小，随地震加速度系数的增大而增加；对不同类型的筋材，随 φ、k_h 和 k_v 逐渐增大时，参数 L_c 的变化率基本相同。

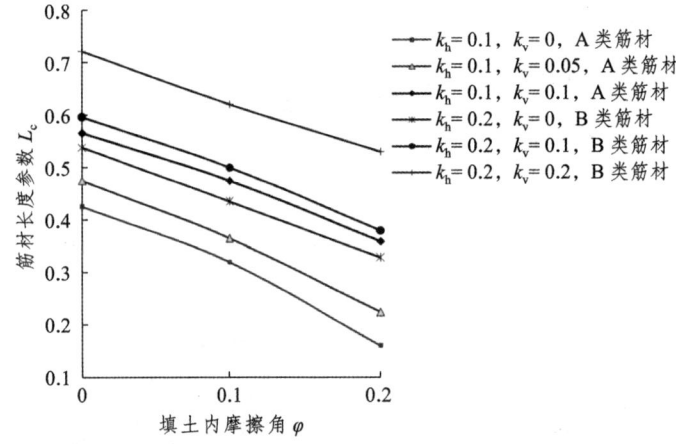

图 9-6　参数 L_c 与地震加速度系数 k_h，k_v 以及填土内摩擦角 φ 的关系

当 $k_h=0.2$，$k_v=0$，0.1，0.2，$\varphi=20°$，25°，30°时，所需筋材长度参数 L_c 的计算结果与文献[3]、文献[6]比较见表 9-1；不同的 k_h，k_v，φ 取值时，所需筋材拉力总和见表 9-2，部分计算结果与文献[3]、文献[6]比较见表 3。

由表 9-1～表 9-3 可知，本书方法与文献[3]、文献[6]计算结果接近，说明本书方法是可靠和有效的。与文献[6]的对比分析可知：采用简化破裂面比采用对数螺线状或多折线破裂面更便于工程应用；与文献[3]的对比分析可知：本书分析方法不须假定加筋体土压力系数沿墙高为双直线分布，结果更为合理。

表 9-1　本书方法和其他方法计算所需筋材长度参数 L_c 的比较

k_h	k_v	本书方法	文献[6]	文献[3]
0.2	0	0.688	0.829	0.691
	0.1	0.696	0.866	0.709
	0.2	0.726	0.975	0.733

注：B 类筋材，$\varphi=30°$

表 9-2　不同 k_h, k_v, φ 取值时所需筋材拉力总和

筋材种类	k_h	k_v	所需筋材拉力总和 $\sum_{i=1}^{n} T_i$ /kN		
			$\varphi=20°$	$\varphi=25°$	$\varphi=30°$
A 类筋材	0.1	0	114.7	105.6	97.1
		0.05	120.0	110.2	101.2
		0.1	125.4	114.8	105.3
	0.2	0	129.0	119.9	111.4
		0.1	139.0	129.1	120.0
		0.2	149.1	138.2	127.9
B 类筋材	0.1	0	61.6	57.3	53.3
		0.05	64.0	58.3	55.2
		0.1	66.3	61.6	57.2
	0.2	0	75.9	71.6	67.6
		0.1	80.7	76.0	71.5
		0.2	85.4	80.3	75.4

表 9-3　本书方法和其他方法计算所需筋材拉力总和的比较

筋材种类	k_v	k_h	所需筋材拉力总和 $\sum_{i=1}^{n} T_i$ /kN								
			$\varphi=20°$			$\varphi=25°$			$\varphi=30°$		
			本书方法	文献[6]	文献[3]	本书方法	文献[6]	文献[3]	本书方法	文献[6]	文献[3]
A 类筋材	0	0	100.4	119.0	116.0	91.3	98.0	95.9	82.8	79.0	78.8
		0.1	114.7	134.0	130.3	105.6	115.0	110.2	97.1	96.0	93.1
		0.2	129.0	148.0	144.7	119.9	126.0	124.6	111.4	109.0	107.5

9.2 红层软岩加筋路堤基于 SIMULINK 地震反应分析方法

目前，加筋土结构在国内公路和铁路工程应用中，大多限于非地震活动区[7]。国内外对加筋土结构在地震作用下的研究还不成熟，研究公路、铁路等工程中高填方加筋土路堤的地震反应，使其能在地震区得到合理运用，具有重要意义。

加筋土结构抗震设计和动力分析通常采用拟静力分析方法（pseudo-static），Ling 等人[8, 9]基于拟静力极限分析理论提出了土工合成材料加筋结构在水平地震作用下的抗震设计程序，Kramer 等人[10]开展了加筋土结构地震性能评估和设计方法研究，Huang 等[11]基于拟静力理论提出以无黏性土为填料的加筋挡墙的地震位移计算方法，Michalowski 等[12]提出加筋边坡的地震稳定性设计方法，Shahgholi 等人[6]、Nouri 等人[13]、蒋建清等人[14]提出和发展了水平条分法进行加筋土结构地震稳定性分析[6, 13-14]。但这些方法均将地震荷载等效为水平和竖直方向的静力荷载作用于结构上，不能体现地震波复杂的频谱本质以及波在结构物中传播的时程特性，因而存在一定的局限性。随后，Choudhury 等人[15, 16]、Nimbalkar 等人[17]提出加筋土结构地震反应分析的伪动力方法（pseudo-dynamic），但伪动力方法将地震加速度时程简化为水平和竖向传播的正弦波，这与真实的地震加速度仍有较大差异。也有部分研究者通过动力试验[18-21]，分析和预测加筋结构的地震性能和地震反应，但此类试验一般都要耗费较多资源，况且影响动力试验结果的因素很多，不宜大范围推广。所以，建立能直接输入真实地震记录，且简单明确的分析模型用于计算加筋土结构地震反应就显得尤为重要。

本章将加筋路堤离散为一个多质点体系，根据动力学的原理，得出水平地震作用下加筋路堤的动力方程，并将动力方程所代表的动力学系统用状态空间法表示，然后利用动态系统建模、仿真和分析软件包 SIMULINK 建立仿真分析模型，求解加筋路堤动力方程，获得加筋路堤的地震反应。

9.2.1 加筋路堤结构多质点离散体系

将路堤结构划分成 n 个水平土层单元，每个单元质量的一半分配给单元两端的节点，从而构成一个 n 质点的离散体系，这些质点由抵抗水平变形的弹簧、阻尼器、筋-土摩擦片相连，由于只考虑水平地震的作用，分析中仅考虑与水平振动相应的抗剪刚度、阻尼特性等，如图 9-7 所示。各个振型对结构动力反应的贡献一般是低频振型为主，高频振型趋向减小，对于土工结构可考虑结构的前 3~6 个振型。因此，水平土层厚度可取 $(1/6 \sim 1/3)H$，每一水平土层中可以包含多层加筋材料。第 i-1 质点与第 i 质点之间的力学元件如图 9-8 所示，图中 k_i 代表土层的层间抗剪刚度；c_i 代表土层的黏滞剪切阻尼；k_{gi}代表加筋后土层层间抗剪刚度增量；$F_{\mu i}$代表由筋-土摩擦效应提供的土层抗侧力；L_i为第i土层长度。

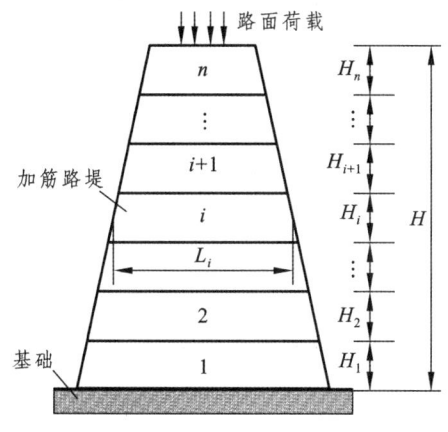
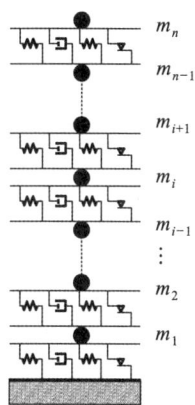

（a）水平土层划分　　　　　　　　（b）离散质点体系

H—路堤高度；$1 \sim n$—n个水平土条的编号；$H_1 \sim H_n$—n个水平土层单元的厚度；
$m_1 \sim m_n$—各离散质点的质量。

图 9-7　水平地震作用下高填方加筋路堤多质点离散体系

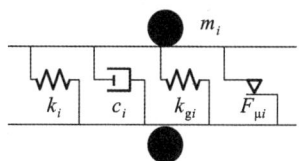

图 9-8　第 i-1 质点与第 i 质点间力学元件

各力学元件的参数值按如下方法确定：

$$k_i = GL_i/H_i \tag{9-16}$$

$$c_i = \bar{G}L_i/H_i \tag{9-17}$$

式中，G——土的剪切模量；

$\bar{G}$——土的黏滞剪切阻尼系数，通过土的循环剪切试验得出。

由 Montanelli 和 Moraci 的试验可知，加筋后土层抗剪刚度增量主要与筋材的弹性刚度有关，加筋后土层抗剪刚度增量为

$$k_{gi} = \frac{F}{\Delta l} = \frac{F}{\varepsilon_g L_g} \tag{9-18}$$

式中，L_g——筋材在地震加速度方向的长度；

Δl——筋材受拉伸长的值；

ε_g，F——筋材最大弹性拉应变和相应状态筋材所受拉力，由筋材的拉伸试验确定。

根据摩擦加筋机理，筋-土摩擦效应提供的土层抗侧力可按下式计算：

$$F_{\mu i} = \tan\varphi_{sg} g \sum_{k=i}^{n} m_k \, \text{sgn}(\dot{u}_i) - \tan\varphi_{sg} g \sum_{k=i+1}^{n} m_k \, \text{sgn}(\dot{u}_i) \tag{9-19}$$

式中，n——加筋路堤水平土层划分数目；

$\text{sgn}(\dot{u}_i)$——第 i 质点速度的符号函数；

φ_{sg}——筋-土界面摩擦角，它由土的内摩擦角 φ 按下式确定：

$$\varphi_{sg} = \arctan\left(\frac{\tan\varphi}{f_{ds}}\right) \tag{9-20}$$

式中，f_{ds}——筋-土直剪摩擦系数。

9.2.2 水平地震作用下结构的动力方程

取质点 i 为脱离体，质点 i 上的作用力有：惯性力 F_{mi}、恢复力 F_{ei}、阻尼力 F_{ci} 和筋-土摩擦力 $F_{\mu i}$，其中 F_{ci} 按黏滞阻尼理论确定，如图 9-9 所示。其计算式可表示为

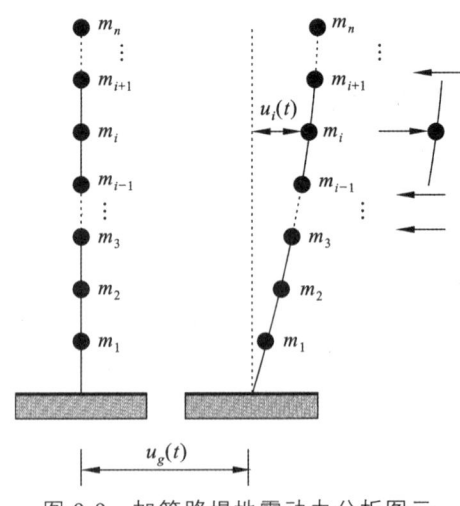

图 9-9 加筋路堤地震动力分析图示

$$\left.\begin{aligned}&F_{\mathrm{m}i}=m_i[\ddot{u}_{\mathrm{g}}(t)+\ddot{u}_i(t)]\\&F_{\mathrm{e}i}=-[k_{i1}u_1(t)+k_{i2}u_2(t)+\cdots+k_{in}u_n(t)]=-\sum_{r=1}^{n}k_{ir}u_r(t)\\&F_{\mathrm{c}i}=-[c_{i1}\dot{u}_1(t)+c_{i2}\dot{u}_2(t)+\cdots+c_{in}\dot{u}_n(t)]=-\sum_{r=1}^{n}c_{ir}\dot{u}_r(t)\\&F_{\mu i}=\tan\varphi_{\mathrm{sg}}g\sum_{k=i}^{n}m_k\operatorname{sgn}(\dot{u}_i(t))-\tan\varphi_{\mathrm{sg}}g\sum_{k=i+1}^{n}m_k\operatorname{sgn}(\dot{u}_{i+1}(t))\end{aligned}\right\} \quad (9\text{-}21)$$

式中，k_{ir}——其余质点不动，第 r 质点产生单位位移时第 i 质点产生的弹性反力；

c_{ir}——其余质点速度为零，第 r 质点产生单位速度时第 i 质点产生的阻尼力；

$u_i(t)$，$\dot{u}_i(t)$，$\ddot{u}_i(t)$——i 质点 t 时刻的相对水平位移、相对水平速度和相对水平加速度；

$\ddot{u}_{\mathrm{g}}(t)$——t 时刻地面水平地震加速度。

根据达朗贝尔原理，质点 i 的动力方程可表示如下：

$$\begin{aligned}&m_i[\ddot{u}_{\mathrm{g}}(t)+\ddot{u}_i(t)]\\&=-\sum_{r=1}^{n}k_{ir}u_r(t)-\sum_{r=1}^{n}c_{ir}\dot{u}_r(t)-\tan\varphi_{\mathrm{sg}}g\left(\sum_{k=i}^{n}m_k\operatorname{sgn}(\dot{u}_i(t))+\sum_{k=i+1}^{n}m_k\operatorname{sgn}(\dot{u}_{i+1}(t))\right)\end{aligned} \quad (9\text{-}22)$$

整理得

$$\begin{aligned}&m_i\ddot{u}_i(t)+\sum_{r=1}^{n}k_{ir}u_r(t)+\sum_{r=1}^{n}c_{ir}\dot{u}_r(t)+\tan\varphi_{\mathrm{sg}}g\sum_{k=i}^{n}m_k\operatorname{sgn}(\dot{u}_i(t))-\\&\tan\varphi_{\mathrm{sg}}g\sum_{k=i+1}^{n}m_k\operatorname{sgn}(\dot{u}_{i+1}(t))=-m_i\ddot{u}_{\mathrm{g}}(t)\end{aligned} \quad (9\text{-}23)$$

写成矩阵形式：

$$[M]\{\ddot{u}(t)\}+[C]\{\dot{u}(t)\}+[K]\{u(t)\}+\{F_\mu\}=-[M]\{I\}\ddot{u}_{\mathrm{g}}(t) \quad (9\text{-}24)$$

式中，$[M]$——结构质量矩阵，具有对角形式，表示如下：

$$[M]=\begin{bmatrix}m_1 & & \\ & \ddots & \\ & & m_n\end{bmatrix}$$

$[C]$，$[K]$——结构的阻尼矩阵和刚度矩阵，具有剪切型三对角形式，表示如下：

$$[C] = \begin{bmatrix} c_1+c_2 & -c_2 & & & \\ -c_2 & c_2+c_3 & -c_3 & & \\ & \ddots & \ddots & \ddots & \\ & & -c_{n-1} & c_{n-1}+c_n & -c_n \\ & & & -c_n & c_n \end{bmatrix}$$

$$[K] = \begin{bmatrix} k_1+k_2+k_{g1}+k_{g2} & -k_2-k_{g2} & & & \\ -k_2-k_{g2} & k_2+k_3+k_{g2}+k_{g3} & -k_3-k_{g3} & & \\ & \ddots & \ddots & \ddots & \\ & & -k_{n-1}-k_{g(n-1)} & k_{n-1}+k_n+k_{g(n-1)}+k_{gn} & -k_n-k_{gn} \\ & & & -k_n-k_{gn} & k_n+k_{gn} \end{bmatrix}$$

$\{F_\mu\}$ 为筋-土摩擦力列向量：

$$\{F_\mu\} = \begin{Bmatrix} F_{\mu 1} - F_{\mu 2} \\ F_{\mu 2} - F_{\mu 3} \\ \vdots \\ F_{\mu(n-1)} - F_{\mu n} \\ F_{\mu n} \end{Bmatrix}$$

$\{u(t)\}$，$\{\dot{u}(t)\}$，$\{\ddot{u}(t)\}$——结构相对位移、速度和加速度向量；
$\{I\}$——单位列向量。

9.2.3 加筋路堤地震反应 SIMULINK 模型

1. SIMULINK 动态系统仿真软件简介

SIMULINK 是由美国 Mathworks 开发的专门用于动态系统建模、仿真以及仿真结果分析的软件包。目前，SIMULINK 作为计算机仿真软件的佼佼者，成为工程领域里从事科学研究不可或缺的有力工具。

一般说来一个动态系统的构成分为三部分，即信号的输入、主系统、系统的响应。SIMULINK 动态仿真模型也是如此，图 9-10 给出了典型的 SIMULINK 模型的基本构成。图 9-10 中的信号输入称为激励，相当于对系统施加荷载作用。主系统是模型的核心，它由若干子系统构成。SIMULINK 示波器可以实时反映出系统在激励下的具体响应，是 SIMULINK 软件可视化功能的重要体现。

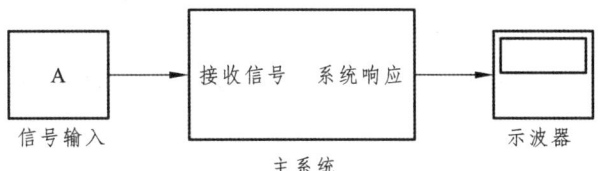

图 9-10 典型的 SIMULINK 模型基本构成

与一般动态分析程序相比，SIMULINK 仿真模型的优势突出体现在：模型具有较好的可视化功能；模型的开发具有高度的继承性，二次开发能力极强；建模直观、简单，概念明确；强大的数值计算能力，主要体现在其变步长的数值积分方法和过零点检测功能，步长可变能够在保证精度的情况下加快仿真速度，过零点检测则能够防止状态点的遗漏，保证结果的真实性。

2. SIMULINK 仿真模型实现

连续系统的数学模型通常为高阶微分方程，而计算机仿真对于高阶微分方程求解存在很大的困难，故数学模型转化为仿真模型的首要任务就是化高阶微分方程为一阶微分方程组。一阶微分方程组可表示为状态方程的形式。

设系统的输入为 $u(t)$，输出为 $y(t)$。则 n 阶微分方程可表示为

$$\frac{d^n y}{dt^n} + a_1 \frac{d^{n-1} y}{dt^{n-1}} + a_2 \frac{d^{n-2} y}{dt^{n-2}} + \cdots + a_{n-1} \frac{dy}{dt} + a_n y = u \quad (9\text{-}25)$$

引入状态变量 x，令：

$$\left.\begin{aligned} x_1 &= y \\ x_2 &= \dot{x}_1 = \frac{dy}{dt} \\ &\vdots \\ x_n &= \dot{x}_{n-1} = \frac{d^{n-1} y}{dt^{n-1}} \end{aligned}\right\} \quad (9\text{-}26)$$

然后，将各状态变量写成一阶微分形式，即

$$\left.\begin{aligned} \dot{x}_1 &= x_2 \\ \dot{x}_2 &= x_3 \\ &\vdots \\ \dot{x}_{n-1} &= x_n \\ \dot{x}_n &= -a_1 x_n - a_2 x_{n-1} - \cdots - a_{n-1} x_2 - a_n x_1 + u \end{aligned}\right\} \quad (9\text{-}27)$$

上述过程实现了将 n 阶微分方程转换为 n 维一阶微分方程组，计算机对 n 阶连续系统仿真就转化为 n 次数值积分运算。动力学系统的数学模型通常基于牛顿力学，属于二阶微分方程，其动力方程求解只需两次积分即可。

按上述思路，将结构二阶微分方程（9-24）化成用状态变量构成的一阶微分方程组。定义状态变量为 $X_1 = U$、$X_2 = \dot{U}$，得到加筋路堤动力方程的状态方程组为

$$\dot{X}_1 = X_2 \qquad (9\text{-}28)$$

$$\dot{X}_2 = -M^{-1}KX_1 - M^{-1}CX_2 - M^{-1}F_\mu - I\ddot{U}_g \qquad (9\text{-}29)$$

根据状态方程组，利用 SIMULINK 建立水平地震作用下加筋路堤的动力反应仿真分析模型，如图 9-11 所示。仿真模型在初始化阶段记录速度积分和位移积分模块的初始状态，在仿真 0 时刻分别计算恢复力、阻尼力、筋-土摩擦力和地震激励，从而求出此刻的加筋路堤瞬间加速度。在下一个时间步，首先调用速度积分和位移积分模块，采用变步长四阶 Runge-Kutta 法计算系统的速度和位移，以作为该时刻的初始状态条件，而后重复 0 时刻的步骤计算加速度，不断地重复以上步骤便可以计算出结构在整个时程的地震反应。

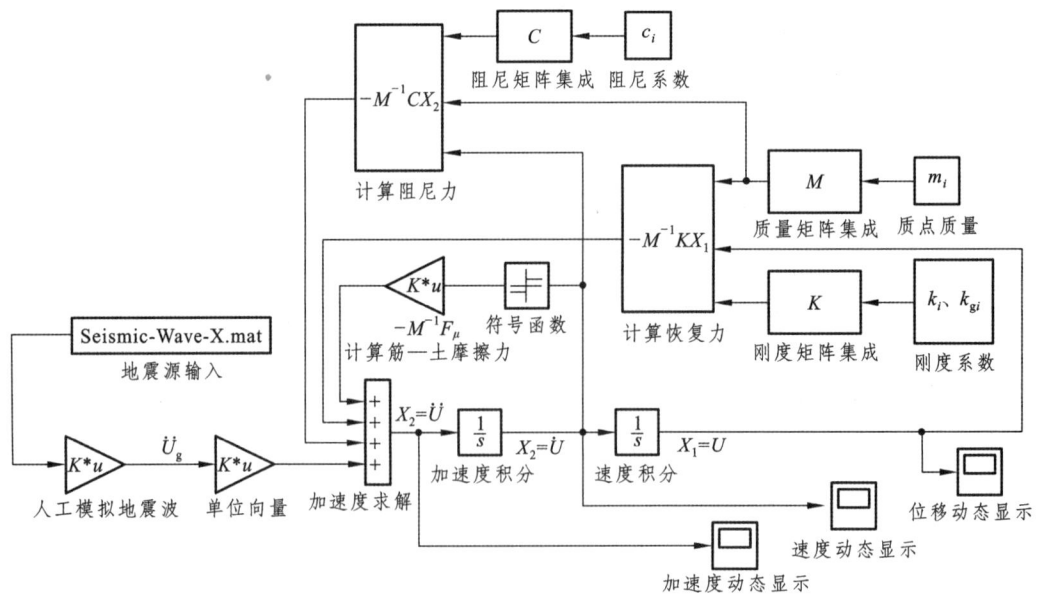

图 9-11 水平地震作用下加筋路堤 SIMULINK 仿真系统

9.2.4 算 例

利用本章的仿真模型，对一铁路加筋路堤进行了地震反应分析，该路堤高 8.1 m，竖向等间距加筋 15 层，为简化计算将加筋路堤划分为 3 个等厚水平土层，横截面与计算简图如图 9-12 所示。路堤填土、筋材的材料参数分别见表 9-4 和表 9-5。地震波由路堤基岩输入，截取 Kobe 地震波其中 20 s 记录，其加速度峰值调整为 8.0 m/s^2，并经零均值平稳 Gauss 过程和滤波处理，处理后的加速度时程曲线如图 9-13 所示。同时，利用 FLAC^{2D} 程序进行了计算，土体、筋材分别采用 Drucker-Prager 模型、cable 单元模拟，边界条件采用动力分析中的黏弹性边界。

（a）加筋路堤横截面

（b）计算简图

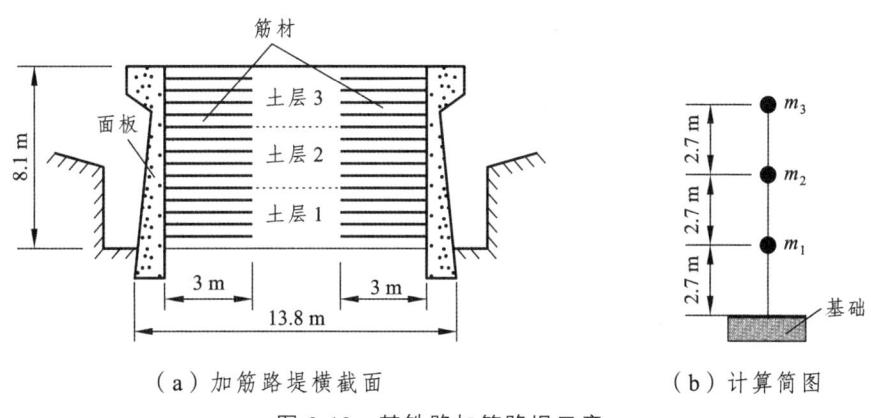

图 9-12　某铁路加筋路堤示意

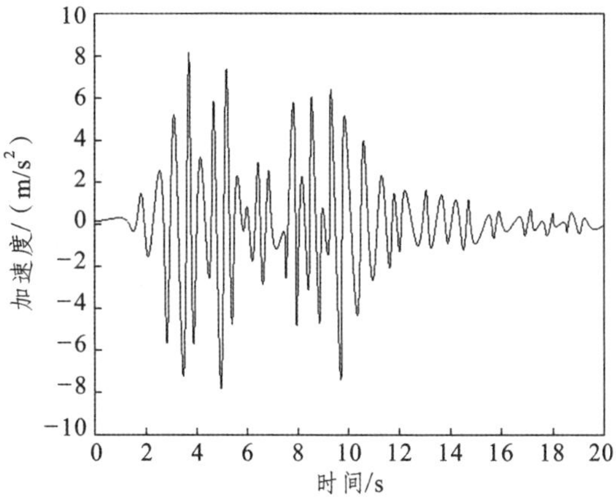

图 9-13　Kobe 地震加速度记录的人工模拟

表 9-4 土体物理力学参数

名 称	值
结构尺寸/m	8.1×13.8 ($H \times L$)
土层厚度/m	2.7
填土密度/(kg/m³)	1 800
剪切模量/kPa	10 000
黏滞剪切阻尼系数/(kN·s/m²)	18
黏滞剪切阻尼/(kN·s/m)	93.7
直剪摩擦系数	0.75
内摩擦角/°	35
层间刚度/(kN/m)	$k_1 = k_2 = k_3 = 5.17 \times 10^4$

表 9-5 筋材物理参数

名 称	值
加筋层数	15
筋材长度/m	3 m
筋材垂直间距/m	0.54 m
层间刚度增量/(kN/m)	$k_{g1} = k_{g2} = k_{g3} = 130$
筋-土摩擦力/kN	$F_{\mu 1} = 650$ $F_{\mu 2} = 400$ $F_{\mu 3} = 150$

图 9-14 和表 9-6 给出了本书方法和 FLAC^{2D} 程序计算结果的对比，可以看出计算结果取得了良好的一致性，各质点绝对加速度与地面加速度比值的最大相对误差为 4.8%，各质点水平位移的最大相对误差为 4.1%。但是，本书仿真模型所需参数比 FLAC^{2D} 程序少，仿真更容易实现。

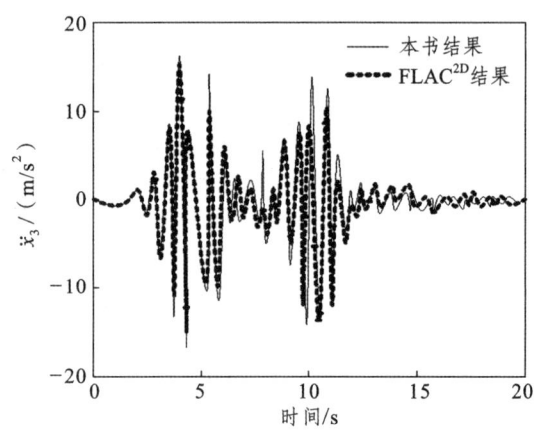

图 9-14 加筋路堤顶点加速度反应时程

表 9-6 加筋路堤各质点最大加速度放大比和最大位移

质点序号	最大加速度放大比		最大位移/cm	
	本书方法	FLAC^{2D}	本书方法	FLAC^{2D}
1	1.4	1.38	2	1.9
2	1.7	1.63	7	6.7
3	2.1	2.00	17	16.3

为了比较加筋和未加筋路堤地震反应的差别,对图 9-12 所示路堤未加筋情况也进行了计算,并做相应的比较分析。从图 9-15 可知:加筋前后路堤各质点加速度放大比最大值分别为 4.7 和 2.1,加筋对水平地震作用下的路堤加速度放大作用有明显的抑制效果;加筋前后路堤最大水平位移分别为 40 cm 和 17 cm,加筋后水平地震作用下路堤水平位移明显减小。

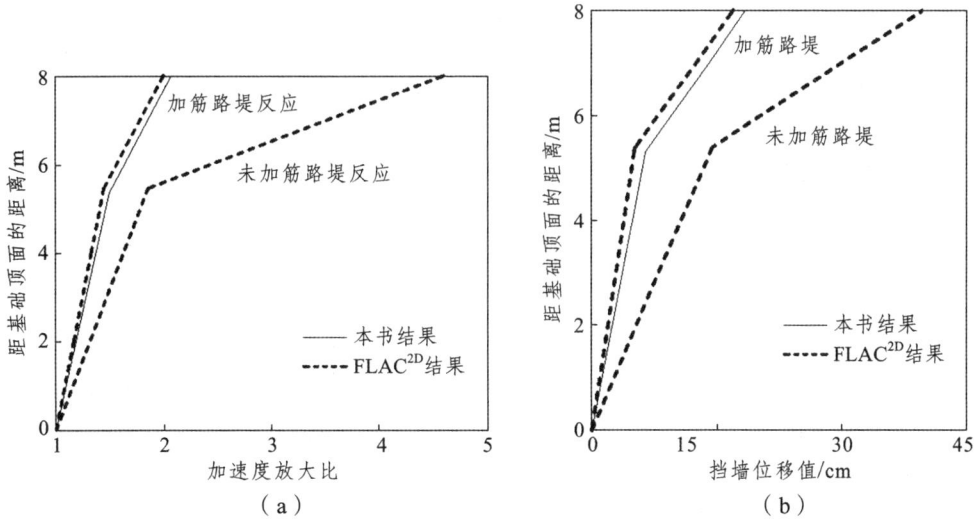

图 9-15 加筋和未加筋路堤计算结果对比

9.3 本章小结

(1)针对不同模量加筋材料,采用不同形状的简化破裂面,提出水平和竖向地震作用下加筋土挡墙内部稳定性分析的水平条分方法,并推导出筋材拉力和所需筋材长度的理论公式。

（2）填土内摩擦角和地震加速度的大小对加筋土挡墙内部稳定性有显著影响，并且后者的影响大于前者。

（3）当填土内摩擦角及地震加速度系数相同时，可延展性筋材所需长度比不可延展性筋材大。

（4）采用简化破裂面比采用对数螺线状或多折线破裂面更加便于工程应用。

（5）水平条分方法不须假定加筋体土压力系数沿墙高为双直线分布，结果更为合理。

（6）本章将加筋路堤离散为一个多自由度体系，考虑筋材对挡墙抗侧刚度的影响及筋材与土体间的摩擦力，推导水平地震作用下加筋路堤的动力方程，然后将动力方程所代表的动力学系统用状态方程组描述，根据其状态方程在 SIMULINK 环境下建立仿真分析模型。通过与 FLAC^{2D} 方法对比分析可知，所建立的加筋路堤动力方程和仿真分析模型计算精度较好。

参考文献

[1] 蒋建清，邹银生. 复杂动力作用下加筋土挡墙内部稳定性分析[J]. 中南公路工程：2007，32（1）：51-54.

[2] 杨有海. 地震作用下加筋土挡土墙稳定性分析[J]. 兰州铁道学院学报（自然科学版），2002，21（4）：9-11.

[3] 山西省交通厅. 公路加筋土工程设计规范（JTJ 015—91）[S]. 北京：人民交通出版社，1991.

[4] CHRISTOPHER B R, GILL S A, GIROUD J P, et al. Mechanically Stabilized Earth Walls and Reinforced Soil Slopes Design & Construction Guidelines[R]. Washington，D.C.：U.S. Department of Transportation and Federal Highway Administration，2001.

[5] 高江平，俞茂宏，胡长顺，等. 加筋土挡墙土压力及土压力系数分布规律研究[J]. 岩土工程学报：2003，25（5）：582-584.

[6] SHAHGHOLI M, FAKHER A, JONES C J F P. Horizontal slice method of analysis[J]. Geotechnique，2001，51（10）：881-885.

[7] 谢婉丽. 黄土地区高填方加筋土路堤变形及稳定性分析[D]. 西安：西北大学，2004.

[8] LING H I, LESHCHINSKY D, PERRY E. Seismic Design and Performance of Geosynthetic Reinforced Soil Structures[J]. Geotechnique：1997，47（5）：933-952.

[9] LING H I, LESHCHINSKY D. Effects of Vertical Acceleration on Seismic Design of Geosynthetic Reinforced Soil Structures[J]. Geotechnique: 1998, 48（3）: 347-373.

[10] KRAMER S L, PAULSEN S B. Seismic performance evaluation of reinforced slopes[J]. Geosynthetics International, 2004, 11（6）: 429-438.

[11] HUANG C C, WANG W C. Seismic displacement charts for the performance-based assessment of reinforced soil walls[J]. Geosynthetics International, 2005, 12（4）: 176-190.

[12] MICHALOWSKI R L. Soil reinforcement for seismic design of geotechnical structures[J]. Computers and Geotechnics, 1998, 23（1）: 1-17.

[13] NOURI H, FAKHER A, JONES C J F P. Development of horizontal slice method for seisimic stability analysis of reinforced slopes and walls[J]. Geotextiles and Geomembranes, 2006, 24（5）: 175-187.

[14] 蒋建清, 杨果林. 加筋土挡墙地震稳定性分析的水平条分方法[J]. 中国铁道科学, 2009, 30（1）: 36-40.

[15] CHOUDHURY D, NIMBALKAR S S. Seismic passive resistance by pseudo-dynamic method[J]. Geotechnique, 2005, 55（9）: 699-702.

[16] CHOUDHURY D, NIMBALKAR S S. Pseudo-dynamic approach of seismic active earth pressure behind retaining wall[J]. Geotechnical and Geological Engineering, 2006, 24（5）: 1103-1113.

[17] NIMBALKAR S S, CHOUDHURY D, MANDALa J N. Seismic stability of reinforced-soil wall by pseudo-dynamic method[J]. Geosynthetics International, 2006, 13（3）: 111-119.

[18] 刘飞禹, 汪歆, 李婧婷, 等. 地震作用下混合式加筋土挡墙动力特性[J]. 防灾减灾工程学报, 2021, 41（3）: 612-621.

[19] 王丽艳, 李劲松, 陶云翔, 等. 废弃钢渣回填土工格栅加筋挡土墙的抗震性能振动台试验[J]. 中国公路学报, 2021, 34（1）: 35-46.

[20] 魏明, 罗强, 蒋良潍, 等. 悬臂式加筋土复合支挡结构振动台模型试验研究[J]. 岩石力学与工程学报, 2021, 40（3）: 607-618.

[21] 吴燕开, 李纪兴, 石玉斌, 等. 地震荷载作用下加筋土挡墙动力特性分析[J]. 地震工程学报, 2017, 39（3）: 475-480.

第 10 章

红层软岩加筋路堤绿色建造方法

10.1 引 言

  从 16 世纪开始,欧洲的工程建设者们就使用装满泥土的柳条加强军事炮台和加固河堤。经过多年的积累和发展,如今此技术被称为"格宾石笼"技术。格宾石笼材料被世界上许多工程师认为是一种标准的建筑材料。现代格宾石笼技术是指将抗腐、耐磨、高强的低碳镀锌钢丝或铝锌合金钢丝,编织成双绞合六边形网目的网片,根据工程设计要求组装成网箱,并在网箱中装入块石等填充料的一项工程技术。这项技术能较好地实现工程结构与生态环境的有机结合,有成为保护河床、治理滑坡、防治泥石流灾害和防止落石兼顾环境保护首选结构形式的趋势[1-8]。

  随着工程师们对"格宾石笼"技术认识的加深,格宾石笼的应用范围逐渐开始在填方边坡、路基等土木工程中得到运用[9-11],如在我国广西全州—兴安高速公路部分路堤挡墙[12]、珠海市斗门东堤软弱地基上抢险应急堤坝[13]以及京广铁路湖北广水改造工程孝子店山体滑坡治理[14]等工程中得到了成功使用。20 世纪 90 年代以来,意大利马克菲尔集团将格宾结构成功应用于公路、铁路、水利、房建、矿山等工程。

  可见,工程界在受力类似传统重力式挡墙的格宾石笼技术应用方面取得了一定成绩,但格宾石笼技术、土工加筋技术及环境岩土工程的结合在我国红层地区工程建设中的应用经验还有待加强,尚未明确有关设计、施工规程。因此,分析生态格宾加筋结构在红层软岩粗粒土路基中应用的施工技术,为红层地区公路填方路堤工程探索支挡结构应用型式,发挥格宾石笼和土工加筋二者的技术优势,有利于节省工程投资和保护生态环境,具有广阔的工程应用前景。

10.2 生态格宾加筋土结构基本构造原理

加筋格宾由面墙和拉筋构成,其面墙由填充石块的标准格宾网箱沿墙长和墙高方向在施工现场组装而成,拉筋为钢丝网面,拉筋与面墙石笼为同一钢丝网面的连续连接(见图10-1)。格宾构件的一般规格为幅长2 m,高0.5 m或1 m,加筋网面长度根据设计确定;其钢丝网面一般由PVC镀锌金属丝双绞合成六边形单元组成(简称格宾网)。路基工程实践中,在格宾网箱中充填石块形成整体性强的挡土墙面墙,在拉筋钢丝网面上分层填筑路基填料、分层压实,构成拉筋钢丝网面与压实填土共同作用的受力体系,从而形成路基加筋土挡墙结构,其墙面可以是直立式、阶梯式,并可设置分级平台,格宾台面和墙面均便于自然(或人工)绿化(见图10-2)。

加筋格宾施工便捷、工效高、可实现装配式施工。同时,与传统加筋土结构的混凝土面板相比,格宾面墙可以利用石笼内块石间的空隙排出墙后积水,保证加筋土挡墙的良好透水性,确保结构长期稳定。加筋格宾整体性强,格宾面墙的刚度也较好,结构刚柔相济、性能优越,能适应较大的不均匀沉降和上覆荷载。加筋格宾也是一种生态防护体系,野生植物或人工植被根系能扎入格宾石笼面墙石块之间的泥土,形成绿色生态土工结构。

(a)加筋格宾组成

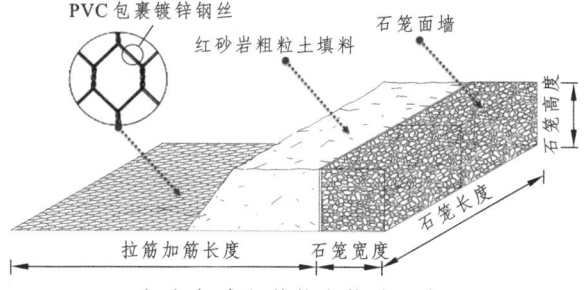

(b)标准加筋格宾构件示意

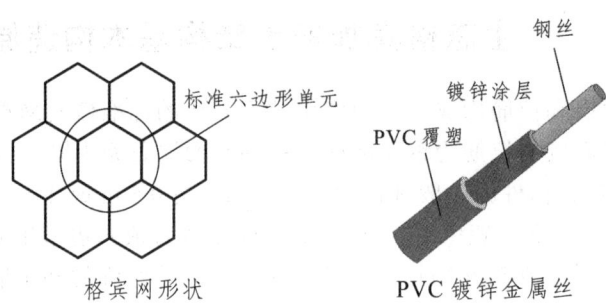

（c）格宾网示意

图 10-1　加筋格宾结构构造

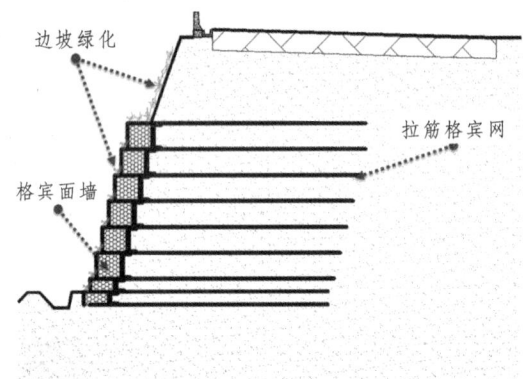

图 10-2　格宾加筋红层软岩粗粒土路基示意

10.3　生态格宾加筋红层软岩路堤建造技术

10.3.1　建造流程

生态格宾加筋红层软岩路堤的基本施工流程如图 10-3 所示。

10.3.2　施工技术分析

1. 施工准备

1）结构回填料的选取

填料宜就地取材，消化路堑开挖弃方。填料应易压实，不含对格宾网面钢丝具腐蚀性的杂质。

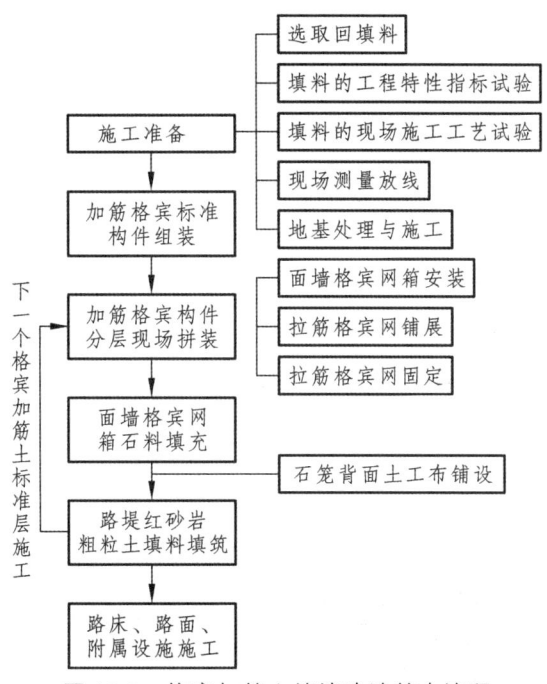

图 10-3 格宾加筋土挡墙建造基本流程

2）填料的基本物理及力学性质指标试验

通过室内试验和现场试验测得填料的物理、力学指标。其中，宜采用室内大型击实试验确定红层软岩粗粒土最优含水量和最大干密度指标，作为施工质量检验与控制指标；宜采用室内大型三轴试验和现场推剪试验确定红层软岩粗粒土的强度和变形参数。

3）现场施工工艺试验

在大面积填筑施工前，宜先在现场进行施工工艺试验，以确定达到设计压实度要求的压实遍数、分层压实厚度等施工参数。

4）测量放线

根据设计图纸，将施工控制桩和控制线测设到实地，并立桩拉线标示，其精度必须满足设计和规范规定，避免因测量放线导致的墙面拐点，保证格宾面墙良好线型。应考虑到格宾面墙施工的工作面要求，基础应适当加宽 0.3 m 放线。

5）地基处理与施工要求

在进行上部结构施工前，开挖地基至设计持力层，将持力层表面浮土、滞水、杂物等清理干净，在地基持力层高差台阶处，应用人工修平且达到设计高程，并保证错台面成竖直角。地基整平压实验收合格后，铺设并压实厚度不小于 30 cm 的卵石层（卵石层厚度误差不应超过±5 cm），然后再进行上部格宾加筋土路基挡墙施工。

2. 加筋格宾标准构件组装

格宾构件一般是经过折叠压缩并且包装后出厂，从而降低其体积，降低运输成本。将运抵现场的格宾材料堆放在相对平整的场地上[见图 10-4（a）]，将折叠的加筋格宾原材料展开[见图 10-4（b）]；按折痕组合成面墙格宾网箱[见图 10-4（c）]；将前面板、侧面板、隔板及背板均应垂直摆放，格宾顶板处于打开状态，各相接面板边缘采用专门配备的绞合钢丝按间隔 10~15 cm 缠绕绞合锁紧[见图 10-4（d）]。一次绞合的边缘最长不应超过 1 m，绞边钢丝的末端应缠绕在格宾网箱上。

（a）格宾材料运抵现场

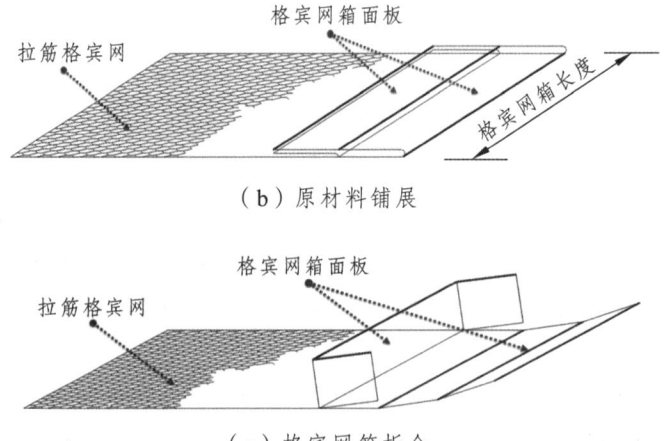

（b）原材料铺展

（c）格宾网箱折合

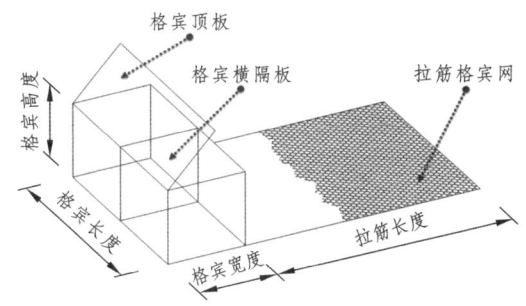

（d）加筋格宾标准构件成型

图 10-4　加筋格宾标准构件组装

3. 加筋格宾构件分层现场拼装

（1）将预先组装好的加筋格宾标准构件逐个组合、安装到设计规定的位置，面墙上的相邻格宾网箱的所有邻边均用钢丝绞合、锁紧连接，形成连续的格宾网箱整体面墙，并及时铺展拉筋格宾网[见图 10-5（a）]。

（a）加筋格宾构件拼装与连接

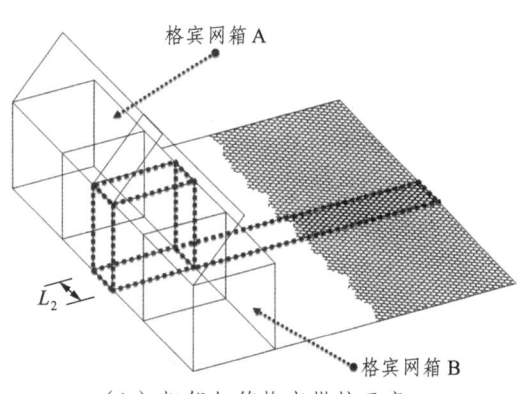

（b）相邻加筋格宾搭接示意

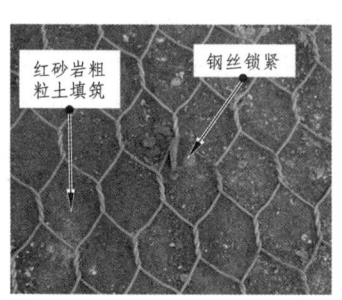

（c）格宾网拉筋尾部木桩固定

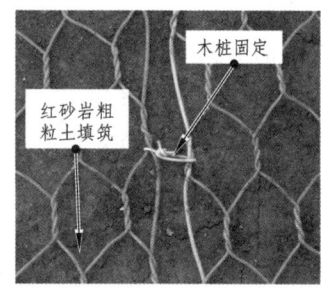

（d）相邻两幅拉筋格宾网钢丝绞合锁紧连接

图 10-5　加筋格宾构件现场组合安装

（2）若格宾面墙长度不是标准格宾网箱尺寸的整数倍，需在特殊部位通过搭接措施调节标准格宾网箱长度，加筋格宾搭接方法如图 10-5（b）所示。在施工场地按要求依次铺设好加筋格宾构件，在需要搭接处，将搭接格宾网箱 A 的外侧端板裁下形成搭接端口，然后将格宾网箱 B 通过搭接端口插入网箱 A 内，通过控制插入距 L_2 调整相邻格宾网箱的搭接长度。

（3）加筋格宾后部的拉筋网面必须完全伸展，以确保拉筋格宾网与红层软岩粗粒土填料之间的相互作用效果。拉筋格宾网尾部用小木桩（或钢筋）固定，固定点间隔不宜超过 1 m[见图 10-5（c）]。相邻两幅拉筋格宾网面采用钢丝绞合、锁紧连接，锁紧绞合点间隔不宜超过 1 m[见图 10-5（d）]。

4．面墙格宾网箱石料填充

格宾加筋构件按设计要求安装到相应标高后，即可对格宾网箱填充石料，完成相应标高的石笼面墙施工，并注意以下几点：

（1）面墙格宾石笼的石料筛选：用于填充格宾面墙的石料也属于格宾结构的材料，石料性质必须满足工程要求。最常使用的石料是圆形或块状的石头，其强度等级不宜小于 MU30，抗风化，不水解且有足够的硬度。石笼填充密实度对格宾墙面沉降有一定影响，因此，用于填充的石料应具备良好级配，石头应该有足够的大小而不至于从网格中掉落出来，其中的粗石料边长尺寸为 100～200 mm 为宜[见图 10-6（a）]。

（2）面墙石料填充时应注意沿墙长度方向协调石料的装填进度，保证在一定长度段内，相邻格宾网箱中石料填充高度差不超过标准格宾网箱高度 H 的 1/3[见图 10-6（b）]，以防引起网箱边板挤压鼓胀变形，导致格宾网箱顶盖板的盖合施工困难。

（3）为有效限制面墙变形，增加格宾石笼的侧向刚度，保证墙面平整度，每装填完格宾网箱高度 1/3 的石料时，在格宾网箱的前面板与后面板间设置拉结对拉钢丝，拉结点横向间距不宜大于 40 cm[见图 10-6（c）]。

（4）为减小石料填充后网箱的孔隙率，在一层石料填充完毕后，须嵌入小粒径碎石到粗石料的空隙中。每层格宾网箱中填充的石料应超高 3～5 cm，以补偿自重作用下网箱内石料孔隙的正常压缩。每层格宾网箱石料填充完成以后，将其顶盖板沿着所有的边板及隔板进行绞合，使其形成闭合的格宾石笼面墙。盖板上突出的边端钢丝应绕边板及隔板的钢丝缠绕两周、牢固绞合。相邻格宾顶盖板应同时绞合，绞合钢丝末端应折入格宾内部[见图 10-6（d）]。上下两层格宾网箱构件之间，其所有邻边均应采用绞合钢丝按间隔 10～15 cm 缠绕绞合锁紧。

（5）面墙格宾网箱填石时，应采用一定的临时支撑约束网箱的变形，以确保施工后的墙体外观规矩、平整[见图 10-6（e）]。

（a）石料筛选现场

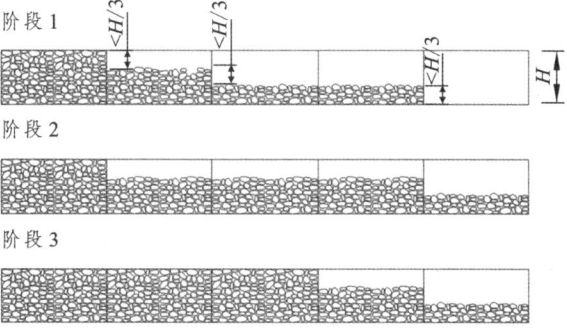

（b）同一层格宾网箱的石料分层、分段装填

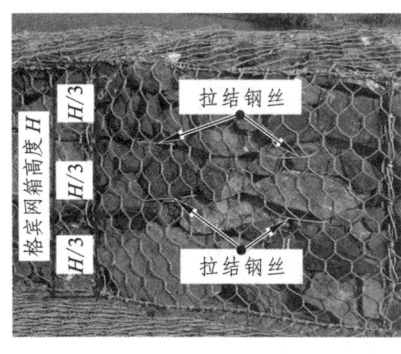

（c）拉结钢丝布置示意　　　　（d）石笼绞合封装现场

（e）石料填充过程中临时支撑现场

图 10-6 格宾网箱石笼装填成型

5. 路堤红层软岩粗粒土填料填筑

1）红层软岩粗粒土填筑基本方法

为更好地保护墙后的路基填料，填筑前在石笼网箱背部铺设土工布。为保证土工布安放牢固，其上部、下部分别嵌入红层软岩填料的宽度分别不宜少于 500 mm 和 200 mm[见图 10-7（a）]。面墙后路基回填土料质量指标（如最大干密度、最优含水量、压实标准）需在前期准备阶段通过试验确定。

在填料未摊铺到格宾网面上以前，严禁车辆和施工机械拉筋格宾网面上作业。红层软岩粗粒土填料按要求摊铺、整平后，宜采用轻型压路机进行第一遍碾压，若使用的是振动式压路机，应采用不振动模式进行填料的第一遍压实作业。填料碾压时先从拉筋格宾网长度的 1/2 处开始向筋带尾部方向碾压，然后再向面墙方向碾压；碾压时压路机行进方向宜垂直于拉筋格宾网的加筋长度方向，且往返两次碾压的轮迹搭接宽度应不小于轮宽的 1/3[见图 10-7（b）]。第一遍宜"慢碾轻压"，以免填土将筋带推起或错位，第二遍及之后可"快碾重压"。碾压遍数以填筑工艺试验确定的达到压实标准的遍数为指导，以现场实测达到规定压实标准的碾压遍数为控制参数。

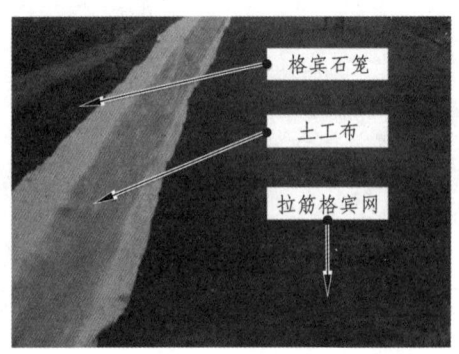

（a）填筑前土工布护面现场

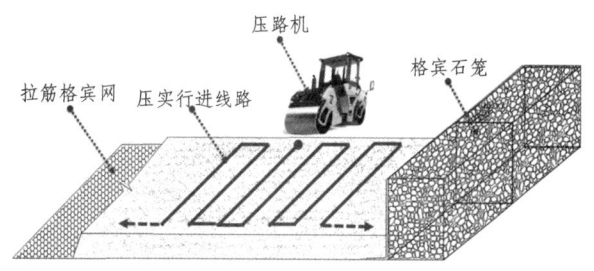

（b）压路机压实施工行进线路示意

图 10-7　红层软岩粗粒土填筑

加筋区填料压实不得采用羊足碾。施工机械在加筋路基区作业时，拉筋格宾网面上填料的最小厚度应不小于 20 cm。填料摊铺和压实机械施工时应慢速行驶，且不得急转弯和急刹车，以免格宾网面错位。距离面墙 1 m 范围内，宜用人工夯实或轻型机械压实，以免压实机械对格宾面墙造成挤压破坏。

2）红层软岩填料填筑质量控制措施

红砂岩按其浸水崩解强弱特性可分为三种类型：Ⅰ类红层软岩一般在 24 h 内崩解成泥状、渣状、渣泥状或渣粒状，属软质岩；Ⅱ类红层软岩一般在 24 h 内崩解成大块状、块状、块粒状或粒状者，多属软质岩；Ⅲ类红层软岩一般在 24 h 内不崩解或仅在棱角处有少量崩解，属硬质岩。Ⅲ类红层软岩通常不经特殊处理可用来填筑路堤，但为控制Ⅰ类和Ⅱ

类红层软岩颗粒在填筑后产生较大崩解，引起路堤开裂、不均匀沉降等病害，一般需在土料场将超大粒径红层软岩用碎石机冲击解小（对个别不易破碎的可以人工剔除），然后对其进行洒水预崩解，再用羊角碾碾压解小，经过上述处理工艺后再用于路堤填筑。同时，为了避免因红层软岩软化崩解对路基工程质量的危害，在施工过程中宜用渗透系数小的黏土对红层软岩路堤边坡进行包边和夯实处理（黏土包边厚度不宜小于 50 cm），以降低雨水和温度变化等外界因素对路堤内部红层软岩粗粒土工程性质的影响。为保证红层软岩路基填料压实度符合设计要求，还应注意以下几点：

① 红层软岩粗粒土填筑前，应先进行填筑工艺试验，确定填筑机械、摊铺厚度和合理碾压遍数。红层软岩填料必须分层摊铺、压实，摊铺厚度应均匀、压实后表面应平整。

② 填料摊铺宜由面墙向拉筋格宾网尾部展开，雨天严禁进行填料摊铺和压实作业。红层软岩填料填筑时含水量控制在最佳含水量±2%左右为宜。

③ 控制红层软岩粗粒土填料粒径。当摊铺厚度 $h = 30$ cm 时，红层软岩颗粒最大粒径 $d_{max} \leq 20$ cm；当 $h = 40$ cm 时，$d_{max} \leq 25$ cm；当摊铺厚度 h 为其他值时，$d_{max} \leq \dfrac{2}{3}h$。

④ 每层红层软岩粗粒土碾压完成后应按《公路工程质量检验评定标准第一册 土建工程(JTG F80/1—2017)》对其进行压实度检查,埋深 0~0.8 m、0.8~1.5 m 和 1.5 m 以上范围填料的压实度应分别不小于 96%、94%和 93%[15]。检测点以每 500m² 或每 50 m 长工程段不少于 3 个点为宜,检测点应相互错开,随机选定,格宾石笼面墙后 1 m 范围内至少应有 1 个检测点。采用灌砂法、环刀法等检测红层软岩粗粒土路基压实度,都将遇到钻孔困难、测量体积小等问题,建议用移动式核子密度仪测定红层软岩填料压实度。当现场检测的压实度不能满足设计要求时,应增加碾压遍数,直至压实度满足要求为止。

10.4 本章小结

为探索红层地区公路填方路堤工程的格宾支挡结构应用技术,发挥格宾石笼和土工加筋二者的技术优势,结合工程实践对生态格宾加筋结构在红层软岩粗粒土路基中应用的施工技术进行分析,分析了格宾加筋红层软岩粗粒土路基的基本构造原理、建造流程,以及施工准备、加筋格宾标准构件组装、加筋格宾构件分层现场拼装、面墙格宾网箱石料填充和路堤红层软岩粗粒土填料填筑等关键工序的施工技术和质量控制措施,为制订格宾加筋红层软岩粗粒土路基的施工方案和施工质量控制提供指导,具有广阔的工程应用前景。

参考文献

[1] 张志学. 格宾石笼在叶尔羌河防洪工程中的应用[J]. 水科学与工程技术, 2017, (2): 95-96.

[2] 杜英飞. 格宾生态网挡墙在中小河道治理中的应用[J]. 山东水利, 2016, (11): 47-48.

[3] 赵启强, 王鹏. 格宾石笼技术在汉江防洪工程中的应用[J]. 四川水力发电, 2016, (5): 45-47, 50, 136.

[4] 王秀丽, 张智江, 冉永红. 泥石流格宾拦挡坝在冲击荷载下的动力响应分析[J]. 中国地质灾害与防治学报, 2016, (2): 66-71.

[5] 张亚飞, 徐光黎, 谢书萌, 等. 格宾石笼拦挡坝在玉树地震灾区泥石流治理工程中的应用[J]. 安全与环境工程, 2013, (5): 11-14.

[6] 于建兵, 韩梅, 刘灿. 格宾石笼在塌陷区铁路桥上的应用[J]. 铁道建筑, 2011, (5): 84-86.

[7] 李宇,陈尧隆. 格宾石笼结构的劣性及其补强措施. 水土保持通报,2008,28(1): 42-45.

[8] 冯丽. 格宾网石笼在拦河水闸消能工抢险工程中的应用. 广东水利水电,2008,(1): 48-50.

[9] 刘敬霜,农承尚. 格宾挡土墙在公路边坡滑塌处理中的应用[J]. 公路与汽运,2014,(2): 137-140.

[10] 张汉清. 格宾网箱挡土墙在高速公路的应用[J]. 科技与企业,2012,(8): 223.

[11] 陶双成,陈济丁,王云,等. 格宾技术在喀喇昆仑公路改扩建中的应用[J]. 筑路机械与施工机械化,2012,(1): 53-56.

[12] 陈桂军,何斌. 格宾网箱挡土墙在广西高速公路的应用[J]. 西部交通科技,2006,(5): 61-63.

[13] 王中,廖小兵,何帮. 格宾网新型结构技术工艺在软弱地基上砌石挡墙或护坡工程中的应用[J]. 广东科技,2007,(7): 84-85.

[14] 黄向京,林伟平. 格宾柔性挡墙在孝子店滑坡处治中的应用研究[J]. 路基工程,2009,(1): 34-35.

[15] 中华人民共和国交通运输部. JTG F80/1—2017 公路工程质量检验评定标准 第一册 土建工程[S]. 北京：人民交通出版社,2017.